청소년을 위한 로마제국 쇠망사

청소년을 위한 로마제국 쇠망사

2013년 6월 10일 초판 4쇄 발행

지은이 배은숙 | **펴낸이** 최용철 | **펴낸곳** 도서출판 두리미디어
등록번호 제10-1718호 | **등록일자** 1989년 2월 22일 | **주소** 서울시 마포구 서교동 369-25 | **전화** (02)338-7733
팩스 (02)335-7849 | **Homepage** www.durimedia.co.kr | **E-mail** duribooks@hanmail.net
ISBN 978-89-7715-240-3 (43900) | ⓒ배은숙 2010, Printed in Korea

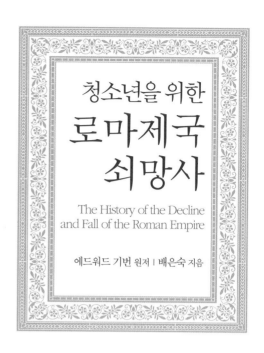

청소년을 위한
로마제국
쇠망사

The History of the Decline
and Fall of the Roman Empire

에드워드 기번 원저 | 배은숙 지음

두리미디어

고전은 우리의
미래입니다

고전의 가치는 누구나 인정합니다. 오랜 세월을 거치며 수많은 이들에게 검증되고 영향력을 끼친 지식과 교양의 원천이 고전이기 때문입니다. 고전이야말로 세상 모든 책들의 중심이라 해도 좋을 것입니다.

그런 만큼 동서양의 고전에는 많은 책들이 있습니다. 하지만 쉽게 읽히고 온전히 이해되는 고전이 얼마나 될까요? 책을 읽으면서 무슨 내용인지 모르고 책장을 덮은 다음에도 옛 가르침의 여운이 남지 않는다면 고전이라 한들 어떤 의미가 있을까요? 많은 책들 위에 또 한 권의 고전을 얹어야 하는 이유가 여기 있습니다.

더욱이 고전 읽기는 삶을 살찌울 사상의 체계를 내 안에 만들고 삶의 가르침을 얻는 일입니다. 우리가 고전을 두루 읽어야 하는 것은 바로 이 때문입니다. 그런 이유로 동서양의 고전을 가장 도움이 되는 책으로 내놓는 것이 이 시리즈 기획의 취지입니다. 그 밖에도 방대한 지식과 정보, 사유의 틀을 책 속에 효과적으로 담기 위해 이 시리즈는 기존의 고전과는 차별화된 구성과 편집을 거쳤습니다.

첫째, 고전의 완전한 이해를 위해 충분한 설명을 곁들였습니다. 완역에 욕심을 내어 책 이해를 어렵게 하기보다는, 고전의 중요 부분을 발췌 번역하고 충분한 설명과 재해석을 곁들임으로써 고전의 완전한 이해와 창조적 사유가 가능하도록 구성했습니다.

둘째, 책 읽는 즐거움을 더하고 내용의 이해를 돕는 '비주얼 클래식'을 지향합니다. 독자가 쉽고 재미있게 고전에 다가갈 수 있도록 시각적 다양성을 고려했습니다.

셋째, 동서양에 대한 균형 잡힌 시각을 바탕으로 역사와의 관계 안에서 고전을 파악할 수 있도록 시리즈를 구성함으로써 통합적 사고력 향상과 논술 능력에 많은 도움을 얻게 됩니다.

고전은 무한한 가능성과 상상력의 보고입니다. 정통에 대한 이해, 새롭고 다양한 해석, 역사 속에 살아 숨 쉬는 고전의 향기! 한 권으로 보는 동서양 고전 시리즈는 독자를 지식과 상상력의 도서관으로 초대합니다. 세상을 움직인 동서양의 명고전 안에서 새로운 미래로 나아갈 수 있을 것입니다.

덧붙여, 동서양 고전 출간을 위해 험난한 여정을 마다하지 않는 프리즘하우스에 깊은 감사를 전합니다.

새롭게 읽는
《로마제국 쇠망사》

> 우리는 과거 로마제국의 무력과 제도를 억압하던 재난들이 혹시라도 오늘날 유럽 사회에 다시 반복되지 않을까 하는 두려움과 호기심으로 로마제국을 관찰할 것이다.(38장 196쪽)

우주를 정복하려는 원대한 꿈을 가진 현대인들에게 로마제국은 이미 예전에 멸망한 먼 나라의 이야기일지도 모릅니다. 그럼에도 로마제국이 멸망한 그 순간부터 로마제국을 회상해 온 것은 그 흥망을 통해 오늘날 현대 사회의 모습을 재고해 보기 위해서였습니다.

2002년 영국의 한 텔레비전은 〈로마: 모델제국〉이라는 다큐멘터리에서 몇 가지 유사점을 들어 미국을 '21세기형 로마제국'이라고 주장했습니다. 그 근거로는 두 국가 모두 다양한 인종들을 포용한 사회라는 점, 햄버거, 커피, 콜라가 미국의 상징이듯 목욕탕과 로마식 겉옷이 피정복민에게 퍼진 점, 막강한 군사력, 군사용에서 시작되어 상업용으로 확대된 인터넷과 로마의 도로, 그리고 영어가 널리 보급된 것처럼 로마의 언어인 라틴어가 공용어로 사용된 점을 거론했습니다. 미국으로서는 멸망한 로마제국과 비교되는 것 자체가 불쾌할지도 모르지만, 과거의 역사를 통해 현대를 돌아보는 데 있어 문명의 흥망성쇠를 고스란히 보여주는 로마제국만큼 좋은 사례는 없습니다.

로마제국이 흥할 때의 역사 속에는 뛰어난 군사적 능력을 갖춘 군사령관들의 전쟁 이야기, 박진감 넘치는 검투사와 전차 경주 이야기, 황제들의 사랑 이야기 등 흥미진진한 읽을거리가 풍부합니다. 반면 망할 때의 역사는 우울하다보니 흥미가 떨어지는 면이 없지 않습니다. 흥할 때가 있으면 망할 때도 있으므로 로마제국이 멸망한 것은 당연하다고도 말할 수 있지만, 그 당사자들의 비참한 운명을 생각한다면 그리 간단한 문제는 아닙니다. 로마인들이 자신들의 나라가 멸망하여 역사 속으로 사라진다고 상상이나 했겠습니까? 로마인들이 자신들의 문제점을 제대로 해결하지 못해 멸망했듯이 그 사회에 속해 있으면서 문제점을 제대로 파악하기는 어렵고, 파악한다고 하더라도 정확한 해결책을 제시하기가 쉽지 않습니다. 그래서 좀 더 객관적 입장인 우리는 로마제국의 역사를 통해 번영을 가져다 주는 계기가 된 여러 장점들뿐 아니라, 몰락할 때의 원인들까지 함께 분석함으로써 타산지석으로 삼을 수 있습니다. 다른 나라의 사례를 통해 스스로를 돌아보고자 하는 것이, 18세기의 저자가 로마제국이 몰락한 원인을 분석하여 《로마제국 쇠망사》를 쓴 목적이자 우리가 먼 나라의 이야기지만 로마제국의 역사를 살펴봐야 하는 이유입니다.

　다만 《로마제국 쇠망사》가 너무 방대한 데다 어느 시대는 장황하게 또 어느 시대는 간략하게 서술된 측면이 있고, 장기간에 걸쳐 일어난 무수한 사건들이 복잡하게 얽혀 있으므로 독자들의 이해를 돕기 위해 전 시기를 일률적으로 정리할 필요성을 느끼게 되었습니다. 따라서 이 글에서는 로마제국의 번영 이유, 로마제국의 쇠퇴 이유와 분열 과정, 살아남은 반쪽인 비잔틴제국의 역사, 이슬람 세력과의 분쟁을 통한 비잔틴제국의 몰락 과정을 묘사함으로써 《로마제국 쇠망사》의 장점을 드러내고, 그 단점을 보완하고자 합니다.

《로마제국 쇠망사》는 어떤 책인가

영원한 고전으로 불리는《로마제국 쇠망사》

138년부터 1453년까지 총 1,315년의 역사가 담겨 있는《로마제국 쇠망사》는 '인간의 범죄, 어리석은 행동, 불운'이 로마제국의 멸망에 어떤 영향을 끼쳤는가를 탐구한 책입니다. '한 문명의 흥망성쇠라는 피할 수 없는 운명'을 초래한 인간의 본성에 대해 동화책처럼 이야기식으로 전하는 서술 방식은 당시로서는 획기적이었습니다. 단순히 사건을 나열하지 않고, 그 사건에서 느끼는 저자의 생각을 생생하게 전달한 것입니다. 그러나《로마제국 쇠망사》가 출판된 18세기에는 저자 자신의 생각과 과거의 사실을 분리시키지 않고 주관적으로 쓴 책이라는 비판을 받았습니다. 하지만 역사가가 과거를 완전히 재구성하거나 어떤 판단도 하지 않고 역사를 서술하는 것은 불가능하다는 점을 인정하는 오늘날에 와서 이 책은 다시 한번 진가를 발휘하게 되었고, 이 책의 저자는 '최초의 현대사가'로 평가받게 되었습니다.

《로마제국 쇠망사》는 서술 방식뿐 아니라 방대한 분량과 다양한 주제로도 사람들의 시선을 사로잡았습니다. 시베리아에서 나일 강까지, 또 중국에서 지브롤터 해협까지 드넓은 영역에서 이루어진 1,300여 년 동안의 역사를 71개의 장, 2,136개의 문단, 150만 개의 단어, 8,000개에 가까운 주석에 담은 이 책을 보면 저자가 얼마나 많은 시간과 노력을 투자했는가를 알 수 있습니다. 또한 이 책은 로마제국 내부의 역사를 넘어 게르만족과 시베리아 여러 종족의 모습, 로마제국과 중국의 교역, 이교의 신학적·제도적 발전 등을 분석함으로써 사회사, 경제사, 종교사의 발전에 지대한 영향을 끼쳤습니다.

로마사라는 흥미 있는 주제에 대한 저자의 시각이 녹아 있는 《로마제국 쇠망사》가 출간되자마자 베스트셀러 반열에 오른 것은 어쩌면 당연한 일인지도 모릅니다. 그 인기가 어느 정도였는가 하면 제1권이 출판되었을 때의 분위기에 대해 '헨델의 〈메시아〉, 셰익스피어의 《리어왕》과 《햄릿》만큼 인상 깊은 작품이어서 어느 집이든 책상이나 화장실에 이 책이 꼭 비치되어 있었다'라고 전합니다. 특히 그리스도교에 대한 비판적인 글이 교회의 반박을 받으면서 오히려 이 책의 명성을 드높이는 결과를 가져왔습니다.

기번, 최초의 현대사가

1776년에서 1788년까지 총 여섯 권으로 출판된 《로마제국 쇠망사》는 한 사람이 오랜 기간 연구하고 노력한 결실이지만, 그 시작은 단순한 여행에서 비롯되었습니다. 무심코 흘러가는 일상 속에서 한 순간의 느낌이 사랑으로 찾아오듯, 이 책을 지은 에드워드 기번1737~1794에게도 로마제국은 전혀 예기치 않은 순간에 찾아온 주제였습니다.

1764년 10월에 로마 시를 여행하던 기번은 이미 폐허가 된 카피톨리노 언

에드워드 기번

덕에 앉아 있었습니다. 그때 카피톨리노의 유피테르 신전에서 맨발의 탁발승들이 기도하는 소리를 듣고, 이 도시의 쇠망사를 한번 써 봐야겠다는 생각을 하게 되었습니다. 늦가을의 차가운 바람 속에서 저녁노을이 지는 폐허는 스산함의 극치였고, 그런 분위기는 과거 로마제국의 영광은커녕 로마제국의 존재 자체를 잊게 하는 데 충분했습니다. 그러나 허망함 속에서 들리던 경건한 기도 소리는 기번에게 강렬한 인상으로 남아 그날 밤 잠을 이루지 못하고 무언가에 홀린 듯 다시 나와 폐허 위를 걷게 만들었습니다. 위대한 영웅들과 전 세계에서 온 사람들의 발걸음을 멈추게 하던 제국의 수도로서의 위상은 어디로 가고, 이토록 잡초만 무성한 폐허가 되었는지를 한번 되짚어 보고 싶었던 것입니다.

사실 기번의 여행은 거부할 수 없는 존재로 여겨지던 아버지에 대한 일종의 반감에서 시작되었습니다. 영국 퍼트니Putney에서 출생한 기번은 여섯 형제 중 살아남은 유일한 아이였지만, 워낙 병약하여 침대에서 보내는 시간이 대부분이었습니다. 1752년에 온천에서 휴양하고 난 뒤 건강을 회복한 기번은 옥스퍼드Oxford 대학에 특별 자비생으로 등록했지만, 여전히 병약하고 부끄러움이 많아 다른 사람들과 어울리지 못했습니다. 게다가 가톨릭으로 개종까지 하면서, 결국 아버지의 강압을 받아 자퇴하고 말았습니다. 부유한 가문 출신으로 독단적인 성격이던 기번의 아버지는 자퇴한 아들을 스위스 로잔Lausanne으로, 다시 영국으로, 다시 군대로 보냈고, 가톨릭으로 개종한 아들을 강제로 다시 개신교로 개종하게 했으며, 사랑하는 여인과 이별하라고 강요하는 등 아들의 인생을 좌우하고자 했습니다. 그런 아버지에게서 벗어나 자유롭게 여행하고 고전어를 습득하던 스위스에서의 생활은 번번이 아버지의 재정 압박으로 중단될 수밖에 없었습니다. 그러나 그 무렵 로마 시에서 받은 인상과 스위스에서 고양된 학문에 대한 열정이 영원한 고전으로 불리는 《로마제국 쇠망사》를 탄생시켰습니다.

1,300여 년의 역사를 담은 《로마제국 쇠망사》

《로마제국 쇠망사》는 안토니누스 황제 치세인 138년부터 비잔틴제국의 수도인 콘스탄티노플이 함락된 1453년까지 1,300여 년의 역사를 총 71개의 장에 담고 있습니다. 기번은 이 장구한 시기의 역사를 총 세 부분으로 나누었습니다. 첫 번째 시기는, 로마 제정이 강력하고 성숙했지만 쇠퇴를 향해 가던 트라야누스 황제와 안토니누스 황제 시기부터 서로마제국의 영토가 야만족에게 정복된 6세기 초까지입니다(1~38장). 두 번째 시기는, 전쟁에서 승리하고 비잔틴제국의 영광을 일시적으로 회복시킨 유스티니아누스 1세 황제 때부터 서유럽의 프랑크 왕국이 전성기를 누린 800년까지입니다(39~47장). 세 번째 부분은 서유럽의 부활과 십자군 원정에서부터 콘스탄티노플이 오스만튀르크에 함락되기까지를 기록한 650년 동안의 역사입니다(48~71장). 따라서 1권부터 3권까지 38개의 장은 400년, 4권의 9개의 장은 300년, 5권부터 6권까지 24개의 장은 650년에 걸친 역사가 담겨 있습니다.

권	장	시기	내용
1권	1~3장	138~180년	황제의 강력한 권력, 군대 배치, 라틴어 사용과 시민권 확대, 원로원의 역할
	4~7장	180~248년	코모두스 황제의 방탕, 세베루스 왕조, 고르디아누스 1세~필리푸스 황제 즉위
	8~12장	224~324년	페르시아와 게르만족과의 전쟁, 제위 분쟁
	13~16장	1세기~313년	디오클레티아누스와 콘스탄티누스 1세 황제, 그리스도교의 등장과 박해의 역사
2권	17~19장	324~357년	콘스탄티노플의 국내 상황, 내전, 율리아누스 황제 등극
	20~23장	306~363년	콘스탄티누스 1세 황제의 개종, 이단 논쟁, 이교의 부활
	24~26장	362~395년	페르시아와의 전쟁, 고트족의 세력 확대
3권	27~29장	379~398년	테오도시우스 1세 황제와 제국의 분할
	30~36장	395~490년	고트족, 훈족, 반달족의 침입과 동서로마제국의 제위 분쟁
	37~38장	305~582년	수도원의 발달, 서로마제국 영토의 게르만족, 프랑크 왕국의 성립, 서로마제국의 몰락 원인
4권	39~41장	455~540년	비잔틴제국의 상황, 유스티니아누스 1세 황제의 서방 원정
	42~47장	527~1632년	페르시아와의 전쟁, 아프리카와 이탈리아의 게르만족, 로마법, 유스티니아누스 1세 황제의 후계자들, 교리 논쟁
5권	48~49장	610~1356년	비잔틴제국의 제위 계승자들, 동서교회의 분열, 프랑크 왕국의 분열
	50~52장	6세기~975년	이슬람교의 성장과 정복 활동, 비잔틴제국과의 전쟁
	53~57장	6세기~1096년	비잔틴제국의 경제, 학문, 러시아와 이탈리아의 상황, 셀주크튀르크족의 성장
6권	58~63장	1095~1352년	십자군 원정, 비잔틴제국의 내전
	64~65장	1206~1448년	칭기즈칸과 몽골, 오스만튀르크족의 성장, 티무르제국
	66~71장	1339~1590년	비잔틴제국의 위기와 콘스탄티노플 함락, 교회 대분열, 로마 시 폐허의 원인

기번은 로마 시의 쇠망사를 쓰고 싶다는 처음의 바람대로 서로마제국의 몰락까지만 쓰려고 했으나, 서로마제국을 몰락시킨 원인들이 나머지 반쪽인 비잔틴제국에서는 어떻게 작용했는지를 살펴볼 필요가 있다는 생각이 들면서 동서로마제국 전체의 역사를 쓰게 되었습니다. 그는 3권까지 쓰고 난 후 1782년 3월에 앞으로 전개될 내용에 대한 간략한 글을 썼습니다.

대부분 인내심 있는 독자라면 400년의 사건을 쓰는 데 이렇게 방대한 양이 책 3권으로 나왔으니, 앞으로 900여 년의 기록은 상당히 길어질 것이라 예상하여 놀랄 것이다. 그러나 나는 비잔틴제국 전체의 역사에서 사소한 일들을 상세히 설명할 생각은 없다.(vii쪽)

기번이 처음부터 비잔틴제국의 몰락까지 쓰려고 계획한 것이 아닌 만큼《로마제국 쇠망사》는 시기적으로 편중되어 있습니다. 서로마제국의 몰락까지 400여 년의 역사를 38개의 장에 걸쳐 쓰면서, 유스티니아누스 1세 황제 때부터 콘스탄티노플 함락까지 900여 년에 이르는 역사는 그보다 적은 33개의 장으로 마무리지어 버렸습니다. 그래서 기번이 서로마제국에 비해 비잔틴제국의 역사를 너무 소홀히 다루었다는 비판을 받게 된 것입니다.

기번이 비잔틴제국의 역사를 짧게 다룬 것은 주로 유럽의 탄생과 성장에 관심을 가지는 18세기의 연구 풍토에 영향을 받은 면도 있지만, 기번 자신도 비잔틴인과 비잔틴 문화에 덜 익숙했고 크게 공감하지 못했기 때문입니다. 그리스어보다 라틴어를 완벽하게 습득했고, 추상적인 비잔틴 교회의 신학에 익숙하지 않았던 그는 비잔틴제국의 역사를 지루하고 무미건조한 내용의 연속으로 보았습니다.

만일 내가 이전과 같은 서술 방식과 방대한 양을 고집했다면 지루하고 빈약하기 그지없는 내용들을 여러 권에 걸쳐 장황하게 늘어놓았을 것이고, 인내심 있는 독자라도 그 속에서 어떤 교훈이나 즐거움을 찾지 못할 것이다. 그래서 비잔틴제국의 쇠망사로 더 깊이 들어간다면, 허약함과 비참함이라는 지루하고도 일관된 이야기만 끊임없이 반복하게 될 것이다.(48장 201쪽)

비잔틴제국의 역사를 '그리스 노예인 비잔틴인과 그들의 독창성 없는 역사'(48장 203쪽)로 본 기번은 관련된 모든 사료를 읽었으나 그 나라의 문화를 완전히 이해하지 못한 탓에 상상력을 가미하여 서술하는 대신 단순히 사건들을 나열하는 데 그쳤습니다.

비잔틴제국의 역사가 빈약하다는 단점에도 불구하고 《로마제국 쇠망사》는 황제의 독재권, 귀족의 절멸, 내란, 연속되는 암살, 지나친 조세, 군역 기피, 소농 몰락에 따른 경제 위기, 교리 논쟁, 적의 침입 경로와 강도 등 정치적인 측면은 물론, 사회경제적·종교적 측면에 이르기까지 포괄적이고도 상세한 설명을 담고 있습니다. 특히 '로마의 적은 로마 내부 깊숙이 있는데, 그것은 바로 전제 군주와 군인들'(8장 224쪽)이라는 말에서 알 수 있듯이, 기번은 적의 침입과 경제 위기, 사치와 도덕성 타락 등 모든 문제를 황제와 군대라는 두 가지 주제로 얽는 데 있어 독창성과 탁월성을 보였습니다.

《로마제국 쇠망사》로 새롭게 창조된 로마제국의 역사

'원인', '우연', 그리고 '운명'은 《로마제국 쇠망사》를 이해하기 위한 핵심 단어들입니다. 먼저 기번에게 '로마제국이 몰락한 원인'은 황제의 독재권, 광폭한 군대, 그리스도교였고, 이런 원인을 제공한 사람은 아우구스투스 황제, 세베루스 황제, 콘스탄티누스 1세 황제였습니다. '교활한 군주'인

《로마제국 쇠망사》

아우구스투스 황제는 권력을 양보하는 척했으나, 실제로는 속주와 군대 지휘권, 정무관들의 권한을 장악하는 '공화정의 형태로 위장한 절대 군주정'을 만들었습니다.

로마 시민들은 빵과 구경거리만을 원하게 되었고, 아우구스투스 황제는 이를 아낌없이 제공해 주었다. 부유한 이탈리아인들이 현재의 안락하고 평화로운 행복에 안주함에 따라 원로원은 권위를 잃어버렸고, 많은 저명한 귀족 가문들은 절멸했다.(3장 67쪽)

원로원은 황제의 눈치를 보고 민회는 허울뿐이었으므로 자유로운 시민 정신은 사라지고 한 사람에게 권력이 독점되는 체제가 탄생했으며, 이 체제에서 폭군이 등장했을 때는 치명적인 결과를 가져온 것입니다.

아우구스투스 황제가 만든 또 다른 몰락의 원인은 근위대였습니다.

로마제국 쇠퇴의 첫 번째 징후이자 원인은 방탕하고 광폭한 근위대이다. 이 영악한 군주는 자신을 보호하고, 원로원을 위압하고, 반란의 씨앗을 차단하거나 분쇄하기 위해 강력한 근위대를 만들었다. 그들의 가공할 만한 힘이 로마 시민들을 두렵게 하자 그는 3개 대대만 로마 시내에 주둔시켰으나, 티베리우스 황제는 9개 대대 모두를 로마 시내로 집결시켰다. 전제 군주에게는 그렇게 가공할 만한 세력이 항상 필요하지만, 오히려 그것이 제위에 치명적인 독이 될 수도 있다.(5장 120쪽)

황제 가까이에 있으면서 황제의 약점과 악행을 적나라하게 알고 있던 근위대는 황제를 경멸했을 뿐만 아니라, 황제의 안위와 로마 시의 방위가 모두 자신들의 손에 달려 있었으므로 거만하고 오만해져 제위 문제에 적극 가담하게 되었습니다.

근위대 외에 군대를 제위 분쟁에 동참시킨 사람은 세베루스 황제였습니다. 내전에서 승리한 그는 느슨한 규율, 후한 상여금, 아내를 동반한 병영 생활을 허용함으로써 힘들게 군 생활을 해야 하는 단체가 아니라 제위에 영향력을 행사하는 집단으로 군대를 변질시켰습니다. 이는 군대와 제국 모두에 파멸을 가져왔다는 것입니다.

(군인을 부유하게 하라는) 세베루스의 격언과 선례의 치명적인 결과를 경험한 후손들은 그를 로마제국 쇠퇴의 주범으로 생각하게 되었다.(5장 145쪽)

절대적인 황제의 권력과 제위에 개입하는 군대는 로마제국이 오랫동안 제위 계승을 둘러싼 분쟁에 시달리게 만들었습니다. 그동 안 거쳐 간 황제들이 어떤 행동을 하든 거의 모든 치세 가 반역과 암살로 점철되었습니다.(12장 359쪽) 황제가 죽 을 때마다 제위 분쟁이 벌어지자 경제는 쇠퇴했고, 시민 들은 높은 세금에 시달렸으며, 이는 곧 군대를 유지할 여 력이 사라지는 결과를 가져왔습니다. 이런 상황이라면 야만족들이 제국의 영토에서 완전히 사라진다고 해도 과

로마제국의 문장

거의 광대한 영토를 획득할 수도, 유지할 수도 없었으리라는 것입니다.

　로마제국이 몰락한 또 다른 원인은 그리스도교였고, 그 단초를 제공한 사람 은 그리스도교를 공인한 콘스탄티누스 1세 황제였습니다. 그리스도교는 자신 의 종교에 대한 열정, 내세관, 기적을 일으키는 능력, 엄격한 도덕관, 계율로 써 교세를 확장했습니다. 하지만 로마의 황제나 정무관들은 이 신흥종교에 대 해 잘 알지 못해 크게 주의를 기울이지 않았고, 박해도 짧은 기간 동안 약하게 이루어졌으므로 실제 순교자의 수는 많지 않았습니다. 그러던 종교가 콘스탄 티누스 1세 황제의 관용으로 인해 신도 수가 급격히 늘어나게 되면서 인내와 순종의 교리가 사회의 활력을 잃게 만들었고, 군대 유지비가 기부금과 헌금이 라는 명목으로 교회로 흘러들어갔습니다. 또 교리 논쟁을 거치면서 박해받은 종파는 적이 되었고, 인정받은 종파의 주교들은 그 단결력을 더욱 강화함으로 써 종파 분열로 인해 국가와 교회가 혼란에 빠졌다는 것입니다.

　콘스탄티노플의 건립과 그리스도교의 공인은 로마제국의 쇠퇴라는 변혁을 가 　져온 직접적이고도 중대한 원인이었다……. 로마제국의 쇠퇴가 콘스탄티누스 1

세 황제의 개종으로 가속화되었다. 단 그의 승리한 종교가 몰락에 따른 폭력성을 없애고, 정복자들의 광폭한 기질을 부드럽게 하는 데 기여한 것은 사실이다.(14장 495쪽, 38장 195쪽)

그리스도교의 순교자보다 그리스도교가 다른 종파에게 가한 사상자가 훨씬 더 많았다는 기번의 주장은, 교회로부터 이단적이고 비도덕적이며 근거가 전혀 없는 가설이라는 비판을 받았지만, 《로마제국 쇠망사》에서 가장 많은 논란이 되었고 그래서 가장 유명한 부분이 되었습니다.

기번은 원인과 그에 따른 결과를 토대로 로마제국의 몰락 과정을 그렸지만, 인과관계만으로 전체 역사를 설명할 수는 없었기에 전혀 예기치 않은 결과를 가져온 사건은 '우연'으로 해석했습니다. 여러 게르만족 중에서 프랑크족이 갈리아 지역에 정착해 최종적으로 왕국을 형성한 것은 우연이었고, 이슬람교가 성장한 것도 우연이었다는 것입니다. 특히 그리스도교도였던 아비시니아인들은 메카를 공격했는데, 보급품이 부족해서인지 제대로 반격을 받아서인지 치욕적으로 후퇴했습니다. 만일 이때 아비시니아인의 공격이 성공했더라면 아라비아에서 그리스도교가 보존되었을 것이고, 이슬람교는 흥기하지도 않았을 것이고, 흥기하더라도 아비시니아인들에게 초기에 분쇄되었을 것입니다(50장 393쪽). 아비시니아인의 후퇴라는 우연한 사건이 이슬람 세력의 성장이라는 엄청난 결과를 가져왔다는 것입니다.

기번에게 역사의 진행은 인과관계와 우연의 연속이지만, 필연적인 종착역은 몰락이었습니다. 모든 인간들의 제도는 어쩔 수 없이 파괴된다는 염세적인 사고를 지닌 그는 로마제국의 '운명' 역시 다르지 않다고 보았습니다.

로마의 쇠퇴는 무분별한 팽창이 가져온 자연적이고도 피할 수 없는 결과였다. 번영 속에 쇠퇴의 원인들이 무르익어 갔고, 정복하면 할수록 파멸의 원인들도 늘어났……. 또 원래 콘스탄티노플 시가 창건되는 동시에 쇠퇴의 과정은 시작되었다고 말할 수 있다.(38장 193쪽, 64장 33쪽)

그래서 콘스탄티누스 1세 황제가 수도를 옮겼을 때 서로마제국의 쇠퇴와 타락의 씨앗들이 그대로 비잔틴제국에 옮겨졌고, 그런 씨앗들이 무르익는 과정이 천 년 동안 지속되었으므로 비잔틴제국 또한 몰락의 운명을 피해 갈 수 없었다는 것입니다.

정부의 폭정과 억압이 개인의 행복을 저해한다는 기번의 자유주의적 사고는 《로마제국 쇠망사》에서 황제의 권력 독점과 자유로운 시민 정신의 말살에 대한 비판으로 이어졌습니다. 중세를 미신과 야만의 시대로 보는 18세기의 계몽주의적 사고는, 그리스도교의 전파를 비난함과 동시에 철학과 이성의 쇠퇴에 대한 아쉬움을 표현했습니다. 또한 18세기 영국 문학의 염세주의적 사고는 동서로마제국의 독창성을 무시한 채 로마제국 몰락의 필연성을 강조하는 형태로 나타났습니다. 이처럼 서술 당시의 시대정신이 그대로 녹아 있는 《로마제국 쇠망사》는 새롭게 창조된 로마제국의 역사라는 평가를 받기에 부족함이 없습니다.

일러두기

1. 이 글은 E. Gibbon, *The History of the Decline and Fall of the Roman Empire*(London: Oxford University Press, 1903)를 편역하고 해설한 것입니다.
2. 인용문에서 원문의 주는 생략했으며, 필요할 경우 따로 설명을 붙였습니다.
3. 인용문은 가급적 우리말에 가깝게 의역했습니다.
4. 주제와 연관해서 원문의 순서를 바꾸기도 했습니다.
5. 서로마제국의 멸망을 기준으로 하여 1부부터 3부까지는 동로마제국으로, 4부부터는 비잔틴제국으로 표기합니다.

1부 번영하는 로마제국[1~2세기]]

● 노력하는 자에게 장사 없다

2부 로마제국의 쇠퇴[2~3세기]

● 권력욕과 외적에 찌든 제국

3부 로마제국의 분열[4~6세기]

● 영원한 약소국은 없다

4부 로마제국의 부활을 꿈꾸는 비잔틴제국[6~11세기]

● 비잔틴제국, 또 다른 로마제국

5부 쇠퇴하는 비잔틴제국[11~15세기]

● 국가이기주의에 휘둘린 제국의 말로

로마제국은 어느 한 사람의 노력만으로 유지된 것이 아니라, 각자가 맡은 역할을 충실히 수행해 나감으로써 발전했습니다. 뛰어난 황제가 사치하지 않고 현명하게 통치할 때, 군인들이 훈련에 충실하면서 용맹을 키워 나갈 때, 결속력과 통합력을 갖추고 경제가 풍족할 때 로마제국은 번영했습니다. 이러한 번영의 세부적인 측면을, '로마제국의 황금기'라고 불리는 안토니누스 왕조 황제들의 시대를 설명한《로마제국쇠망사》1~3장을 중심으로 풀어 나가고자 합니다.

번영하는 로마제국
[1~2세기]

노력하는 자에게 장사 없다

오늘날 경제 대국이라 불리는 나라가 반드시 땅을 많이 가진 것은 아니며, 자원이 빈약하다고 하여 빈국으로 취급할 수도 없습니다. 광대한 영토를 가지고 있다고 해도 개발하고 활용하고자 하는 치열한 노력이 없다면 무용지물일 것입니다. 천연자원이 빈약한 우리가 전후의 상처를 딛고 선진국 대열에 들어설 수 있었던 것은 무한 경쟁 속에서 살아남기 위해 악착같이 노력한 결과입니다.

노력하는 자에게는 당해낼 재간이 없다는 말은 로마인에게도 적용됩니다. 그들에게 생존을 위한 노력은 어쩔 수 없는 선택이었고, 그런 노력이 유럽 · 아프리카 · 아시아 세 대륙에 걸친 대제국으로 결실을 맺었습니다. 오늘날 그 지역의 나라들을 모두 합치면 20개국이 넘을 정도로 큰 영토를 차지한 로마인들은, 그 영광을 신의 힘으로 돌렸습니다. 로마 시가 당시 주된 국제적 활동무대였던 지중해 중앙의 이탈리아, 그 이탈리아 중에서도 중앙에 위치해 있었기에 사방으로 뻗어나갈 수 있었고, 신이 내린 지리적 이점이 제국을 이루는 결과를 가져왔다는 것입니다. 그러나 이는 결과적으로 잘되었으니 하는 말이고, 역으로 생각하면 중앙에 있다는 것은 사방에서 공격해 들어와서 흔적도 없이 역사에서 사라질 수도 있는 위치였습니다. 우리나라가 중국, 일본의 옆에서 치열한 생존의 역사를 살았고 그렇게 애쓴 결과 오늘날 세계 일류 기업을 무수히 거느린 국가가 되었듯이, 로마제국의 번영 역시 생존과 팽창을 위한 피와 땀의 결과이지 지리적 혜택을 받아 자연적으로 얻어진 결과물은 아니었습니다.

광대한 영토를 장악했다고 해서 영원히 지속되는 제국이 되는 것은 아니므로, 제국을 지키기 위한 피나는 노력도 병행해야 했습니다. 영토의 크기로만 따지자면, 대왕이라고 불리는 알렉산드로스기원전 356~323도 로마제국 못지않은 큰 영토를 정복했습니다. 그것도 로마인들이 수 세기에 걸쳐 획득한 영토를 알렉산드로스는 겨우 10여 년 만에 유럽에서 인도까지 정복했습니다. 알렉산드로스는 20세에 동부 유럽을 평정하고, 22세부터 오늘날의 터키 지역을 시작으로 인도 서부 지역을 정복한 후 32세에 사망했습니다. '혈기왕성한 나이에 그 정도쯤이야' 하고 생각할 수도 있겠지만, 낯선 땅과 기후라는 척박한 환경에서 병영 생활을 하면서 넓은 지역에 걸쳐 저항하는 적들을 모두 정복하기에는 턱없이 부족한 시간입니다. 그래서 알렉산드로스의 위대함을 말하는 것입니다. 뛰어난 장군 카이사르기원전 100~44도 자신이 알렉산드로스의 나이에 이룩한 것이 없다고 한탄했다는 이야기는, 그의 정복 활동이 젊은 시기에 이루기 힘든 과업이었음을 말해 줍니다. 그렇게 힘들게 건설한 나라는 알렉산드로스 사후에 분열되었습니다. 단기간 내에 땅만 정복했지, 그 땅을 하나로 묶을 시간이 없었던 것입니다.

로마제국은 어느 한 사람의 노력만으로 유지된 것이 아니라, 각자가 맡은 역할을 충실히 수행해 나감으로써 발전했습니다. 뛰어난 황제가 사치하지 않고 현명하게 통치할 때, 군인들이 훈련에 충실하면서 용맹을 키워 나갈 때, 결속력과 통합력을 갖추고 경제가 풍족할 때 로마제국은 번영했습니다. 이런 번영의 세부적인 측면을 '로마제국의 황금기'라고 불리는 안토니누스 왕조 황제들의 시대를 설명한 《로마제국 쇠망사》 1~3장을 중심으로 풀어 나가고자 합니다.

01 뛰어난 황제들의 등장

● 왕정기
로물루스(재위 기원전 753~?)
로부터 누마 폼필리우스(재위
기원전 717~673), 툴루스 호스
틸리우스(재위 기원전 673
~642), 앙쿠스 마르키우스(재
위 기원전 642~617), 타르퀴니
우스 프리스쿠스(재위 기원전
616~578), 세르비우스 툴리우
스(재위 기원전 578~534), 타
르퀴니우스 수페르부스(재위 기
원전 534~510)까지 7명의 왕
이 통치한 시기를 말한다.

● 공화정
전직 정무관들로 구성된 자문
기관으로서 귀족정의 요소를
가진 원로원, 임기가 제한되어
있는 소수의 사람들이 행정을
담당해 왕정의 요소를 가진 정
무관들, 시민권을 가진 사람들
이 법 제정과 정무관 선출을
책임짐으로써 민주정의 요소
를 가진 민회가 공동으로 국가
를 운영하는 체제이다.

● ● ● 로마는 짧은 왕정기˚ 기원전 753~509를 거친 후 원로원, 정무관, 민회가 통치하는 공화정기 기원전 509~27에 이탈리아를 통일하고, 유럽 · 아프리카 · 아시아 일대를 장악한 거대한 나라가 되었습니다. 왕의 독단을 경험한 로마인에게 일인지배체제인 왕정은 억압의 상징이었지만, 공화정˚은 권력 남용을 막을 수 있는 최상의 통치 형태이자 로마의 힘을 키우게 해준 체제였습니다. 그들은 여러 관직과 군대를 장악하면서 권력 독점을 꾀하던 카이사르를 공화정 체제를 위협하는 인물로 보았고, 암살을 통해서라도 공화정을 수호하고자 했습니다.

광대한 영토를 획득한 때는 공화정기였지만, 영토를 더욱 넓히고 '로마의 평화Pax Romana, 기원전 27~기원후 180'라 하여 약 200년에 걸친 번영과 안정을 구현한 때는 제정기_{기원전 27~기원후 473}였습니다. 공화정에 대한 신념이 강한 로마였기에 원로원과 정무관이 여전히 존재했지만, 그 권한들은 점차 황제에게 집중되었고 재정과 군대 역시 황제가 장악했습니다. 한 사람에게 권력이 집중된 만큼 황제의 통치력에 따라 제국은 혼란을 경험할 수도, 반대로 번영을 지속할 수도 있었습니다. '로마의 평화' 시기에 네로 황제의 통치나 그의 사망으로 인한 내전기도 있었지만, 아우구스투스 황제가 다져놓은 제국의 근간을 흔들 정도는 아니었고, 이어지는 뛰어난 황제들의 치세로 평화와 번영은 지속되었습니다.

아우구스투스(기원전 63~기원후 14)
원래의 이름은 옥타비아누스이지만, 기원전 27년에 원로원으로부터 아우구스투스(존엄한 자)라는 칭호를 받았다. 이 책에서는 시기와 상관없이 옥타비아누스 대신 아우구스투스라는 이름으로 통일한다.

공화정의 몰락, 제정의 시작

역사상 뛰어난 선전 선동가 중의 한 사람인 아우구스투스 황제는, 항상 분위기만 조장할 뿐 실제 행동은 다른 사람들이 하게 했습니다. 카이사르의 암살 후 그의 혈족으로서 정계에 등장한 아우구스투스는, 안토니우스 와의 내전이 권력 투쟁으로 보이지 않게 하기 위해 안토니우스와 클레오파트라 가 로마를 장악하려는 꿈을 꾸고 있다고 선전했습니다. 이에 위협을 느낀 로마인들이 그에게 안토니우스에 대한 척결을 요구했습니다. 그리하여 카이사르는 권력 투쟁에서 승리하여 독재자가 되려는 야심을 가진 인물로 비춰진

•안토니우스(기원전82~30)
아우구스투스, 레피두스와 함께 제2차 삼두정치를 펼쳤다. 이집트의 여왕인 클레오파트라와 연합하여 아우구스투스에게 대항했으나, 기원전 31년 악티움 해전에서 패배한 후 자살했다.

•클레오파트라(기원전 69~30)
이집트 프톨레마이오스 왕조 최후의 여왕. 뛰어난 외교수단을 바탕으로 이집트의 부흥을 도모했으나, 안토니우스와 마찬가지로 악티움 해전에서 패배한 후 자살했다.

〈카이사르의 암살〉
카이사르는 크라수스(기원전 115~53), 폼페이우스(기원전 106~48)와 함께 제1차 삼두정을 이끈 인물이다. 기원전 44년 3월 15일에 공화주의자인 브루투스(기원전 85~42)와 카시우스(기원전 85?~42)에게 암살당했다.

데 반해, 아우구스투스 황제는 야심가와 외국 여인에게서 국가를 구해 낸 '국가의 구원자'라고 칭송받게 되었습니다.

안토니우스에게 승리한 아우구스투스 황제에게 가장 큰 고민은, 내전을 통해 획득한 권력을 공화정의 체제를 유지하기 위해 원로원과 시민들에게 양도하느냐 아니면 그대로 보유하느냐 하는 것이었습니다. 전자를 택해 다 내놓을 것 같으면 힘들게 전쟁을 한 보람이 없어지고, 후자를 택하면 카이사르와 같은 운명이 될지도 몰랐습니다. 권력을 보유하되 암살당하지 않는 방법을 생각해 내야 했고, 그 묘안이 바로 '공화정의 형태로 위장한 절대 군주정'이었습니다.

내전이 종결된 후 아우구스투스 황제의 선동적인 행동이 다시 한번 빛을 발한 때는, 그가 모든 권력을 내놓겠다고 선언했을 때입니다. 물론 그는 그렇게 할 생각이 추호도 없었습니다. 공화정이라는 체제에 대한 애착보다 야심이 컸던 그로서는, 어떠한 사심도 없다는 것을 보여 줌과 동시에 내전을 통해 획득한 불법적인 권력을 원로원의 승인을 받은 합법적인 권력으로 전환할 필요가 있었습니다. 이런 필요성에서 권력 반환이라는 과감한 행동이 나온 것입니다.

〈악티움 해전〉
아우구스투스는 악티움 앞바다에서 안토니우스와 클레오파트라의 연합 함대를 격파하고, 로마의 초대 황제가 되었다. 로렌초 A. 카스트로, 1672, 런던 국립해양박물관.

　원로원은 즉각 아우구스투스의 사임 요청을 거절했다. 그들은 아우구스투스에게 그가 구한 공화정을 버리지 말아 달라고 탄원했다. 이 영악한 군주는 원로원의 요청을 몇 번 거절한 후, 어쩔 수 없다는 듯이 원로원의 명령에 따라 속주와 로마 군대의 총지휘권을 받아들였다. 그러나 그는 이 지휘권을 10년 동안만 보유할 것이고, 그 전에 내전의 상처가 완전히 치유되고 공화정이 예전의 건전함과 활력을 되찾아 과도한 권력을 가진 자신이 개입할 필요가 없어질 때가 오기를 희망한다는 단서를 달았다. 이런 웃기는 상황극이 아우구스투스 황제의 치세 동안 여러 번 반복되었고, 로마제국이 멸망할 때까지 황제들은 아우구스투스 황제를 기념하여 통치 10년마다 이런 상황을 연극으로 재연했다.(3장 69쪽)

　원로원은 간곡하게 부탁하고 그는 사양하는 척하다가 받아들이는, 마치 연극과도 같은 상황을 연출한 것입니다. 아우구스투스 황제는 원로원의 요청 때문에 속주와 군대를 지휘하는 힘든 일을 거절할 수 없다고 말했습니다. 원로원과 시민들이 싫다는 아우구스투스 황제에게 권한을 떠안겼으므로 외관상으로는 원로원과 시민들이 국사를 결정하는 공화정의 형태였으나, 실질적으로 권력을 장악한 사람은 군주인 아우구스투스 황제였습니다.

한마디로 요약하면, 아우구스투스 황제가 설립하고 자신과 시민들의 이익을 따질 줄 아는 후대의 군주들에 의해 유지된 제국 정부의 체제는, 공화정의 형태로 위장된 절대 군주정이라 규정할 수 있다. 로마의 지배자들은 왕좌와 막강한 권력을 숨긴 채, 자신들은 원로원의 결의를 받들고 복종하며 원로원으로부터 공직을 받는 행정가에 지나지 않는다고 너스레를 떨었다.(3장 76쪽)

아우구스투스 황제는 막강한 권력을 수중에 넣었으면서도 그렇게 보이지 않게 했다는 점에서 '교활한 군주'라고 평가받았습니다.

그는 속주와 군대에 대한 지휘권, 정무관들의 권한,* 막대한 부를 통해 제국을 수중에 넣었지만, 카이사르와 달리 로마인들에게 끊임없이 칭송받았습니다. 그것은 단순히 권력을 장악해 간 과정 때문만이 아니라, 권력을 제국의 번영을 위해 사용했기 때문입니다. 군사령관들이 군대를 동원하여 권력 투쟁을 벌이는 내전을 경험한 아우구스투스 황제는, 군대와 군사령관의 힘을 억누름과 동시에 전쟁에 시달린 시민들에게 평화를 주기 위해 강력한 권력이 필요했습니다. 이 점을 로마인들이 인정했기에 아우구스투스 황제에 대한 평가가 그렇게 나쁘지는 않았던 것입니다.

최초의 황제인 아우구스투스의 약점

최초의 황제가 된 아우구스투스였지만, 모든 여건을 완벽하게 갖춘 것은 아니었습니다. 가장 큰 약점이 건강이라고 할 만큼, 한마디

로 그는 '걸어 다니는 종합병원'이나 마찬가지였습니다. 카이사르
는 워낙 호방한 성격으로 병사들과 같이 거친 음식을 먹고 허름한
잠자리도 마다하지 않아 병사들에게 인기가 많았습니다. 또 그는 여
성들을 대할 때 강인함과 부드러움을 자유자재로 드러내 로마 제일
의 바람둥이라 할 만큼 여성들의 사랑을 독차지했습니다. 반면 아우
구스투스 황제는 피부병, 관절염, 동상, 소화 장애, 대장염 등 각종
질병에 시달리다 보니 포도주나 과식을 즐기지 않았고, 완벽주의적
인 성격 탓에 흐트러진 모습을 보이지 않으려고 노력했습니다. 그러
므로 존경의 대상은 되었지만, 카이사르처럼 인기를 얻지는 못했습
니다. 이처럼 허약한 체질이었음에도, 평균 수명이 25세에서 30세
이던 당시에 78세까지 살았으니 상당히 장수한 편입니다.

　기원전 27년에서 기원후 14년까지 40여 년에 이르는 긴 통치 기
간과 음주가무를 즐길 수 없는 건강 상태, 규칙적인 생활 습관은,
아우구스투스 황제가 국정에 매진하고 세세한 부분까지 개혁하여
그 개혁이 안정적으로 뿌리를 내릴 수 있게 만들어 주었습니다. 군
사적인 부분에서는 내전기 동안 늘어난 군
인의 수를 절반 정도 줄여 직업 군인으로
만들어 변경 지역에 배치하고 근위대, 수
도 경비대, 소방대를 창설하여 수도를 지
키게 했습니다. 이러한 군대 편성과 배치
는 3세기 말까지 지속되었습니다. 행정적
인 부분에서는 원로원을 개편하여 그에 대
한 지배력을 강화함과 동시에, 그들을 곡

아우구스투스 앞에 선 마이
케나스
마이케나스(기원전 70~8)는
아우구스투스의 벗으로, 정치
적 자문 역할을 했다. 뛰어난
외교술을 선보였으며, 적극적
인 예술 활동으로 아우구스투
스 재위 기간 동안 라틴 문학
의 황금기를 이끌었다.

티베리우스(재위 14~37)
로마의 2대 황제. 재위 기간 동안 로마 제국을 잘 통치했으나, 말기에 공포 정치를 펼치면서 그에 대한 평가가 엇갈린다.

* 게르마니쿠스(기원전 15~기원후 19)
로마의 장군이자 정치가. 군사적 재능이 뛰어나 게르마니아, 시리아 등의 전투에서 크게 활약했으며, 차기 황제가 될 것으로 기대를 모았으나 젊은 나이에 죽었다.

물, 물, 화재, 신전 등 민간 생활에 필요한 전반을 돌보는 정무관들로 활용했습니다. 사회적인 부분에서는 법정을 열어 간통죄를 심판함으로써 간통을 막는 법, 세 자녀 이상을 둔 사람에게 공직에 오를 기회를 주면서 동시에 독신자에게는 재산 상속을 제한함으로써 결혼과 출산을 장려하는 법, 이탈리아 혈통을 보존하고자 노예 해방을 억제하는 법 등을 만들고, 빈민 구제와 도로 건설 및 보수, 식민시 건설 등에 힘써 국정 전반에 손을 대지 않은 일이 없을 정도였습니다.

아우구스투스 황제의 또 다른 약점은 힘들게 획득한 권력과 장기간 기틀을 다져 놓은 제국을 물려줄 아들이 없었다는 것입니다. 그는 하나밖에 없는 딸을 매개로 계승자를 물색하기 위해 조카와 친구를 차례로 딸과 결혼시켰으나 둘 다 먼저 죽었습니다. 이번에는 외손자들을 양자로 삼아 물려주고자 했으나, 이들 역시 일찍 사망했습니다. 아우구스투스 황제는 황후의 전 남편 자식으로 냉소적이고 예민한 티베리우스를 달가워하지 않았지만, 황실에서 유일하게 남은 사람이었기에 달리 선택의 여지가 없었습니다.

선택의 여지가 없기는 티베리우스 황제도 마찬가지였습니다. 그에게는 외아들이 있었으나 일찍 죽었고, 제위를 위협한다는 트집을 잡아 군사적 능력이 뛰어나고 온화한 성격으로 인기 있던 조카 게르마니쿠스*의 아들딸들을 살해했습니다. 막상 제위를 물려주려고 할 때, 그의 곁에는 게르마니쿠스의 아들 중에서 유일하게 살아남은 칼리굴라와 16세인 손자밖에 없었습니다. 그는 당연히 손자를 계승자로 선택하고 싶었으나 아직 어렸고, 게르마니쿠스의 후광을 입어 군인과 시민 들에게 인기 있던 칼리굴라를 무시할 수 없어 두 사람을 공동 계승자로 삼았습니다. 그러나 티베리우스 황제의 손자는 칼리굴라가 뻗친 살육의 손길을 피할 수 없었습니다. 한편 티베리우스 황제는 게르마니쿠스의 동생인 클라우디우스 1세_{재위 41~54}를 계승자로 생각할 수도 있었으나, 그가 소아마비로 거동이 불편하고 말을 심하게 더듬었기 때문에 아예 논의에서 제외시켜 버렸습니다. 클라우디우스 1세는 이런 신체적인 장애가 있었기에 칼리굴라 황제의 무분별한 살육에서 살아남을 수 있었습니다.

결국 칼리굴라 황제가 암살된 후 원로원이 황제를 없애고 원로원과 시민이 통치하는 공화정을 부활하는 안과 선거로 황제를 선출하는 안을 가지고 토론만 하는 동안, 클라우디우스와 근위대가 움직였습니다. 클라우디우스 1세가 근위대에 하사금을 약속하자 근위대는 클라우디우스를 황제로 선포했고, 원로원은 근위대의 무력 앞에 제위를 인정할 수밖에 없었습니다. 그러나 클라우디우스 1세 황제가 얼마 못 가서 갑자기 사망하는 바람에, 아들에게 제위를 물려주지 못하고 황후의 전 남편 자식인 네로에게 황제의 자리를 넘길 수밖에 없었습니다.

칼리굴라와 네로 같은 광폭한 황제가 등장했음에도 제국이 무너지지 않은 것은, 아우구스투스 황제가 만들어 놓은 체제가 의외로 튼튼했음을 반증합니다. 입법과 사법을 담당하는 원로원, 행정을 담당하는 정무관, 정무관을 선출하는 시민들이 서로 함께 국정을 운영하고 있다고 생각했으므로, 자신들을 전체적으로 조율하는 황제의 존재 자체를 부정하지 않은 것입니다.

칼리굴라(재위 37~41)
원래 이름 대신 칼리굴라라는 별칭으로 더 유명하다. 어릴 때 아버지인 게르마니쿠스를 따라 북부 게르마니아 지역에서 성장한 황제는 어머니가 군인들의 의복을 줄여 만들어 준 옷을 입었다. 이를 본 군인들이 '작은 군화'를 의미하는 칼리굴라라고 부른 게 별칭이 되었다.

네로(재위 54~68)
로마의 5대 황제. 사치와 방탕을 일삼은 폭군으로 악명 높으며, 그리스도교를 박해하고 어머니와 동생을 살해하여 지탄받았다. 하지만 그의 재위 기간 로마의 문화가 상당히 발전한 측면도 인정된다.

원로원과 시민들이 고대의 자유를 누리고 있다는 확신이 들면 예속 상태에 굴복할 것이라는 아우구스투스 황제의 예상은 빗나가지 않았다. 아우구스투스 황제의 후계자들이 미덕으로 그리고 분별력 있게 행동한다면, 허약한 원로원과 무기력한 시민들은 그들을 기쁘게 묵인할 것이었다. 음모자들이 칼리굴라, 네로, 도미티아누스 황제에게 대항한 것은 자유의 원칙을 위해서가 아니라 자기 보존을 위해서였다. 그들은 황제의 권위에 타격을 주려 한 것이 아니라 독재자 개인에 대해 공격한 것이었다.(3장 80–81쪽)

원로원과 시민들이 문제가 있는 황제에 대해서만 척결을 요구했을 뿐 황제의 존재 자체를 부정하지 않은 것은, 아우구스투스 황제가 만들어 놓은 체제가 그들에게 유익했음을 인정했기 때문입니다. 이것은 뛰어난 지도자 한 사람의 역할이 제국의 번영과 안정에 얼마나 중요한지를 보여 주는 단적인 사례입니다.

오현제와 양자 계승 원칙

혈통 계승의 문제점은 혈통이 단절되면 제위 분쟁이 발생하기 쉽다는 것입니다. 68년에 네로 황제가 사망한 후 내전이 일어나 4명의 군사령관들이 치열하게 제위 분쟁을 벌인 배경에는, 왕가의 혈통이 없으므로 누구든 제위를 차지하는 자가 제일이라는 인식이 깔려 있었습니다. 이런 전례가 있었으므로 96년 도미티아누스 황제의 사망으로 플라비우스 왕조의 혈통이 단절되었을 때, 원로원은 온화한 성품의 네르바를 황제로 추대해 분쟁의 소지를 없앴습니다.

혈연 보다 능력!

네르바(재위 96~98)
오현제 시대를 연 황제.

* 도미티아누스(재위 81~96)
네로 사후 플라비우스 왕조(69~96)를 개창한 베스파시아누스 황제(재위 69~79)의 아들로서 형인 티투스(재위 79~81)의 뒤를 이어 황제가 되었다. 네로 황제에 버금가는 잔혹한 면을 보이기는 했지만, 영토 팽창과 군인의 복지에 신경을 썼다는 점은 긍정적으로 평가되고 있다.

노쇠한 네르바에게는 친척이 몇 명 있었지만, 혈연이 아닌 사람을 후계자로 선택함으로써 양자 계승을 원칙으로 하는 오현제 시대가 시작되었습니다.

> 만일 역사 시대로 들어와서 인류가 가장 행복하고 번영한 시기를 정하라고 한다면, 주저하지 않고 도미티아누스 황제가 사망했을 때부터 코모두스재위 177~192 황제가 계승할 때까지라고 말할 것이다.(3장 89쪽)

가장 행복한 시대였다고 하는 오현제 시대를 시작한 네르바가 다음 황제로 선택한 사람은, 군 지휘 능력이 뛰어난 트라야누스였습니다. 부지런하고 보수적인 성격의 트라야누스 황제는 시리아의 군사령관으로서 변덕스럽고 불안정한 성격의 하드리아누스를 후계자로 삼을지에 대해 고민했습니다. 그러다가 하드리아누스가 제위를 계승하자, 그와 애인 사이인 트라야누스 황제의 황후가 개입했다는 소문이 나돌았습니다. 이 또한 소문의 진위 여부는 알 수 없으나, 그 뒤 하드리아누스 황제의 마음을 온통 빼앗은 이는 전임 황제의 황후도 아니고 상당한 미인이던 자신의 황후도 아닌 미소년 안티노우스111~130였다고 합니다. 황제가 안티노우스를 어떻게 사랑하게 되었는지 그리고 이집트를 여행하던 중 안티노우스가 어떻게 해서 나일 강에 빠져 죽었는지는 알 수 없으나, 이 소년의 죽음으로 황제가 상당한 충격을 받은 것은 사실이었습니다. 소년의 죽음 후 하드리아누스 황제는 삶에 회의를 느꼈고, 특별한 이유도 없이 불안감에 떨었습니다. 게다가 갈수록 육신이 부어오르고 코에서 피까

트라야누스(재위 98~117)
네르바의 뒤를 이어 오현제 중 두 번째로 제위에 올랐으며, 원로원과 협조하여 선정을 펼쳤다.

하드리아누스(재위 117~138)
오현제 중 세 번째 황제로, 제국 제반의 기초를 닦았다.

안토니누스(재위 138~161)
오현제 중 네 번째 황제. 재정
과 국력을 튼실하게 다졌으며,
속주의 번영에도 힘써 제국을
평화롭게 이끌었다.

마르쿠스 아우렐리우스(재위
161~180)
오현제의 마지막 황제. 사진은
마르코마니 전쟁을 기념하여
이탈리아 로마의 카피톨리노
언덕에 세운 마르쿠스 아우렐
리우스 황제의 기마상이다.

지 쏟을 정도로 건강이 악화되자, 성격마저 까다롭고 예민하게 변했습니다.

육체적인 고통이 갈수록 더해지자 죽음이 다가옴을 직감한 하드리아누스 황제는, 부유한 원로원 의원인 안토니누스를 후계자로 선정했습니다. 하드리아누스 황제는 변덕스러운 황제였지만, 23년에 걸친 재위 기간이 특별히 언급할 만한 사건이 없었던 때로 평가될 정도로 훌륭한 인물인 안토니누스를 로마 황제로 선출함으로써 후세에 길이 칭찬받을 일을 했습니다.

역사란 인간의 범죄와 어리석은 행동과 불운의 기록일 뿐이라고 할 때, 역사에 기록될 만한 것이 거의 없다는 것은 안토니누스의 치세 기간이 보기 드물게 영광스러운 시대였음을 증명해 준다. 후계자인 마르쿠스 황제도 그의 인품을 존경하고 사랑했으며, 그의 권위에 복종했다. 그들의 치세는 통치의 목표가 바로 전체 시민의 행복이었던, 역사상 유일한 시대일 것이다.(3장 87쪽)

안토니누스 황제는 제국의 번영을 생각해서 마르쿠스 아우렐리우스를 사위로 맞아 후계자로 선정했습니다. 두 사람 모두 훌륭한 황제였다는 것 외에, 그들의 또 다른 공통점은 황후로 인해 속깨나 썩었다는 점입니다. 안토니누스의 황후는 무척 사치스러웠는데, 평소 화를 잘 내지 않던 황제가 단 한 번 화를 낸 것이 "과거 황제들이 모은 재산을 모두 써버렸다는 사실을 아느냐?"라고 황후의 사치를 질타한 말이었습니다. 마르쿠스의 황후는 그보다 더해 사치스러운 데다 방탕하기까지 했습니다.

마르쿠스의 황후 파우스티나
안토니누스 파우스의 딸이자,
마르쿠스 아우렐리우스의 아내이다.

> 황후는 미모뿐 아니라 열애설로도 유명했다. 진지한 성격의 황제는 황후의 자유분방하고 경망한 성격과 변화에 대한 주체할 수 없는 열정을 감당할 수 없었다. 황후가 드러내 놓고 접근했기 때문에 그녀의 무수한 연애 사건은 그 방탕함을 드러내는 증거였다. 그러나 로마제국 안에서 황후의 부정을 모르는 사람은 황제 한 사람밖에 없다고 할 정도로 황제는 황후의 행동에 무감각했다. 오히려 황후의 애인들을 부와 명예가 보장되는 공직으로 승진시켰고, 30년간의 결혼 생활 내내 변함없이 황후에게 무한한 신뢰와 존중하는 마음을 드러냈으며, 그 마음은 죽어서도 변치 않을 것이라 했다. 심지어 그토록 충실하고 온화하며 검소한 생활 습관을 가진 부인을 내려주신 신께 감사드렸다. (4장 95-96쪽)

황후의 부덕이 마르쿠스 황제의 미덕을 가리지는 못했습니다. 많은 학자들의 강연을 들으면서 통치의 방식과 인간의 삶에 대해 고민한 황제는, 자신에게는 엄격하고 다른 사람의 결점에는 관대했으며, 모든 인간을 공평하고 자비롭게 대하는 훌륭한 성품의 소유자였습니다.

혈통 계승시킨 마르쿠스 아우렐리우스 황제

마르쿠스 황제가 친아들에게 제위를 넘겨준 결과 양자 계승 원칙으로 이어진 오현제 시대는 막을 내렸습니다. 마르쿠스 황제는 아들이 겨우 14~15세가 되었을 때 황제의 권력을 함께 누리게 함으로써 자식의 교육을 스스로 망쳐 버렸습니다. 성급하고 충동적이던 어린 코모두스는 이성도 권위도 통하지 않는 오만불손한 젊은이로 성장해 버린 것입니다. 그래서 마르쿠스 황제는 못된 아들에 대한 편애 때문에 사람들의 행복을 희생시킨 장본인이라거나, 여러 사람들 중에 후계자를 물색하지 않고 아들에게 세습시킨 혈통 집착증 환자라고 비난받았습니다.

그러나 마르쿠스 황제의 입장에서 생각해 보면 친아들에게 계승한 것을 무작정 비난할 수만은 없습니다. 오현제 중 마르쿠스를 제외한 나머지 황제들은 친아들이 없거나 어릴 때 모두 사망한 상태였으므로, 친아들에게 계승시키고 싶어도 시킬 수 없는 입장이었습니다. 반면 마르쿠스 황제에게는 친아들이 있었고, 그 아들이 비록 잔인한 성격이었지만 아버지의 미덕으로 인해 원로원과 군대의 강력한 지지를 받고 있는 상태였습니다. 이 상황에서 기존의 관행대로 다른 사람을 양자로 맞이하여 제위를 계승했다면 원로원과 군대가 문제를 제기했을 것이고, 더 심각하면 내전으로 치달을 수도 있었습니다. 마르쿠스 황제는 친아들에 대한 애착도 있었지만, 그 나름대로 상황을 판단하여 내린 결정이었습니다.

마르쿠스 황제의 고뇌에 대해서는 후에 황제가 되어 자신의 아

코모두스
마르쿠스 아우렐리우스 황제의 친아들로서 검투사 경기에 열광한 황제로 손꼽힌다.

들에게 제위를 넘겨준 세베루스 황제도 공감했습니다. 세베루스 황제는 마르쿠스 황제가 단호하게 결단을 내려 양자에게 제위를 계승해 주었다면, 로마 시민들이 그 몹쓸 아들의 폭정에 고통받지 않았을 것이라면서 그의 빗나간 부정을 종종 비난했습니다. 그러나 세베루스 자신이 같은 상황에 처하자, 엄격한 통치 원칙이 아버지로서의 자애 앞에서 얼마나 무기력하게 사라져 버리는가를 몸소 경험했습니다. 그는 자식의 잘못을 엄하게 꾸짖으면서 위협을 가하기도 했지만, 자식의 초롱초롱한 눈빛을 보고는 차마 가혹한 벌을 내릴 수 없었다고 합니다. 자식에 대한 그의 무한한 너그러움이 형제간의 골육상쟁과 카라칼라_{재위 198~217}라는 또 다른 잔혹한 황제를 탄생시킨 것입니다.

방탕하고 질투심 많은 폭군이 나타나면 수백만 명의 사람들이 나락으로 떨어지게 되므로, 황제 한 사람의 성품에 로마 시민들의 행복이 달려 있었다는 것은 참으로 불안한 일이었습니다.

셉티미우스 세베루스(재위 193~211)
권력의 기반이 군대에 있다는 것을 인정하고 원로원을 억압했다. 아들인 카라칼라를 부황제로 앉혀 제국을 공동 통치했다.

〈카라칼라〉
카라칼라는 후드가 달린, 발까지 내려오는 갈리아 망토를 의미한다. 황제가 이를 즐겨 걸쳤고, 로마 시에 유행시키면서 붙은 별칭이다. 카라칼라 황제는 211년에 동생인 게타(재위 209~211)와의 권력 투쟁에서 승리, 게타를 살해하고 단독 황제가 되었다. 알마 타데마, 1902, 개인 소장.

● 비텔리우스(재위 69)
네로 황제 사망 후 갈바(재위 68~69)가 제위를 이어받고, 갈바 황제의 사망 후 오토(재위 69)와 함께 제위 계승에 뛰어든 게르마니아 총독이다. 오토와 두 차례에 걸쳐 벌인 전쟁에서 승리함으로써 황제가 되었으나, 동방 지역의 총독이었던 베스파시아누스의 도전에 굴복했다.

음침하고 잔혹한 티베리우스 황제, 광포한 칼리굴라 황제, 어리석은 클라우디우스 1세 황제, 방탕하고 잔인한 네로 황제, 야만적인 비텔리우스 황제, 소심하고 비정한 도미티아누스 황제는 파렴치한 인물들로 오랫동안 비난받아 왔다.(3장 90쪽)

몇 명의 잔혹한 황제가 나타났는데도 로마인들에게 가장 행복하고 번영한 시기를 꼽으라면 아우구스투스 황제 치세에서부터 오현제 시대까지라고 답할 만큼, 로마는 200년에 가까운 평화를 누렸습니다. 미덕과 지혜를 겸비한 이들 절대권자들이 훌륭한 성품과 권위로 사람들의 존경을 받는 동안, 제국은 평화롭고 번영했으며 군대는 확고하게 통제되었습니다.

훌륭한 황제가 나오는 배경은 따로 있는 것이 아닙니다. 좋은 교육 환경이나 좋은 혈통이 뛰어난 통치자를 만드는 건 아닙니다. 네로 황제나 코모두스 황제에게 교육 수준이나 가문의 배경, 부모의 관심 중 어느 것 하나 모자라는 것이 있었나요? 반면 아우구스투스 황제는 19세에 정계에 등장하면서부터 정적들의 경멸과 조롱을 받아야 했고, 오현제들은 양자로서 제위를 계승했습니다. 어쩌면 잔혹함의 대명사로 불리는 황제들보다 더 열악한 지위에서 출발했습니다.

아우구스투스 황제나 오현제들이 훌륭한 통치자로 칭송받는 것은 자신과의 끊임없는 싸움에서 이긴 결과였습니다. 주위에는 검투사 경기나 전차 경주처럼 흥미진진한 오락거리가 널려 있었고, 뭔가를 얻어내려는 야심가와 아첨꾼들도 득실거렸습니다. 이들에게는 유흥에 빠져도 어느 누구 하나 제재를 가할 수 없는 절대 권력이

있었으므로, 국사를 팽개치고 노는 것에만 몰두할 수도 있
었습니다. 그들이라고 골치 아픈 국사를 잊게 해주고 시간
도 빨리 가는 오락거리에 집착하고 싶지 않았을까요? 그럼
에도 이들은 환락의 유혹에 빠지지 않았고, 충언을 고하는
사람의 말에 귀를 기울였으며, 부지런히 몸을 움직였습니
다. 아우구스투스 황제나 마르쿠스 황제는 병약했지만 밤늦
게까지 공부하면서 제국의 전체 상황을 점검했고, 트라야누
스 황제나 하드리아누스 황제는 변방을 돌아다니면서 적의
침입을 경계했습니다. 즐길 수 있는 시간과 부를 거머쥐고
있었으니 이들인들 놀면서 편안한 인생을 보내고 싶지 않았
을까요? 모든 것이 열악한 주둔지보다 풍요롭고 안락한 로마 시에
서 지내고 싶지 않았을까요? 그런 유혹을 뿌리친 자기 절제야말로,
또 제국의 번영을 위해 노력하는 자세야말로 이들이 훌륭한 황제로
칭송받는 이유입니다.

트라야누스의 기둥
트라야누스 황제 시절에 행한
두 차례의 다키아 원정을 기념
하여 관련 내용을 기둥 아래에
서부터 부조로 새겼다. 로마
포룸 북쪽의 유적지에 있다.

✛ 아우구스투스 황제의 속주 분할

속주는 전직 집정관과 전직 법무관이 명령권을 가지고 통치하는 지역으로서, 공화
정기 원로원이 연초에 담당 속주를 할당했다. 기원전 27년 아우구스투스 황제는
시칠리아, 마케도니아 같이 지중해를 중심으로 한 지역을 원로원의 관할 아래 두
었다. 반면 그 자신은 이집트, 갈리아, 파노니아 등 적들이 존재하거나 심각한 반
란을 일으킬 수 있는 불안정하고 위험한 속주를 보유했다. 그러나 대부분의 군단
은 전쟁의 위험이 있는 변경 지역에 주둔했고, 모든 속주의 총독 임명에 직·간접
적으로 관여했기 때문에, 실제로는 그가 군사력을 독점하는 결과를 가져왔다.

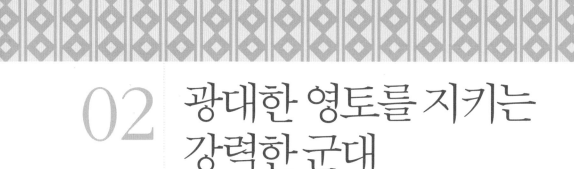

02 광대한 영토를 지키는 강력한 군대

● 에트루리아
이탈리아 중서부에 위치한 국가로서, 기원전 7세기 중반 포강 이남에서 로마 시 남부의 캄파니아까지 그 영향권 아래에 있었다. 기원전 5세기에 로마는 에트루리아와 10년 동안 전쟁하여 부유한 도시인 베이이를 장악했고, 기원전 4세기에도 간헐적으로 전쟁을 계속했다. 기원전 89년에 에트루리아인이 로마 시민권을 받으면서 로마의 체제에 완전히 융화되었다.

● 그리스 식민시
인구 팽창을 해소하고, 경제적 이익을 얻기 위해 그리스인들이 남부 이탈리아에 건설한 도시들을 말한다.

● ● ● 일곱 개의 조그마한 언덕에서 로마가 건국되었을 때, 주위에는 조직력을 갖추고 선진 전술을 구사하는 군대를 보유한 북쪽의 에트루리아,˙ 기동력 있는 동부의 산악 민족, 비옥한 땅과 활발한 상업 도시를 가진 남쪽의 평야와 그리스 식민시˙에 둘러싸여 있었습니다. 어느 하나 만만한 국가가 없던 로마에게 군대는 생존을 위한 도구이자 화려한 미래를 열어주는 수단이었습니다. 로마는 강력한 군대 덕택에 주변 국가의 공격을 막아내어 살아남을 수 있었을 뿐만 아니라, 영토를 넓혀 제국으로 발돋움할 수 있었습니다.

정치가에서부터 일개 시민에 이르기까지 강력한 군대를 만들기 위한 로마의 노력은 눈물겨웠습니다. 정치가들은 군사령관으로 활동하면서 다양한 적들을 상대하기에 가장 적합한 전략과 전술을 짜야 했습니다. 왕정기에 3,300명에서 시작된 군인의 수가 공화정 말기에는 60만 명으로 증가되기까지, 그리고 제정기에 30만 명으로 조정되기까지 군대로 간 사람은 시민들이었습니다. 군인들은 끊임없는 훈련을 통해 모든 전투 기술을 몸에 익혔고, 군 총사령관인 황제는 이처럼 잘 훈련된 군인들을 적절히 배치하는 안목이 있었습니다. 훈련이 잘된 군인들이 황제에게 충성하고, 황제가 적절한 판단력으로 군대를 운용할 때 로마제국은 번영했습니다.

* 시민의 군 복무
공화정기까지는 전쟁이 일어날 때마다 시민들을 징집하는 체제였고, 제정기에는 직업 군인들을 모아 상비군으로 유지하는 체제였다.

훌륭한 군인을 양성하는 방법

강력한 군대를 만들기 위해 우선적으로 필요한 것은 유능한 군인들이고, 로마는 그런 군인들을 키우기 위해 우선 자질부터 꼼꼼히 따졌습니다. 17세에서 46세 사이의 남성 시민권자이면서 일정한 재산이 있어야 하고, 165.5센티미터 이상의 키에 검이나 창을 쥘 수 있도록 엄지손가락이 반드시 있어야 했습니다.

로마는 나이, 체력, 군사적 능력 같은 근본적 자질들을 아주 중요시했다. 징집할 때는 남쪽보다 북쪽 지역 출신자를 선호했고, 도시보다 시골 출신자 중에서 군사 훈련에 타고난 사람들을 찾았다. 당연히 향락업에 종사하면서 앉아서 일하는 사람보다 대장장이, 목수, 사냥꾼같이 힘들고 거친 일을 하는 사람들이 더 많은 용기와 결단력을 가졌다고 생각했다. 자유민 태생으로 훌륭한 교육을 받은 사람들이 군대를 지휘했다.(1장 10쪽)

로마의 병사
로마군이 이민족을 정복하는 장면이다.

기준에 적합한 군인들을 모집하면 그들의 정신과 육체를 군인답게 무장시키기 위해 '군인 선서'를 낭독하게 했습니다. 병사들은 군인으로서 반드시 지켜야 할 덕목들을 낭독하면서 비로소 군인이 되었음을 상기함과 동시에 이를 어겼을 때 가혹한 처벌이 기다리고 있음을 명심했습니다.

병사가 처음 입대할 때는 엄숙한 분위기에서 군인 선서식을 했다. 선서식에서 병사들은 군대의 상징인 군기를 절대 버리지 않을 것, 지휘관의 명령에 자발적으로 복종할 것, 황제와 제국의 안전을 위해서는 목숨도 바칠 것을 약속했다. 군기에 대한 로마군의 집착은 종교와 명예심에서 비롯된 것이었다. 군단의 제일 앞에서 번쩍이는 금빛의 독수리 군기˚는 맹목적인 헌신의 대상이었고, 위험에 처했을 때 성스러운 그 상징물을 버리는 것은 신성 모독이자 불명예스러운 행동으로 여겨졌다.(1장 10−11쪽)

군인 선서식을 하고 나면 본격적인 훈련에 돌입했습니다.

로마군은 실제 전투에서 사용하는 무기보다 두 배 더 무거운 무기를 모의 전투에서 사용해야 한다는 규칙을 철저히 지켰다. 또 병사들은 행진하는 법, 달리는 법, 도약하는 법, 수영하는 법, 무거운 짐을 옮기는 법, 원거리든 근거리든 교전할 때 공격용과 방어용을 포함한 모든 종류의 무기를 다루는 법, 다양한 전투 대형을 조직하는 법, 트럼펫 소리에 맞추어 일사불란하게 움직이는 법 등을 성실히 배웠다. 로마군은 신체를 강인하게 만들고 몸의 움직임을 활동적이고 기품 있게 만드는 모든 방법을 알고 있었

˚ 독수리 군기
긴 장대 위에 앉아 있는 독수리는 로마 군단의 상징으로서 전쟁 시 기준점이었다. 제보 병대에 소속되어 있는 군단 기수는 돌격, 후퇴와 같은 지휘관의 명령을 받아 군단기를 높이 들거나 흔들어 병사들에게 그 명령을 전달했다.

다.(1장 12-13쪽)

더 무거운 무기를 가지고 훈련하는 이유는 평상시 무거운 것으로 훈련하면 실제 전투에서는 무기의 무게 를 전혀 느끼지 못하고 자유자재로 휘두를 수 있으리라는 생각에서였습니다. 물론 한 번의 훈련으로 무기 사용법과 공격법, 공격 시점을 다 알 수 없을뿐더러, 안다고 해도 죽고 죽이는 전장에서 적의 공격에 본능적으로 반응할 수 있게 하기 위해서는 반복된 연습밖에 방법이 없었습니다.

* 무기의 무게
투구 2킬로그램, 갑옷 12킬로그램, 벨트 1.2킬로그램, 방패 10킬로그램, 검과 칼집 2.2킬로그램, 단도와 칼집 1.1킬로그램, 투창 1.9킬로그램 등 총 30.4킬로그램이었다.

군사 훈련은 군대의 규율을 확립하기 위해 끊임없이 반복해야 할 중요한 목표였다. 신병들과 젊은 병사들은 아침저녁으로 항상 훈련해야 했고, 나이나 지식이 많아도 예외가 없어서 고참 병사들도 이미 완전히 익힌 것을 매일 반복해서 훈련해야 했다. 폭풍우가 심하게 치는 겨울철에는 주둔지 내에 커다란 천막을 쳐서 훈련을 거르는 일이 없도록 했다. 유능한 장군들이나 황제까지도 부대를 시찰하거나 몸소 시범을 보임으로써 군사 훈련을 격려하는 것이 원칙이었다.(1장 12-13쪽)

군 생활의 일정이 잘 짜여 있다고 해서, 또 군인 선서의 내용과 훈련 일정을 숙지했다고 해서 훌륭한 군인으로 양성되는 것은 아닙니다. 힘들게 외울 만한 내용이 없었으므로 군인 선서식 때 지휘관이 주문한 대로 이런저런 일을 하고, 이렇게 저렇게는 하지 않겠다고 외치면 그만이었습니다. 또 신병으로서 4개월 동안 걸음걸이에서부터 시작하여 전투 대형을 짜는 훈련을 하고, 매일 반복해서 동

일한 훈련을 하고, 땅을 파라고 하면 삽으로 흙을 나르고 도끼로 나무를 베면 끝이었습니다. 병사들 중에 눈치껏 하는 시늉만 하거나 어리숙한 동료에게 떠넘기는 사람이 있을 수도 있으므로, 진정으로 열정을 가지고 군 생활을 제대로 하도록 독려하는 것은 군단 지휘관들*의 몫이었습니다.

총사령관인 황제부터 군인들의 상황을 예의주시했습니다. 영토 팽창을 원하지 않는 황제라도 믿을 만한 군대, 강력한 군대를 양성하기 위해 군인들의 훈련 상황에 관심을 가졌습니다. 예를 들어 하드리아누스 황제는 전임 황제의 팽창 정책으로 제국의 영토가 너무 넓어졌다고 생각해 방어 정책을 추구했지만, 제국 각지에 흩어져 있는 여러 부대를 시찰하러 다녔고 그때마다 군인들을 모아놓고 격려의 말을 하는 것을 잊지 않았습니다.

128년 7월에 황제가 스페인, 아프리카, 헝가리의 군단들을 방문했을 때, 그 소식을 들은 군사령관은 광장에 모든 군인들을 집결시켰습니다. 무더운 여름날 훈련으로 힘든 상황이었지만, 황제가 왔는데 어찌 모이지 않겠습니까? 군인들이 모이자, 더운 날 고생이 많다는 말과 함께 시작된 황제의 연설에서는 군대에 대한 그의 관심이 고스란히 묻어 나왔습니다.

하드리아누스 황제는 '여러분들이 참 잘한다'라는 식으로 뭉뚱그리는 게 아니라, 개개 부대가 무엇을

잘했는지 꼭 집어서 칭찬했습니다. 그는 장교들에게 이동할 때마다 주둔지를 아주 잘 건설해서 기쁘다고 했습니다. 기병대원들에게는, 다른 부대가 7일 걸려 만드는 방어 시설물을 단 하루 만에 건설한 데다 크고 무겁고 평편하지 않은 돌들을 잘 다루어 겨울을 날 주둔지를 잘 만들어서 만족한다고 했습니다. 또 보조군 기병대원들 에게는, 열심히 훈련함으로써 말을 재빨리 타고 일사불란하게 움직이니 든든하다고 했습니다. 황제가 군대를 시찰하면서 병사들의 건설 능력과 훈련 상황을 눈여겨보았기 때문에 이처럼 구체적으로 말할 수 있었던 것입니다.

황제는 일시적으로 군대를 시찰할 따름이었고, 실질적으로 군대 규율을 확립하는 사람은 일선 지휘관들이었습니다. 지휘관들은 매일매일 군인들의 훈련을 지켜보았지만, 제대로 했는지 점검하기 위해 시험을 치르게 했습니다. 병사들은 먼저 나무 장대를 목표로 해서 검과 창을 명중시키는 1차 시험을 치렀고, 합격하면 두 명씩 조를 짜서 검과 방패로 승패를 가리는 2차 시험을 통과해야 했습니다. 2차 시험까지 합격하면 기존의 식량보다 두 배 많은 양을 배급받았고, 반대로 1차든 2차든 불합격한 사람은 밀 대신 보리로 식량을 받고 다음 시험 때까지 맹연습을 해야 했습니다. 물론 합격한 사람이라도 훈련을 게을리하면 전투 감각이 떨어지므로 하루도 훈련을 쉬는 법이 없었습니다.

● 보조군 기병대원들
기사 신분으로서 임기가 3~4년인 보조군 기병대장의 지휘를 받는 보조군 기병은, 적의 측면을 공격하거나 적의 공격을 다른 쪽으로 유인하고 퇴각하는 적을 추격하는 역할을 했다. 각 기병대는 500명이나 1,000명으로 구성되었고, 32명에서 42명으로 된 기병 소대로 세분되었다.

로마 군대의 전투 모습
로마 초기의 군대는 귀족적인 기병 중심의 전술을 구사했기 때문에 승리를 거두기가 쉽지 않았다. 아래는 건국 초기 로마 군사들이 에트루리아 병사들에게 공격당하는 모습을 새긴 부조이다.

엄격한 규율

시험 결과에 따라 식량의 종류와 양을 달리한 것에서 알 수 있듯이 상과 벌은 군대의 규율을 확립하는 데 주요한 도구였고, 로마군은 상벌을 엄격하게 적용한 것으로 유명합니다. 잘하는 사람에게는 월계수 화환, 금이나 은 장식품, 상여금을 수여함으로써 군 생활의 고단함을 덜어 주었습니다.

반면 겁쟁이나 불복종하는 자는 가장 가혹한 처벌을 피할 수 없었다. 그런 병사들에 대해 백부장은 매질로 응징할 권한을, 군단장은 사형을 집행할 권한까지 가지고 있었다. 훌륭한 병사는 적보다 상관을 더 두려워해야 한다는 것이 로마 군대의 규율에서 변치 않는 격언이었다. 이런 뛰어난 전략들 덕분에 로마 군대는 용맹함, 결연함, 복종심으로 유명했는데, 이런 성향은 충동적이고 규율도 없지만 열정만 가득한 야만족들로서는 도저히 얻을 수 없는 것이었다.(1장 12쪽)

로마군의 지휘 체계는 엄격하여 아무리 불합리한 명령이라도 복종해야 했습니다. 변덕스럽고 잔인한 성격으로 악명 높던 피소라는 군사령관의 경우만 봐도, 로마군의 명령과 복종이 어느 정도였는지 단적으로 알 수 있습니다. 어느 날 휴가를 떠난 두 명의 병사 중 한 명만 돌아오자, 피소는 동료 병사를 죽였기 때문에 혼자 돌아왔다고 억지를 부리면서 돌아온 병사를 사형에 처하라고 명령했습니다. 그 병사는 억울함을 호소했지만 소용이 없었습니다. 사형을 담당한 백

◦군인들의 처벌
군인들이 규정을 어기거나 용감하게 싸우지 않을 때 받는 형벌로는 받기로 한 돈이나 땅을 받지 못하게 하는 벌금형, 주둔지 바깥에 서 있게 해서 모욕감을 느끼게 하는 형벌, 계급 강등, 전출, 불명예제대와 같이 직급에 변화를 주는 형벌, 일벌백계의 효과가 있는 '10명에 1명씩 처형하기' 등이 있었다.

◦ 피소(기원전 44~기원후 20)
스페인, 아프리카, 시리아의 총독을 역임한 사람으로서 병사들을 훈련시키지 않고 게으른 상태로 둔 사령관으로 유명했다. 티베리우스 황제의 조카인 게르마니쿠스의 사망에 연루됐다는 소문으로 자살했다.

부장은 그 병사의 무고함을 믿었으나, 군사령관의 명령에 복종하지 않을 수 없었습니다. 사형을 집행하려는 순간, 같이 휴가를 떠났던 병사가 뒤늦게 돌아왔습니다. 백부장과 사형을 당할 위기에 처한 병사는 피소를 찾아가서, 죽었다고 생각한 병사가 멀쩡히 돌아왔으니 사형은 없던 일로 해달라고 읍소했습니다. 그러자 피소는 두 명의 병사와 백부장을 모두 처형하라고 명령했습니다. 이유인즉 살아 돌아온 병사는 살인을 피했기 때문에, 사형 위기에 몰린 병사는 살인을 하지 않았기 때문에, 백부장은 병사를 처형하라는 자신의 명령에 복종하지 않았기 때문이었습니다. 결국 세 명은 사형을 당했습니다. 터무니없는 일 같지만, 이것이 로마의 군 체계였습니다.

엄격한 군 생활을 견딜 수 없다면 도망치는 것도 한 방법이었고, 누구든 한 번쯤은 탈출을 꿈꾸었습니다. 그러나 도망치다 잡히는 건 곧바로 죽음을 의미했고, 도주에 성공한다고 해도 로마의 영토를 벗어나 마음 편히 살 만한 곳이 없었습니다. 국경 너머에는 바다와 황폐한 사막, 그리고 언어도 통하지 않고 풍습도 익숙하지 않은 적대적인 야만족밖에 없었습니다. 도망자가 야만족의 틈바구니에서 간신히 목숨을 부지하면서 살아간다고 해도 언제, 누가 배신하여 로마에 고해바칠지 모르는 불안감 속에서 살아야 했습니다. 또 로마에 예속되어 있는 야만족이라면, 로마와 좋은 관계를 유지하여 망명자를 땅이나 돈과 교환하는 것이 귀찮은 망명자를 받아들이는 것보다 훨씬 더 유리했습니다. 그래서 로마의 어떤 정치가는 추방당한 동료에게 "어디에서든 항상 정복자의 손 안에 있다는 사실을 잊지 말게"라고 말했습니다.

로마 백부장을 재현한 모습
백부장은 로마의 군대 조직에서 80명의 군대를 거느리는 지휘관을 일컫는다.

하루도 거르지 않는 훈련, 풍부한 상과 가혹한 처벌로 확립된 엄격한 지휘 체계는 로마가 광활한 영토를 획득할 수 있었던 밑거름이었습니다. 사실 훈련은 하기도 싫을뿐더러 병사들의 실력이 일취월장할 만큼 금방 효과가 나타나지도 않습니다. 그러나 작은 모래알갱이가 모여 거대한 사막이 되듯이, 병사들의 용맹한 행동이 전장에서 당장에 주목받지는 못한다고 해도 그렇게 훈련이 잘된 병사들이 모여 전체 군대가 승리하는 것입니다. 또 지휘관들도 승진하거나 민간 관직을 맡는 데 군공이 큰 역할을 했습니다. 그리하여 뛰어난 병사들을 적재적소에 투입하는 방법, 아군과 적군의 장단점을 파악하여 전술에 이용하는 방법을 고안하기 위해 밤낮으로 노력했고, 이런 지휘관들이 존재하는 한 로마군은 강할 수밖에 없었습니다.

주둔지 건설 노역

한 장소에 기본적으로 1개 군단이, 또 전쟁의 위험이 많은 지역에는 몇 개 군단이 주둔해 있었으므로, 이들이 거주할 장소가 필요했습니다. 요새화된 도시의 모습을 띠고 있는 주둔지를 건설할 때는 일단 주둔지를 건설하기에 적합한 장소를 물색했습니다. 사방을 훤히 볼 수 있고 지대가 높아 적의 화살이나 창을 피하기 쉬우면서, 동시에 내리막길이어서 적에게 빨리 돌진할 수 있는 구릉 지대, 또 주위에 강과 농지가 있어서 물과 식량을 조달하기 쉬운 비옥한 지대가 주둔지를 건설하기에 최적의 장소였습니다. 장소가 정해지면 큰 돌이나 나무 같은 장애물을 제거하고, 웅덩이는 메워서 완전히 평평하게 골라 사각형 형태로 만들었습니다. 주둔지는 한복판의 군단 본부를 중심으로 군단병, 기병, 보조군을 포함하여 2만 명 정도를 수용할 수 있는 규모였습니다. 주둔지 바깥에는 성벽을 쌓았고, 성벽 아래 도랑을 파서 적이 침입하기 어렵게 만들었습니다.

주둔지는 군인들 스스로 만들어야 했는데, 20대의 건장한 청년인 군인들은 최상의 노동력이었습니다.

병사들은 스스로의 손으로 중요한 노역을 모두 해결해야 했으므로, 검이나 투창만큼 삽이나 곡괭이를 익숙하게 사용할 줄 알았다. 종종 천성적으로 강직한 용기를 가진 사람도 있었지만, 습관과 훈련을 통해 그런 인내심과 근면성을 익히는 사람도 있었다.(1장 17쪽)

건설 노역은 체력을 단단하게 만드는 효과도 있고 정치나 민간에서의 일에 관심을 두지 않게, 쉽게 말해 잡생각을 하지 않게 만드는 효과도 있었으므로, 지휘관들은 쉴 틈 없이 일을 시켰습니다. 병사들이 이동할 때 무기 외에 작은 낫, 나뭇가지로 엮어 만든 흙 나르는 바구니, 곡괭이, 삽, 주둔지를 방어하기 위해 박는 말뚝 2개, 도끼, 갈고리 등을 가지고 다닌 것도 다 쓰일 데가 많았기 때문입니다.

물론 사람마다 성격이 다 달라 온화하고 근면한 사람도 있지만 뺀질거리는 사람도 있으므로, 건설 노역을 할 때 제대로 하지 않는 사람이 있을 수도 있었습니다. 그런 경우를 방지하기 위해 지휘관들은 병사들 각자가 해야 할 일을 정해 주었고, 맡은 바 일이 제대로 완수되지 않았을 때는 어김없이 훈계와 처벌이 이어졌습니다.

게으름을 부리다가 다행히 성격 좋은 지휘관에게 들킬 때는 훈계로 끝나지만, 악랄한 지휘관에게 들키면 매질을 피할 수 없었습니다. 때릴 때마다 막대가 부러져 "다른 것 하나 더 가져와"라고 소리쳐서 '하나 더'라는 별명이 붙은, 그런 엄격한 백부장의 눈에 띄면 며칠 동안 제대로 걷지도 못할 정도로 매를 맞아야 했습니다. 가혹한 매질을 당하는 동료 병사들을 직접 보면, '나 한 사람쯤이야' 하고 꾀를 부릴 생각은 어느 누구도 하지 못했습니다.

도로 건설 노역

군인들은 배치된 군단의 요새화된 주둔지에서 복무 기간* 내내 있는 것이 아니라, 전쟁이 발생한 다른 지역에 파견되는 경우가 많았습니다. 군인들이 위급한 지역으로 신속하게 이동하기 위해서는 잘 닦인 도로가 필수적이었습니다. 도로는 로마 시의 중심부인 로마 광장에서부터 이탈리아 전역으로 뻗어 있었고, 속주들을 거쳐 제국의 국경 지역까지 이어졌습니다. 영국 북부에서 로마 시까지, 로마 시에서 예루살렘까지의 거리를 측정해 보면 총 6,566킬로미터에 이를 만큼, 로마인들은 사방팔방으로 도로를 잘 닦기로 유명했습니다.

도로는 이정표로 정확히 나누었고, 지형지물이나 사유지도 개의치 않고 도시끼리 일직선으로 연결했다. 산은 뚫어서 터널을 만들었고, 넓고 물살이 급한 강에는 다리를 놓았다. 모래, 자갈, 시멘트를 여러 겹 쌓고, 마지막으로 큰 돌이나 화강암으로 포장한 도로는 너무나 견고해서 15세

* 복무 기간
공화정기에 보병의 복무 기간은 16년이었는데, 그 기간 동안 연속적으로 복무하는 것은 아니고, 군인으로 있는 기간이 최소한 16년은 되어야 했다. 제정기에는 현역병으로 20년, 예비군으로 5년을 보내 총 복무 기간이 25년이었다.

기가 지난 후에도 사용할 수 있을 정도였다.(2장 56-57쪽)

땅을 평평하게 만들고 그 위에 잡석, 자갈, 시멘트를 여러 겹 깔고 마지막에 대리석이나 큰 돌을 깔되, 어느 한 군데 모나지 않게 갈아서 사람이나 마차가 걸리지 않게, 또 좌우 양옆을 비스듬하게 하여 배수가 잘되게 만든 로마의 도로는 튼튼하기로 유명했습니다. 물론 사람이나 마차가 많이 다니는 도로는 시간이 갈수록 마모되어 보수 비용이 끊임없이 들었지만, 만들 때부터 공을 들였기 때문에 그 비용이 많지는 않았습니다.

아피아 가도
군사적·상업적으로 사용되는 가도는 로마 시에서 출발하는 주요 가도만 20개가 있었는데, 그 가운데 아피아 가도가 가장 유명하다. 길이 50킬로미터, 너비 8미터에 달한다.

잘 닦인 도로망은 이탈리아와 속주의 주민들 간에, 또 각 속주의 주민들끼리 쉽고 편리하게 왕래하게 만들어 전 지역을 정치적·경제적으로 통합하는 데 기여했습니다.

그러나 도로를 건설한 기본 목적은 군단들을 신속하게 이동시키기 위해서였다. 정복자의 무력과 권위가 모든 부분에서 통하지 않는다면 그 어떤 지역도 완전히 정복했다고 할 수 없었다.(2장 57쪽)

군사용으로 만들어진 도로라고 하여 지역 주민이나 상인이 다니지 말라는 법은 없었기에, 도로가 제국 전체를 동일한 문화권으로 그리고 하나의 상권으로 묶는 데 중요한 역할을 했습니다. 그러나 로마가 전 지역을 연결하는 도로망을 확충하고, 명령을 신속하게 전달할 수 있는 역참 제도°에 공을 들인 일차적인 목적은 지배력을

° 역참 제도
제국 전역에 6~8킬로미터 간격으로 역참들이 있었고, 각 역참에는 40마리의 말들이 항상 준비되어 있었다. 이 말들을 갈아타면 하루에 161킬로미터도 갈 수 있었다고 한다.

높이기 위해서였습니다. 반란 지역이나 국경 지역으로 군대를 빨리 파견해야, 또 정보를 빨리 얻고 명령을 신속하게 전달해야 반란자나 침입자의 세력이 확산되기 전에 진압할 수 있었던 것입니다.

군대 배치도

엄격한 지휘 체계 속에서 훈련과 실전으로 살아간 로마 군대는 번영과 평화를 가져다주는 동력인 동시에 황제 권력의 토대였습니다. 그처럼 중요한 군대를 전술에 맞게 편성할 필요성이 있었는데, 그에 따라 조직된 1~2세기 로마군의 기본 단위는 대대였습니다. 시민권을 가진 군인들로 구성된 군단에는 각각 10개의 대대가 있었는데, 그중 제1대대가 그 군단의 독수리 군기를 관리·보관했습니다. 대대장이 지휘하는 각 대대는 다시 6개의 백인대로 세분되었고, 군단의 가장 하부 구조인 백인대는 백부장의 책임 아래에 있었습니다.

제국의 영토를 지키는 주 업무는 군단병이 맡았습니다. 하지만 제국에 널리 퍼져 있는 속주민들을 로마 시민권이 없다는 이유로 그대로 일상생활만 하도록 두기에는 그 인적 자원이 너무 아까웠기 때문에, 보조군이라는 명칭으로 복무하게 했습니다. 보조군은 상황에 따라 차이가 있었지만, 대개 군단병과 비슷한 규모였습니다.

한 군단에 군단병은 6,831명이었고, 그와 비슷한 수의 보조군을 합하면 12,500명이었다. 그리하여 하드리아누스 황제와 그 후계자들의 평화롭던 시기에는 총 375,000명의 상비군이 있었다……. 군단의 기병과 보병, 보조군에다가 근위대와 함대를 포함하여 바다와 육지에 있는 제국의 병력까지 그 총수를 계산하면 450,000명을 넘지 않았다.(1장 18, 20쪽)

45만 명의 군인들이 있었다고 가정할 때, 이들이 지켜야 할 땅은 매우 넓었습니다.

로마제국은 그 폭이 2,000마일(3,218.7킬로미터)이 넘었고, 길이는 3,000마일(4,828킬로미터) 이상이었다. 또한 온대 지방 중에서도 가장 온화한 북위 24도에서 56도 사이에 위치해 있었다. 총 160만 제곱 마일 이상인 제국의 영토는 대부분 비옥하고 농사가 잘되는 곳이었다.(1장 30쪽)

로마 군대의 조직	
군단	로마 시민권자로 이루어진 군단의 총수는 30~33개였고, 한 군단은 보병 5,000~6,000명, 기병 120명으로 구성되었다. 병사, 백부장, 천부장, 군영장, 군단장 등의 계급이 있었다.
보조군	속주민으로 구성된 보조군은 500~1,000명으로 구성된 대대가 최고 단위이고, 보병대와 기병대로 나눠져 있었다. 복무 기간은 군단병과 마찬가지로 25년이었고, 복무 후에는 로마 시민권이 주어졌다.
근위대	이탈리아 출신자들이 대부분인 근위병들은 로마 시내 복무와 군단병의 3배가 넘는 급료, 16년의 복무 기간 등 모든 면에서 군단병보다 좋은 대우를 받았다.
수도 경비대	3개 대대로 구성된 수도 경비대는 로마 시의 치안을 담당했고, 복무 기간은 20년이었다. 312년 콘스탄티누스 1세 황제가 적을 지원했다는 명목으로 근위대와 함께 해체시켰다.
소방대	7개 대대로 구성된 소방대는 물통이나 담요, 사다리, 도끼나 투석기, 매트리스를 들고 로마 시의 화재 예방과 진압을 담당했다. 해방 노예들로 이루어진 소방병의 복무 기간은 3년이었다.
함대	속주민으로 구성된 수병의 복무 기간은 26년이었고, 복무 후 로마 시민권을 받았다. 각각 1만 명씩 있는 라벤나와 미세눔에 배치된 주력 함대 외에 라인 강, 다뉴브 강, 흑해, 브리타니아 해협에 보다 작은 규모의 함대가 있었다.

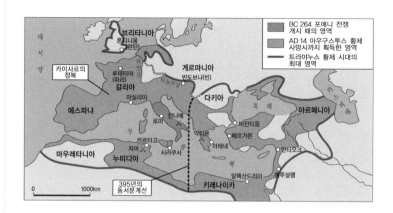

　로마제국의 영토 크기는 숫자로 표시하는 것보다도 세계지도를 펼쳐 놓고 오늘날의 지명으로 표시해 보면 어느 정도 크기였는지 이해하기가 쉽습니다. 유럽 대륙의 영국, 네덜란드, 벨기에, 프랑스, 스페인, 독일 남서부, 룩셈부르크, 스위스, 이탈리아, 오스트리아, 헝가리, 슬로베니아, 크로아티아, 보스니아, 세르비아, 루마니아, 불가리아, 마케도니아, 그리스 등을 포함하여, 아시아 대륙의 터키, 시리아, 이스라엘, 요르단, 그리고 아프리카 대륙의 이집트와 리비아, 알제리, 튀니지, 모로코 등의 일부가 로마의 영토였습니다. 간단히 말해 지중해를 중심으로 반경 500킬로미터에서 700킬로미터 내에 있는 지역은 모두 로마의 영토였다고 보면 됩니다.

　영토가 큰 만큼 모든 지역에 군인들을 배치할 수 없었고, 그렇게 하기에는 45만 명이라는 군인의 수가 턱없이 부족했습니다. 물론 수백만 명에 이르는 로마인들을 모두 군인으로 활용하여 영토 곳곳에 배치하면 좋겠지만, 군대 유지비를 고려하면 그렇게 할 수도 없는 노릇이었습니다. 결국 전쟁 상황에 따라 군대의 이동이 있었지만, 가장 기본적인 원칙은 평화롭고 안전한 지역에 군인들을 배치하지 않는다는 것과 30개의 군단을 국경선을 따라 배치한다는 것이었습니다.

로마 군단은 큰 강둑을 따라, 혹은 야만족과 대치하는 변경 지역을 따라 배치되었다. 군대가 배치된 상황을 보면, 먼저 브리타니아 지역은 3개 군단으로 충분했다. 주요 병력은 라인 강[*] 과 다뉴브 강[*] 을 따라 분포되어 있었는데, 이 지역에만 16개의 군단이 있었다. 또 유프라테스 강[*] 의 방어는 8개 군단이 책임지고 있었다. 전장과 멀리 떨어져 있는 이집트, 아프리카, 스페인에는 각각 1개 군단만 배치했는데, 이 정도로도 이런 큰 속주들을 평화롭게 만들 수 있었다.(1장 18-19쪽)

팽창만큼 방어도 중요했으므로 황제들은 어느 지역에 어느 정도의 군인들을 배치해야 할지, 어느 지역의 군인들을 증설하거나 감축해야 할지를 항상 고심했습니다. 그 결과 라인 강과 다뉴브 강, 유프라테스 강을 따라 군단이 분산·배치되었고, 중앙에 있는 지중해는 아드리아 해의 라벤나와 나폴리 만의 미세눔에 배치된 함대가 지키게 함으로써 제국 전체가 군대에 둘러싸인 하나의 요새와도 같았습니다.

황제들은 정해진 국경선을 따라 군단을 배치했고, 위기가 발생하면 안전하고도 가까운 지역에서 군단을 차출했습니다. 예를 들어 브리타니아 섬에서 반란이 일어나면 라인 강 지역에 있던 군단이, 다뉴브 강 지역에서 전쟁이 일어나면 시리아 지역에 있던 군단이

• 라인 강
스위스, 프랑스, 독일, 룩셈부르크, 네덜란드 등 유럽 서부를 관통하는 강으로서 1,320킬로미터에 이르는 긴 강이다.

• 다뉴브 강
독일, 오스트리아, 슬로바키아, 헝가리, 크로아티아, 세르비아, 루마니아, 불가리아 등을 거쳐 흘러가는 강이다. 길이가 2,850킬로미터에 이르는, 유럽에서 가장 긴 강이다.

• 유프라테스 강
티그리스 강과 함께 메소포타미아 문명의 발원지로서 시리아와 이라크를 거쳐 페르시아만으로 빠져나간다.

파견되는 식이었습니다. 국경선을 따라 군단을 배치하고 위급할 때 다른 지역의 군단을 불러들이면, 군대가 빠져 나간 지역이 허약해져서 다시 반란이 일어난다는 단점이 있었습니다. 또 병사들의 입장에서는 힘들게 기후와 지형에 익숙해졌는데, 혹은 그 지역의 여성을 아내로 맞이했는데 다른 곳으로 이동하라고 하면 가기 싫은 것이 사실이었습니다. 군인들이 이동하기 싫어했을 뿐만 아니라, 다른 지역으로 간다고 해도 새로 군인들과 기존에 있던 군인들이 잘 융화되지 못한다는 단점도 있었습니다. 그러나 많은 지역에서 동시다발적으로 전쟁이 일어나지만 않는다면, 군대를 이동하는 방식은 영토에 비해 적은 군인들을 활용하고 군대 유지비도 줄이는 효과가 있었습니다.

⁘ 군단의 병력 수

공화정기의 군단 수와 징집 병력의 수에 따라 다양했지만, "관습적으로 각 군단에 보병 5,000명, 기병 300명씩 있었다", 기원전 171년 "마케도니아와 전쟁할 때 보병 6,000명을 입대시켰다", "각 군단은 보병 5,200명, 기병 300명으로 구성되었다"는 기록을 볼 때 대개 한 군단에 5,000~6,000명이 있었던 것 같다. 제정기 제1대대에는 160명으로 구성된 백인대가 5개 있었고, 제2대대부터 제10대대까지는 80명으로 구성된 백인대가 6개씩 있었다고 하는데, 그러면 한 군단에 5,120명($160 \times 5 + 80 \times 6 \times 9$)이 있었다는 말이 된다. 그러나 한 군단에 5,280명이 있었다거나 5,500명이 있었다는 기록도 있다. 이처럼 고대 사료에서 제공되는 수치가 일치하지 않기 때문에 현대의 학자들 또한 5,300명, 5,500명, 표준적인 규모로는 4,800명, 확대된 수치로는 5,280명 등 다양하게 계산하고 있다. 다만 공화정기와 같이 5,000~6,000명 사이였다는 데는 대체로 공감하고 있다. 따라서 기번이 각 군단에 6,831명이 있다는 가정 하에 계산한 전체 군인의 수치는 과장된 면이 많다.

로마제국의 통합과
경제적 번영

03

● ● ● 신속한 정복과 광대한 영토를 보존하는 것만
큼이나, 하나의 통합된 국가를 만드는 것이 얼마나 어려운가는 알
렉산드로스의 사례만 보더라도 충분히 짐작할 수 있습니다. 통합을
위해 피정복민을 억압하면 간단하지 않느냐고 말할 수도 있지만,
그렇게 되면 반란의 가능성이 많아집니다. 반대로 정복민과 동일한
대우를 피정복민에게 해준다면 정복민의 특권이 사라짐과 동시에
피정복민을 위한 국가가 될 가능성도 있습니다. 억압과 대우의 균
형을 어떻게 맞추는가가 중요한데, 이것이 말처럼 쉬운 일은 아니

므로 역사상 많은 제국이 나타났다 사라진 것입니다.
영토를 정복하는 것보다 그 영토 안에서 합리적인 질서를 유지
하는 것이 더 어렵다는 사실을 깨달은 로마는, 제국의 품 안에 들

어온 사람들은 최대한 포용하되 대적하는 사람에게는 가차없이 공격과 차별을 가하는 정책을 취했습니다. 로마의 지배와 문화를 받아들이는 사람에게는 로마인과 같은 권리를 부여했지만, 반대로 로마의 지배를 거부하여 반란을 일으키거나 로마의 것을 탐하여 공격하는 경우에는 철저한 진압과 응징으로 답했습니다. 로마는 포용과 응징을 통해 로마제국의 영토와 주민들을 통합했고, 그렇게 통합된 지역간의 활발한 경제 교역은 로마제국을 지탱하는 주요한 힘이 되었습니다.

종교의 통합

로마가 취한 종교 통합, 언어 통합, 신분 통합과 같은 정책은, 광대한 지역의 다양한 속주민들이 자신들의 전통을 지키면서 점차적으로 로마제국에 동화되게 하는 데 기여했습니다. 먼저 이민족의 종교까지도 묵인함으로써, 종교적 관용뿐 아니라 종교적 화합까지 이끌어 냈습니다. 자연 현상이나 인간의 각종 사건을 과학적으로 설득력 있게 설명할 수 없었던 고대인들은 그 모든 것을 신의 영역으로 생각하면 불가사의한 일도 충분히 해명할 수 있을뿐더러, 동시에 마음의 평화도 찾을 수 있었습니다. 태양신, 바람의 신, 흙의 신, 정령 등 여러 신을 숭배하는 다신교적인 전통이 고대 사회에 폭넓게 퍼져

아폴론
사냥의 신인 아르테미스와 쌍둥이로 태어난 아폴론은 빛과 태양의 신이다. 기원전 3세기의 태양신인 헬리오스와 기원후 1세기의 태양신인 솔과 동일한 신으로 숭배되었다.

있었던 것은 이 때문입니다.

　두려움, 감사, 호기심, 꿈, 징조, 불안, 장거리 여행은 인간에게 다양한 형태의 신앙을 양산하게 만들었고, 인간 보호자로 지칭되는 신들의 명부를 더욱 길게 만들었다. 수많은 숲과 강에 대한 신앙은 그 지역 사람들의 마음을 평화롭게 하는 데 영향을 끼쳤다. 그래서 티베르 강 신의 노여움을 달래려고 노력하는 로마인들이, 나일 강 신의 자비를 구하기 위해 제물을 바치는 이집트인들을 비난할 수는 없었던 것이다.(2장 32쪽)

　다신교적인 전통에서 볼 때 아폴론이든 아톤 이든 태양신을 숭배하는 것은 동일하므로, 신의 이름이나 숭배 의식이 다르다는 점은 크게 문제될 것이 없었습니다.

　고대인들은 온화한 정신을 가지고 있어서 종교적인 숭배 대상의 차이점보다 유사점에 더 관심을 가졌다. 그리스인, 로마인, 야만족이 각각 자신들이 믿는 신의 제단에서 만났을 때, 서로서로 신들의 이름과 예배 의식은 다르지만 신을 숭배하는 것은 동일하다고 생각했다.(2장 33쪽)

로마가 이민족의 신이라도 동격의 신으로 받아들인 것 역시, 신이라는 존재는 동일하다고 생각했기 때문이었습니다. 또한 정복한

● 티베르 강
동부의 아페닌 산맥에서 시작되어 로마 시를 관통하는 강으로서 곡물, 대리석, 목재 등을 수송할 때 이용되었다.

● 아톤
이집트의 태양신으로서 아멘호테프 4세(재위 기원전 1353~1336)가 아톤 신을 유일신으로 하는 종교개혁을 단행했다.

태양신 아톤을 경배한 이집트 왕 아크나톤(아멘호테프 4세)과 왕비 네페르티티

*베이이
로마 시에서 북쪽으로 약 20킬로미터 떨어진 에트루리아의 도시이다. 기원전 475년경에 로마는 로마 시에서 북쪽으로 약 10킬로미터 떨어진 크레메라 강 전투에서 패배했지만, 기원전 406년에 전쟁이 재개되어 10년 동안의 포위 공격 끝에 베이이를 장악했다.

*유노
그리스의 헤라에 해당하는 베이이의 신으로서 국가의 보호자이자 조언자인 여신이다.

세라피스 신전
터키 베르가마 시내에 있는 세라피스 신전으로, 이집트 신전이라고도 불린다. 3면이 기둥으로 되어 있는데 조각 중 하나는 남성, 하나는 여성의 모습을 취하고 있다. 이시스와 세라피스로 추정된다.

국가의 신을 받아들이지 않으면, 그 신이 로마인들에게 위해를 가해 로마의 지배를 무산시킬지도 모른다는 두려움이 있었기 때문이기도 합니다. 기원전 306년에 베이이˚를 점령한 후 유노˚ 신을 로마로 모셔온 과정이 그 한 사례입니다. 점령 당시 로마의 군사령관은 베이이의 수호신이던 유노의 신상에 제사를 드리면서 "로마를 지키고 있는 여러 신과 함께 해달라"라고 간청했습니다. 제사가 한창일 때 유노 신상에서 작은 소리로 "함께 로마로 가겠다"라는 말이 들렸다고 합니다. 유노 신이 군사령관에게 말을 했는지 신상 옆의 다른 사람이 신의 목소리를 듣고 전했는지는 분명치 않지만, 이 믿을 수 없는 이야기에서 알 수 있듯이 로마인들은 자신들이 그렇게 막강한 권력을 가지게 된 것은 이처럼 포섭해 온 신들의 도움 덕택이라고 생각했습니다. 물론 로마가 정복한 나라의 신상과 신전의 장식물을 약탈한 경우도 있었지만, 신앙 자체는 그 나라의 주민들에게 가장 적합한 것이라고 생각했으므로 피정복민들은 자신들의 신앙을 그대로 간직할 수 있었습니다.

로마가 다신교 사회이기는 했지만, 적대국의 종교나 퇴폐적인 집회를 하는 종교는 사회에 물의를 일으킬 수 있다는 생각에서 금지한 경우도 있었습니다. 특히 혐오감을 불러일

으킨 이집트의 미신들이 금지된 경우가 많았는데, 그 가운데 이시스와 세라피스 숭배자들의 비밀스러운 입교 의식과 괴상한 복장, 자해 의식이 알려지면서 신전이 파괴되고 숭배자들은 로마와 이탈리아에서 추방되었습니다.

그러나 추방된 자들이 돌아오고 개종자들이 늘어나면서 이시스와 세라피스 신전은 점점 더 화려하게 복구되었고, 마침내 이 두 신은 로마의 신들 가운데 그 지위를 확고히 할 수 있었다. 이러한 종교적 포용은 로마 정부의 오랜 원칙에서 나온 것이었다.(2장 36쪽)

로마제국의 영토가 넓은 만큼 전 세계의 사람들이 제국의 수도인 로마 시로 오면서 자신들이 모시던 신들도 함께 들여왔습니다. 로마 역시 그 신들을 거부하지 않은 종교적 포용성이 제국을 하나의 세계로 묶는 데 기여했습니다.

언어와 신분의 통합

통합을 위한 노력에는 동일한 언어를 사용하게 하는 정책도 포함되어 있었습니다. 언어에는 그 나라의 문화가 녹아 있어 한 국가의 풍속에 지대한 영향을 끼친다는 점을 로마는 충분히 인식하고 있었습니다.

로마는 언어가 각 민족의 풍습에 끼치는 영향에 아주 민감해서, 군사적

세라피스
오시리스와 신성한 소인 아피스가 합성된 이집트 신으로서 죽은 자의 땅을 상징하는 바구니를 머리 위에 달고 있다. 세라피스 신에 대한 숭배는 4세기 후반 그리스도 교도들이 이집트 알렉산드리아에 있는 세라피스 신전을 파괴하면서 종말을 고했다.

이시스
고대 이집트의 여신으로서 여성, 자연, 마력을 관장한다.

정복과 함께 라틴어 사용을 확대하는 데 세심한 주의를 기울였다. 정복자의 손에 문명화된 서부 지역의 속주민들은 정복되자마자 새로운 지식과 고상한 문화에 빠져들었다. 교육과 학문은 속주민들에게 로마다운 감정을 불어넣기에 충분했다. 그러나 동부의 속주민들은 서부 속주민들처럼 정복자의 언어를 순순히 받아들이지 않았다. 특히 그리스의 상황은 서부의 야만족과 아주 달랐다. 그리스인들은 세련된 양식을 가진 모국어를 포기할 수 없었던 것이다. 물론 로마인들도 그리스어의 매력을 인정하기는 했지만 라틴어의 권위를 강조할 수밖에 없었고, 민간 행정과 군사 부분에서 고집스럽게 라틴어만 사용하도록 강요했다. 그리하여 로마제국은 라틴어권과 그리스어권으로 나누어졌다.(2장 41-43쪽)

야만족이 살던 서부 지역과 달리 나름대로 문명화되었다고 자부하던 동부 지역의 정서를 로마인들이 이해하지 못하는 바는 아니었습니다. 힘으로는 그리스를 정복한 로마가 문화적으로는 그리스에 정복당했다고 할 정도로, 로마인들에게 그리스 문화는 부러움의 대상이었습니다. 반대로 어쩔 수 없는 힘의 차이로 정복당한 그리스인들에게 로마인의 세련되지 못한 풍속은 경멸의 대상이었습니다. 그리스어를 할 줄 아는 사람은 지식인으로 대우받았고, 총독이 될 사람은 부유하고 문화적으로 뛰어난 그리스에 파견되고 싶어했습니다. 그렇다고 하여 지배자의 입장에서 라틴어는 열등하고 그리스어가 우수하다고 선전할 수는 없는 일이었습니다. 언어를 잊어버린다는 것은 정체성을 상실하는 것과 같기 때문에, 라틴어를 주류 사회에 편입하려면 반드시 배워야 하는 공식 언어로 만들고자 했습니다. 행정·사법·군사 부분에서 꾸준히 라틴어를 사용하도록 한 것은 그 때문이었습니다. 한마디로 말해서, 그리스어를 사용하는 개개인의 고상한 취미와 라틴어를 강요하는 정복자로서의 냉정한 태도가 엄격하게 구분되었던 것입니다.

내부적인 평화와 통일을 위한 세 번째 노력은, 이탈리아를 넘어 속주민에게까지 시민권을 부여하여 신분적 통합을 꾀한 것입니다.

> 만일 로마 시민권을 로마 시의 성벽 안에 살고 있는 오래된 가문에게만 국한했다면, 고귀한 명성을 누렸을지는 모르나 로마라는 이름이 영원히 존속하지는 못했을 것이다. 로마인들은 속주에 식민시를 건설하여 지배하는 한편, 가장 충성스럽고 공적이 있는 속주민에게 로마인과 같은 자유를 부여하는 이중적인 정책을 취했다. 그래서 로마제국은 언어, 관습, 민간 제도가 통합된 하나의 거대한 국가가 되었다.(2장 38–39쪽)

속주민들에게 로마 시민권은 가질 수 없는 요원한 희망이 아니었습니다. 현역 병사들이나 제대 후 정착한 군인들을 통해 로마 문화를 자연스럽게 접한 속주민들은 로마 시민권이 가지는 명예와 속주세˚ 면제와 같은 실질적 혜택을 누리고 싶다는 욕망을 가지게 되었고, 이런 욕망은 보조군에 입대하면서 이루어졌습니다. 보조군으로 20여 년간 복무한 후 제대하면 로마 시민이 될 수 있었고, 그 아들들은 로마인과 동일한 대우를 받았습니다. 로마는 적들에게는 철저한 응징의 태도를 보였으나, 로마에 우호적이고 충성스러운 속주민에게는 자신들과 같은 대우를 해줌으로써 로마 군대의 인적 자원

˚속주세
속주민들에게 안전을 보장해 준다는 명목으로 거둔 세금을 말한다.

으로 사용함과 동시에 제국을 내부적으로 결속시키는 정책을 추구했습니다.

로마의 사회 계층	
원로원	전직 정무관 출신들로서, 행정관, 군사령관, 총독, 사제로 활동했다.
기사	황제의 비서 업무, 보조 부대의 지휘관, 작은 속주의 총독에 임명되었다.
평민	로마 시민권을 가지고 있는 자유민으로서, 선거권과 피선거권을 행사할 수 있었다.
속주민	로마의 영토에 살고 있는 자유민으로서, 212년 카라칼라 황제 때 일괄적으로 로마 시민권을 받았다.
해방 노예	주인의 자비로 혹은 돈을 모아 해방된 노예들로서, 시민과 달리 관리나 군단병이 될 수 없었다.
노예	대부분 전쟁 포로들로서, 오랜 평화로 인해 노예 공급이 줄어들면서 노예의 결혼을 장려하는 정책과 노예 해방을 억제하는 정책이 취해졌다.

  종교 · 언어 · 신분의 통합을 통해 로마를 하나의 거대한 제국으로 묶으려는 노력이 하루아침에 결실을 본 것은 아니었습니다. 아무리 다신교 사회였다고 하지만, 피정복민의 신을 자신들의 신과 동일한 반열에 올려 숭배하기는 쉽지 않았습니다. 또 라틴어를 사용할 것을 강요할 수는 있었지만, 실제로 속주민들이 라틴어 속에 내포된 로마 문화까지 받아들이는 데는 엄청난 시간을 필요로 했습니다. 피정복민에게까지 자신들의 시민권을 나누어주는 신분 통합 역시 특권 의식에 사로잡힌 정복자라면 취하기 힘든 정책이었습니다. 로마가 단순히 영토만 거대한 국가가 아니라 통합된 하나

의 제국으로 남을 수 있었던 이유를 이런 포용과 관용의 자세에서
찾는 것도 이 때문입니다.

증가하는 교역

제국의 통합 정책은 경제적으로 제국을 하나의 교역권으로 묶어
주는 결과를 가져왔습니다. 물론 단순히 종교나 언어가 통합되었다
고 하여 하나의 교역권으로 된 것이 아니라, 오랫동안 지속된 평화
와 편리한 교통수단이 부가적인 요소로 작용했기 때문입니다. 강력
한 황제권 아래에서 군대의 신속한 이동을 목적으로 건설된 도로와
역참 제도 같은 편리한 수단으로 이루어진 육로뿐만 아니라, 항구
건설로 만들어진 해로도 사람과 물건의 이동에 중요한 역할을 했습
니다.

카르도 막시무스
도시 남북을 축으로 만든 로마
의 도로. 로마의 식민지였던
요르단의 제라쉬에 남아 있는
이 석주 기둥 길은 로마의 흔
적을 잘 보여준다.

헤라클레스의 기둥
지브롤터 해협 어귀 부분에 있
는 바위를 말한다. 그리스 신
화에 따르면 헤라클레스가 신
들의 시험을 치르기 위해 산줄
기를 없애버림으로써 아틀라
스 산맥이 갈라져 대서양과 지
중해, 그리고 그 사이에 지브
롤터 해협이 생겨났다고 한다.
이후 갈라진 두 산줄기를 헤라
클레스의 기둥이라 부른다.

• 지중해 항해
4세기의 역사가인 베게티우스
에 따르면, 11월 11일에서 이듬
해 3월 10일까지 약 4개월간
은 항해가 불가능했고, 9월 22
일에서 이듬해 5월 27일까지
8개월 동안은 위험했다. 베게
티우스의 글에 따르면 5월 말
에서 9월 중순까지는 항해가
안전했다고 볼 수 있지만, 실
제로는 그렇지 않았다. 5월 중
순부터 에게 해 지역에서 불기
시작하는 북풍은 7월 20일부
터 한 달 넘게 알렉산드리아에
영향을 끼쳤다. 강력한 역풍이
다 보니 알렉산드리아에서 출
항하기 어려웠을뿐더러, 출항
한다고 해도 배가 난파될 가능
성이 많았다.

속주들은 지중해에 둘러
싸여 있었고, 그 한가운데 있
던 이탈리아에는 안타깝게도
안전한 항구가 없었다. 그러
나 인간의 노력은 자연의 결
함도 고치는 법이다. 클라우
디우스 황제가 티베르 강 하구에 있는 오스티아 시에 인공 항구를 건설했
는데, 이 인공 항구는 로마의 위대함을 드러내주는 사례이다. 순풍일 경
우 로마 시에서 16마일(25.8킬로미터) 떨어져 있는 오스티아 항구에서 헤
라클레스의 기둥까지는 7일, 이집트의 알렉산드리아까지는 9~10일이면
갈 수 있었다.(2장 57–58쪽)

교역을 위해 안전한 항구를 건설하는 것도 중요하지만, 해로를 이
용하려면 우선 바다를 잘 알아야 합니다. 지중해는 겨울에 폭풍우
가 심해서 여름에 주로 항해해야 했고, 항해 중에 강력한 역풍을 만
나면 대양에서의 항해는 어려워지므로 가까운 연안을 따라 느리게
운항해야 했습니다. 지중해를 겨울에 항해하는 것은 난파로 인해
엄청난 재정적 손실뿐 아니라 목숨을 잃을 수도 있는 일이어서 상
인들이 꺼렸습니다. 계절에 따른 바다의 움직임을 살펴보면서 폭풍
우와 역풍이 불 때는 운항을 아예 하지 않으면 그만이지만, 곡물과
같이 꼭 필요한 상품은 상황이 여의치 않더라도 수송해야만 했습니
다. 특히 대부분의 곡물을 수입해서 먹는 로마 시의 주민들은 곡물
저장량이 부족할 경우에는 가만히 앉아서 굶주릴 수밖에 없었습니

다. 이런 상황을 타개하기 위해 클라우디우스 1세 황제는 겨울에 항해할 때 폭풍우로 입은 손실을 보전해 주는 정책을 취했습니다. 또 네로 황제는 재산을 평가하여 세금을 책정할 때 곡물 수송선은 재산에 포함시키지 않는 조치를 취해 겨울 항해를 꺼리는 상인들을 독려했습니다.

폭풍우나 역풍은 자연의 산물이므로 그 시기나 지형을 알면 극복할 수 있었지만, 해적에 의한 약탈은 난파처럼 큰 피해를 입어도 상인들만으로는 해결하기 어려운 문제인 만큼 국가에서 적극 개입해야 했습니다. 그래서 황제들이 곡물 수송을 방해하거나 지연시키는 사람들에게 엄청난 벌금을 매기고, 지중해, 흑해, 라인 강, 다뉴브 강, 브리타니아 해협 곳곳에 함대를 배치함으로써 해적으로 인해 상품 수송에 문제가 발생하지 않도록 했습니다.

거대한 영토, 통합된 사회, 오랫동안의 평화, 편리한 교통수단 등으로 인해 각 지역에서 생산되어 다른 지역으로 거래되는 품목은 상당히 많았습니다.

값비싼 모피는 스키타이*의 숲에서 나온 것이고, 호박은 발트 해* 해안에서 다뉴브 강까지 육로로 가져왔다. 야만족들은 일상용품으로 전혀 쓸모없는 호박을 비싼 값에 사가는 것을 보고 놀랐다. 바빌로니아 산 양탄자와 동부 지역의 다른 제조품에 대한 수요도 상당히 많았지만, 외국과의 교역에서 가장 중요한 물건은 아라비아와 인도에서 가져온 것들이었다. 매년 하지 즈음 120척의 선단이 홍해*에 있는 이집트의 항구 도시 미오스호르모스* 시에서 출항하여 몬순 계절풍*을 타고 약 40일 정도 인도양을

* 스키타이
카자흐스탄, 아제르바이잔, 남부 러시아 등 카스피 해 주변의 지역이다.

* 발트 해
북유럽의 스웨덴과 폴란드 사이의 해협으로 길이 1,600킬로미터, 넓이 193미터에 이른다.

* 홍해
길이 2,250킬로미터, 넓이 355킬로미터에 이르는, 아프리카와 아라비아 반도 사이의 해협이다.

* 미오스호르모스
기원전 3세기 이집트 홍해에 건설된 항구도시로서 4세기에 로마와 인도의 교역이 쇠퇴하면서 잊혀졌다.

* 몬순 계절풍
여름과 겨울에 대륙과 해안의 온도차로 인해 반년 주기로 풍향이 바뀌는 바람이다. 6월에서 9월까지 부는 남서풍을 타면 인도까지 가기 쉬웠고, 9월경에 부는 북동풍은 회항하기에 유리했다.

가로질러 말라바르 연안˚이나 실론 섬˚에 도착했다. 이곳 시장에서 아시아의 더 먼 지역에서 온 상인들과 만나서 필요한 물건을 구입한 선단은 12월이나 1월이면 이집트로 회항했다. 배들이 항구에 도착하자마자 가져온 다양한 물건들은 홍해에서 나일 강까지 낙타 등에 실려 운반되었고, 다시 나일 강을 따라 알렉산드리아까지 내려와서 지체없이 제국의 수도까지 수송되었다. 동방 교역의 대상품은 화려하고 사소한 것들이었는데, 동일한 무게의 금과 맞먹는 가치를 지닌 비단, 다이아몬드와 그에 버금가는 진주와 같은 보석류, 종교 의식이나 장례식에서 쓰이는 향료 등이 주된 물품이었다.(2장 61-62쪽)

1세기경의 교역품을 보면 서부 지역은 금, 은, 구리, 납, 주석, 철과 같은 광물질이나 포도주, 올리브유와 같은 농산물을 주로 수출한 반면, 동부 지역에서는 망토, 담요, 덮개, 도기, 유리, 향수, 보석, 장신구 같은 제조품이 우수했습니다. 그러나 시간이 흐르고 많은 수공업자들이 서부 지역으로 이주하면서 갈리아,˚ 스페인, 아프리카 등에 점차 제조업이 발달하기 시작했습니다. 또 시리아산 포도주가 이탈리아산만큼 유명해지면서 동부 지역의 상품 중에도 농

산물이 포함되었습니다. 한마디로 제국 전역에 활발한 왕래가 이루어지면서 어느 지역이든 돈이 될 만한 물건을 생산, 제조했던 것입니다.

상공업을 통한 부 축적

교역이 활발해지면서 상공업을 통해 부를 축적할 수 있게 되었다는 사실을 사회의 최상류층인 원로원 계층에서 모를 리 없었습니다. 그러나 충분한 자금을 조달할 수 있는 원로원 계층은 토지에서 부를 얻는 것이 명예로운 것으로 간주되어 정책적으로 상공업에 종사할 수 없었으므로, 드러내놓고 상거래를 할 수 없었습니다. 그렇다고 방법이 전혀 없는 것은 아니었습니다. 부를 축적할 수 있는 기회를 놓치고 싶지 않은 원로원 의원들은 배후에서 자금을 대고, 기사나 해방 노예를 대리인으로 내세워 상공업에 종사했습니다.

상공업에 적극 개입하는 계층은 기사와 해방 노예 들이었는데, 어느 정도의 재산을 가지고 있는 상태에서 큰돈을 번 기사들보다도 해방 노예들의 재산 축적이 부러움의 대상이 되었습니다. 비록 소설이기는 하지만, 해방 노예가 어느 정도의 부를 축적할 수 있었는가를 보여주는 사례가 트리말키오 의 경우입니다. 아시아 출신인 그는 14년 동안 늙은 주인에게 충성했고, 그 결과 주인이 죽으면서 원로원 계층의 재산 하한선인 100만 세스테르티우스를 상속해 주었습니다. 이 돈을 밑천 삼아 5척의 상선에 포도주를 가득 싣고 로마 시로 수송했으나, 배가 난파되어 단 하루 만에 3,000만 세스테르티우스라는 거금을 잃어버렸습니다. 오기가 생긴 그는 모든 재산을 털어 다시 더 크고 좋은 배를 만들어 포도주, 돼지고기, 콩, 향료, 노예를 팔았는데, 단 한 번의 항해로 1,000만 세스테르티우스를 벌었습니다. 이후에도 상업에 계속 종사하여 흥청망청 쓰고도

> • 트리말키오
> 소설 《사티리콘》의 등장 인물. 노예에서 벼락부자가 된 트리말키오는 호화로운 연회에 소설의 주인공들을 초대하여 다양한 에피소드를 펼치는 우스꽝스런 인물로 희화화되어 나타난다.

《사티리콘》의 저자, 페트로니우스
최초의 악한 소설인 《사티리콘》을 쓴 것으로 전해지는 페트로니우스(20~66)는 고대 로마의 문인이자 집정관이었다. 《사티리콘》은 주인공 엔코르피우스가 동료들과 함께 방랑을 하면서 일어나는 일들을 풍자적으로 묘사한 작품이다.

로마 시의 연간 곡물 소비량의 4분의 1에 해당하는 금액인 3,000만 세스테르티우스를 남길 수 있을 정도로 많은 돈을 벌었습니다. 소설이 나온 시대보다 화폐가치가 더 떨어진 트라야누스 황제 시대에 최고 정무관과 총독이 남긴 유산이 각각 600만, 186만 세스테르티우스인 것과 비교하면 트리말키오의 유산은 말 그대로 거금이었습니다. 소설이기에 정확한 돈의 액수는 과장이 있다고 하더라도 자금을 많이 필요로 하는 원거리 상업이 빈털터리가 될 수도, 혹은 반대로 일확천금의 꿈을 이룰 수도 있는 일이었던 것은 사실입니다.

힘들고 험난한 항해는 믿을 수 없을 정도로 큰 이윤을 가져다주었지만, 그런 이윤은 일부 종사자들에게 국한된 것이었으므로 교역이 국가 재정에 미치는 영향을 생각하지 않을 수 없었습니다.

아라비아와 인도는 자신들의 나라에서 나는 생산물과 제조품으로 충당했지만, 로마의 입장에서 거래할 수 있는 유일하고도 중요한 수단은 은뿐이었다. 여성용 장신구를 구입하느라 국가의 부가 외국의 적대국에게 넘어가고 있다던 원로원의 심각한 불평은 생각해 볼 가치가 있다. 호기심 많은 어느 비평가의 계산에 따르면, 무역으로 인한 로마의 연간 손실액이 80만 파운드를 웃돌았다. 그러나 광산에서 나오는 은으로 교역 대금을 충분히 지급할 수 있었기 때문에 인도와 아라비아에서 수입하는 물량이 얼마가 되었든 제국의 부가 고갈될 정도는 아니었다.(2장 62쪽)

네로 황제가 과소비로 돈을 낭비했음에도, 1세기에 은화의 은 함유량이 85~90퍼센트를 유지할 정도로 서부 지역의 은광은 국가 재정의 근간이 되어 주었습니다. 은광이 고갈되지만 않는다면 전쟁 비용과 군대 유지비는 물론, 황실의 낭비나 사치품 수입으로 인한 재정 지출을 충분히 감당할 수 있었습니다.

통합되고 활기찬 사회, 동서양의 활발한 교류 속에서 로마 시민들과 속주민들은 제국의 평화와 번영을 느끼고 행복해했습니다. 동부의 지혜로운 그리스인들은 로마의 권위를 인정했고, 서부의 사나운 야만족들까지 하나의 정부와 언어로 통합되었다는 사실을 부인할 수 없었습니다. 그래서 1세기의 어느 역사가는 "로마제국의 힘은 세계를 통합한 것에서 나온다. 상호교류와 평화의 축복 속에서 전 세계 사람들의 삶이 윤택했다는 사실을 모두가 인정해야 한다" 라고 말했습니다.

세스테르티우스
동화로서 25세스테르티우스가 은화 1개와 같고, 100세스테르티우스가 금화 1개와 같은 가치를 지닌다. 사진은 네로 황제 시대에 만들어진 세스테르티우스다.

아내 복이 지지리도 없던
클라우디우스 I세 황제

다른 황제들과 달리 여성에게 관심이 없던 클라우디우스 1세 황제는 총 네 번 결혼했으나, 모두 불행한 결혼 생활을 했습니다. 첫 번째 아내와 결혼하여 아들까지 낳았으나 아들이 10대 초반에 죽었고, 이후 아내의 간통을 이유로 이혼했습니다. 두 번째는 티베리우스 황제 시대에 막강한 영향력을 발휘한 근위대장의 친척과 결혼했으나, 그 근위대장이 실각한 후 정치적인 부담감 때문에 이혼했습니다. 37년에 47세의 클라우디우스 1세 황제는 17세의 젊고 아름다운 여성과 세 번째로 결혼해서 아들과 딸을 얻었습니다. 그러나 세 번째 황후는 밤마다 매음굴을 드나든다는 소문이 날 정도로 정숙하지 못했습니다.

급기야 황후는 매력적인 원로원 의원과 사랑에 빠져 48년 궁정에서 결혼식을 올린 후, 이탈리아 남부에 있던 클라우디우스 1세 황제를 살해하려는 음모를 꾸미기에 이르렀습니다. 그 원로원 의원의 입장에서는 음모에 성공하면 제위를 넘볼 수 있어서 시도해 볼만했지만, 황후의 경우는 음모가 성공해 애인을 제위에 앉혀도 여전히 황후이므로 지위에는 변화가 없을 것이었습니다. 오히려 실패하면 처형당할 수도 있으므로, 어쩌면 손해 보는 게임일 수도 있었습니다. 그럼에도 황후가 음모에 가담한 이유에 대해서는 애인에게 이용당했다거나, 권력욕 없이 순전히 사랑에 목숨을 거

클라우디우스 1세

는 여성이었기 때문이라거나, 신뢰할 수 없는 황제로부터 자신과 아이들의 목숨을 보존하기 위해서였다는 등 여러 가지 주장들이 있습니다. 황후가 어떤 이유에서 가담했든 이 음모는 발각되었고, 황후와 그 애인은 처형되었습니다.

세 번째 황후 메살리나

세 번의 결혼에 질려 버린 클라우디우스 1세

황제는 다시 결혼하면 자신을 죽이라고 할 정도로 결혼에 대한 회의와 여성에 대한 불신감을 가지게 되었습니다. 이런 결심에도 불구하고, 49년에 59세의 황제는 34세의 조카딸과 네 번째 결혼을 했습니다. 황실의 해방 노예들이 그 조카딸을 지지하여 황제에게 결혼하도록 종용했던, 아우구스투스 황제 가문의 혈통과 결혼해서 확고한 통치 기반을 형성하려는 정치적인 목적에서였던 이 결혼은 황제에게 치명적인 결과를 가져왔습니다.

이 네 번째 황후는 첫 남편과의 결혼에서 낳은 12세의 네로를 데리고 있었고, 황제의 친아들은 겨우 여덟 살이었습니다. 갈수록 노쇠해진 클라우디우스 1세 황제는 황후와 결혼하여 네로를 양자로 맞아들인 것을 후회하는 기색이 역력했습니다. 자신의 아들이 제위를 물려받지 못하는 상황이 될지도 모른다는 불안감에 아들을 만나면 힘차게 끌어안으면서, "어서 빨리 커서 나의 일을 받아 다오"라고 격려하곤 했습니다. 친아들에 대한 황제의 애착에 불안해진 황후는 급기야 독을 탄 버섯 요리를 황제에게 먹여 암살하고 자신의 아들을 황제로 옹립했다고 합니다. 그러나 자신의 아들이 황제의 친아들에게 제위 계승 순서에서 밀릴 것을 우려한 황후가 이처럼 황제를 독살했다는 주장에 의문을 제기하는 사람도 있습니다. 사실은 클라우디우스 1세 황제가 위장이 좋지 않았으면서도 식탐이 많아서 심각한 위장 장애로 자연사했다는 것입니다. 암살이든 자연사든 클라우디우스 1세 황제가 상당히 불행한 결혼 생활을 했던 것은 사실입니다.

제국의 발전과 평화를 위해 노력하는 황제, 훈련에 매진하는 군대, 축적되는 부와 같은 번영기의 모습은 3세기에 와서 찾아볼 수 없었습니다. 오히려 제위 분쟁에 뛰어든 군사령관들과 그들 휘하에서 같은 로마군을 상대로 전쟁을 벌이는 군대, 군대를 부양하기 위한 돈과 전쟁 비용으로 가중되는 재정적인 부담, 호시탐탐 기회를 노리는 게르만족과 페르시아의 공격 등 제국 곳곳에서 균열되는 양상을 보였습니다. 이에 대한 상세한 모습을 코모두스 황제 시기부터 군인황제시대까지를 설명한 《로마제국쇠망사》의 4~12장을 중심으로 엮어 나가고자 합니다.

2부

로마제국의 쇠퇴
[2~3세기]

권력욕과 외적에 찌든 제국

　인간의 모든 열정과 욕망 중에서 가장 중요하면서도 가장 반사회적이라고 하는 권력욕은 인간 내면에 자리 잡고 있는 본능입니다. 목숨이나 돈, 직위를 담보로 하지 않더라도 단지 권력을 가지고 있다는 측면에서 머리를 조아리는 사람들을 볼 때, 또 자신의 생각대로 모든 것을 처리할 수 있을 때 느끼는 희열은 어떤 감정보다 강렬하기 때문에 권력을 마약과도 같다고 하는 것입니다. 그렇다고 해서 모든 사람들이 현재의 처지와 무관하게 권력에 집착하는 것은 아니며, 평등이나 평화를 권력보다 더 가치 있는 것으로 여기는 사람도 많습니다.

　로마제국의 야심가들이 인간의 본능이라고 하는 권력욕을 노골적으로 드러내게 된 상황은, 황제의 계승 원칙과 무관하지 않습니다. 2세기까지 로마제국은 혈통 계승과 양자 계승을 경험했고, 그로 인해 오랜 기간의 평화를 누린 만큼 그 원칙들이 나름대로 적합했다고 볼 수 있습니다. 문제는 원칙이 아니라, 그 원칙에 모두가 공감하며 계승자로 인정하느냐 하는 것입니다. 혈통이든 양자든 계승자로서 인정받지 못하면, 야심가들이 득달같이 자신들의 권력욕을 드러내며 제위 계승에 동참했던 것입니다. 일부 야심가들끼리의 싸움은 단순한 권력 투쟁으로 끝날 수 있었지만, 야심가들과 함께 군대가 동원되면 그것은 제국의 근간을 흔드는 내전으로 확산될 수 있었습니다. 기원전 1세기에 몇몇 군사령관들이 벌인 내전에 군대가 동참하여 공화정이 몰락하는 사태를 경험한 로마인들은 그런 상황이 재현되는 것을 누구보다 두려워했습니다. 그러나 제위를 탐낸 군사령관들과 그들의 명령과 약속한 돈에 휘둘린 군인들은, 로마제국의 쇠퇴가 있을 수 있는 일이나 언젠가 닥칠 수 있는 불행이라고 생각하지 않았습니다.

로마제국의 내전은 적에게 공격할 수 있는 좋은 빌미를 제공했습니다. 과거 로마가 약탈품을 기대하여 주변의 잘사는 나라를 공격했듯이, 이제는 적들이 로마의 부를 부러워했고 로마의 따뜻한 기후와 비옥한 농지를 탐냈습니다. 그런 부러움으로 1, 2세기에 수시로 로마를 공격해 왔지만, 황제권 아래에서 일사불란하게 행동하는 로마군, 끊임없는 훈련으로 단련된 로마군을 당해 낼 수 없었습니다. 그러나 이제 적들은 전쟁에 중요한 군사령관과 군대가 제위 분쟁에 매진하는 것을 보면서 승리에 대한 확신까지는 아니더라도 최소한 그럴 수 있는 가능성을 보았고, 그런 기대로 로마를 빈번하게 공격했습니다. 적들이 수시로 공격해오니, 덜 위험한 지역의 군대를 빼내어 전쟁 지역으로 파견하는 기존의 체제로는 감당할 수 없었습니다. 전쟁이 확산되어 막을 수 없었다고 변명할 수도 있으나, 근본적으로 그런 공격을 불러일으킨 것은 로마 내부의 정치적인 문제였습니다.

제국의 발전과 평화를 위해 노력하는 황제, 훈련에 매진하는 군대, 축적되는 부와 같은 번영기의 모습은 3세기에 와서 찾아볼 수 없었습니다. 오히려 제위 분쟁에 뛰어든 군사령관들과 그들 휘하에서 같은 로마군을 상대로 전쟁을 벌이는 군대, 군대를 부양하기 위한 돈과 전쟁 비용으로 가중되는 재정적인 부담, 호시탐탐 기회를 노리는 게르만족과 페르시아의 공격 등 제국 곳곳에서 균열되는 양상을 보였습니다. 이에 대한 상세한 모습을 코모두스 황제 시기부터 군인황제시대까지를 설명한 《로마제국쇠망사》의 4~12장을 중심으로 엮어 나가고자 합니다.

01 군대에 좌우되는 제위

　　● ● ● 공통된 정서로 서로 결합되어 있어 결집력이 강한 군대가 적에게 칼을 겨누지 않고 폭력에 의존하거나 물질적인 혜택만을 탐한다면, 아무리 뛰어난 전술이라도 무용지물이 될 것이며 아무리 훈련 체계가 발달되어 있다고 하더라도 하나의 파괴적인 세력에 불과할 것입니다. 로마에서는 물질적인 혜택을 다른 병사들보다 더 많이 누리고 있던 근위대가 제위에 개입하면서 무소불위의 권력을 누리게 되었습니다. 근위대의 태도는 점차 전체 군대로 확산되어, 군인들 역시 기껏 황제를 제위에 앉히고도 더 많은 돈을 준다고 매혹적인 약속을 하는 또 다른 야심가들이 나타나면 다시 그들을 황제로 옹립함으로써 군대에서 제위가 나오는 양상을 낳았습니다.

　　황제들은 군인들의 힘으로 제위에 앉더라도 어느 지역 어느 부대가 또다시 자신들의 군사령관이 약속하는 물질적인 보상에 현혹되어 칼을 겨눌지 모르므로, 어느 황제든 제위는 언제나 불안정했습니다. 그렇다고 돈에 눈이 먼 군인들 모두에

클라우디우스 1세를 황제로 추대하는 근위대
칼리굴라 황제가 근위장교에게 암살된 후 근위대는 클라우디우스 1세를 황제로 옹립했다. 근위대는 제위에 관여하기 시작하면서 막강한 부와 권력을 누렸다.

게 어느 군사령관보다도 더 많은 액수의 보상을 약속할 경제적 여유도 없었거니와, 군인과 군사령관 사이의 친밀한 관계를 끊을 수 있을 정도로 강력한 지배력을 가지지도 못했습니다. 합당한 원칙에 따른 계승이 아닌 만큼 황제권은 항상 불안할 수밖에 없었고, 군사령관에게 현혹되는 군인이 존재하는 한 황제의 재위 기간은 단명할 수밖에 없었던 것입니다.

막강한 압력 집단이 된 군대

오현제 시대의 대미를 장식한 마르쿠스 황제가 깊이 사랑한 아들인 코모두스 황제는 원로원과 군대의 지지를 받으며 즉위했습니다. 그러나 문제 자체를 외면하는 유약한 성격으로 인해, 기존의 군사력만으로도 이미 혼란에 빠진 야만족을 정복할 수 있다는 주변의 달콤한 충고에만 귀를 기울였습니다. 그리하여 전염병과 기근으로 인해 폭도로 변한 대중을 무시한 채 목욕탕과 경기장을 건설하고 화려한 검투사 경기를 열어주면, 로마인들이 자신의 자비로운 행동

암살당하는 코모두스 황제

에 감명을 받을 것이라는 착각에 빠졌습니다. 또 잔인하고 의심이 많은 성격으로 인해 음모에 대한 병적인 불안감이 갈수록 커져 조금이라도 의심이 들면 아무리 자신의 쾌락을 위해 봉사하던 총신이라도 제거했습니다. 한마디로 혼란스럽고 공포에 찌들었던 코모두스 황제의 치세를 끝낸 사람은 다름아닌 근위대장이었습니다. 그는 황제를 만족시키면 대중의 손에 죽고 대중을 만족시키면 황제의 손에 죽을 수 있다는 진퇴양난의 상황을 직시하고, 황제를 죽여 자신의 죽음을 미연에 방지하고자 했습니다. 그와 공모한 황제의 애인이 사냥에 지친 코모두스에게 독약을 탄 포도주를 주었고, 독과 술기운에 몸을 가누지 못한 황제를 레슬링 선수였던 한 젊은이가 목졸라 살해했습니다.

내가 뭘 어쨌다고...

마르쿠스의 아들의 운명은 그렇게 끝이 났다. 13년 동안 개인적인 힘과 능력을 가진 수백만 명의 대중들을 억압한 증오할 만한 폭군은 그렇게 쉽게 파멸을 맞이했다.(4장 110-111쪽)

과거 클라우디우스 1세 황제의 옹립에 근위대가 결정적인 역할을 했듯이 코모두스의 암살을 비롯하여 페르티낙스, 율리아누스재위 193, 세베루스, 카라칼라, 마크리누스재위 217~218, 엘라가발루스재위 218~222, 알렉산데르 세베루스재위 222~235 등 연이은 황제들의 옹립과 암살에도 모두 근위대와 근위대장이 관여했습니다. 근위대는 황제를 지근거리에서 볼 수 있는 만큼 암살하기도 쉬웠고, 자신들의 이익에 부합되는 사람을 황제로 옹립할 수 있는 힘도 가지고 있었습니다. 그러자 로마 시에서 호화롭고 나태한 생활을 하면서 오만해진 근위대의 변덕스러운 충성심을 사기 위해 황제들이 즉위할 때마다 그들에게 상여금을 내리는 것이 합법적인 원칙으로 자리 잡았습니다. 그렇다고 근위대를 창설한 아우구스투스 황제, 근위대를 모두 로마 시에 주둔시킨 티베리우스 황제, 근위대에 상여금이라는 혜택을 주기 시작한 클라우디우스 1세 황제가 근위대를 타락하게 만든 주범이라고 할 수는 없습니다. 그보다는 근위대를 제대로 휘어잡지 못한 후대의 황제들에게 더 큰 책임이 있습니다.

근위대는 군대를 개혁하거나 선정을 베푸는 황제들을 극도로 싫어했습니다. 코모두스 황제를 암살한 근위대는 로마 시장이던 페르티낙스를 황제로 옹립했습니다. 그러나 예상과 달리 페르티낙스 황제가 부정축재자의 재산을 몰수하고, 무고한 희생자들의 명예와 재산을 회복시키고, 황실의 경비를 반으로 삭감하는 등 선정을 베풀자 근위대는 노골적으로 황제를 싫어했습니다.

내키지는 않았지만 페르티낙스 황제에게 복종하고 있던 근위대는 황제가 과거와 같은 엄격한 군대 규율을 회복하려 한다는 점을 두려워했고, 코모두스 황제 때 누리던 방종을 그리워했다. 페르티낙스 황제가 즉위한 지 3일째 되던 날, 근위병들은 덕망 있는 원로원 의원 한 명을 근위대 주둔지로 데려가 제위에 앉히려는 계획을 세웠다. 그러나 이 계획은 수포로 돌아갔다. 계획이 좌절되자 근위대의 분노는 극에 달했고, 결국 193년 코모두스 황제가 사망한 지 86일째 되던 3월 28일에 가장 극단적인 200~300명의 근위병들이 궁정으로 달려가 페르티낙스 황제를 살해했다. (4장 116–118쪽)

페르티낙스(재위 193)
코모두스가 죽은 뒤 황제로 추대되었으나, 재정 확보를 위해 군사비를 줄이려다가 군대의 반발로 살해당했다.

근위대는 과거와 같은 특권과 방종을 누리지 못하고 제대로 된 규율에 얽매일지 모른다는 불안감에서 페르티낙스 황제를 살해할 만큼 개혁의 목소리를 혐오했습니다.

개혁을 하는 대신 근위대가 좋아하는 돈으로 그들의 충성심을 사고자 했으나 오히려 근위대에 휘둘린 사람은 율리아누스 황제였습니다. 페르티낙스 황제의 자애로운 통치를 오랫동안 누렸으면 좋겠다는 대중의 바람을 무시하고 황제를 암살한 근위대는 더 많은 돈을 받기 위해 급기야 제위를 경매에 붙였습니다.

> 페르티낙스 황제의 장인이자 로마 시장이던 술피키아누스는 상여금이라는 유일하고도 효과적인 수단을 사용하여 제위를 흥정했다. 그러나 신중한 근위대는 이런 사적인 거래로는 제위에 합당한 가격을 받을 수 없다고 생각하여, 공개적인 경매를 통해 가장 많은 액수를 제시하는 입찰자에게 로마 세계를 줄 것이라고 선포했다. 이 소식은 마침내 부유한 원로원 의원이던 율리아누스의 귀에 들어갔다. 술피키아누스가 이미 근위병 한 명당 5,000드라크마(160파운드 이상)의 상여금을 약속했던 터라, 제위에 욕심이 난 율리아누스는 그 액수를 6,250드라크마(200파운드 이상)까지 올렸고 결국 황제로 선포되었다.(5장 122–123쪽)

제위를 경매에 붙였다는 소식은 근위대 스스로도 수치스럽게 생각할 정도로 사람들을 경악하게 만들었습니다. 그와 동시에 야심가들로 하여금 그렇게 쉽게 얻을 수 있는 제위라면 한 번쯤 도전해 볼 수 있겠다는 욕심을 가지게 만들었습니다. 그중 브리타니아 총독인

디디우스 율리아누스
페르티낙스의 뒤를 이어 황제로 추대되었으나, 2개월 만에 다뉴브 강에 주둔하는 군단의 공격을 받고 살해되었다.

알비누스, 시리아 총독인 니게르, 파노니아 총독인 세베루스가 발 빠르게 군대를 이끌고 진격하면서 상황이 내전으로 확산되었고, 최종 승자는 세베루스가 되었습니다.

근위대의 방종은 점차 전체 군대로 확산되어 군인들은 이제 더 이상 힘든 군 생활을 할 수 없었고, 군인의 덕목인 복종도 견딜 수 없었습니다. 군대는 오히려 국가에 압력을 행사하는 집단으로 변질되었습니다. 내전을 통해 군대의 필요성을 누구보다 절감한 세베루스 황제는 상당한 용맹과 능력을 지닌 인물이었지만, 군대만큼은 어쩔 수 없어 규율을 느슨하게 하는 정책을 취했습니다. 그러나 주둔지에서 아내와 함께 지낼 수 있도록 허용해 주고 급료를 인상하고 수시로 후한 상여금을 준 그의 정책들은, 군인들을 더욱 나태하고 사치스럽게 만들었습니다.

개혁을 싫어하는 군대

군단병이든 보조군병이든 모든 병사들에게 근위대는 선망의 대상이었습니다. 로마 시에 복무하면서 3배가 넘는 급료를 받고 있던 근위병들은 황제를 옹립하는 데 개입하면서 더 많은 상여금을 챙겼습니다. 반면 지나치게 덥거나 지나치게 추운 변경 지역에서 근무하면서 적은 급료와 상여금에 만족해야 하던 여타 군인들은, 스스로 황제를 옹립하면 근위대와 같은 대우를 받을 수 있을 것으로 생각했습니다. 특권 의식에 사로잡힌 근위병들이나 그들을 모방하여 정치에 개입하면서 안락한 삶을 요구하는 군단병들에게서, 훈련에

• 알비누스(150~197)
로마의 장군. 다키아 북부 전투로 유명해졌다.

• 니게르(135~194)
갈리아 군단을 지휘하였으며, 내란을 틈타 시리아에서 황제로 추대되었다.

• 파노니아
다뉴브 강 북동부에 있던 속주로서 오늘날의 헝가리 지역에 해당된다.

마크리누스
원로원 출신이 아니면서 스스로 황제의 자리에 오른 인물. 시리아 군대에 붙잡혀 처형당했다.

매진하면서 충성과 복종을 신조로 여긴 1세기 군인들의 모습은 찾을 수 없었습니다.

기강이 해이해질 대로 해이해진 군대는 조그마한 개혁의 목소리도 참을 수 없었습니다. 카라칼라 황제의 암살에 관여한 근위대장 마크리누스는 군인들에게 후한 상여금을 약속하고 황제로 즉위했습니다. 그러나 마크리누스 황제는 급작스럽게 제위에 올라 제대로 된 지지 세력도 확보되지 않은 상태에서 하지 말아야 할 개혁을 단행했습니다.

마크리누스 황제는 쉽지만 거의 알아차릴 수 없는 방식으로, 로마 군대의 건전성과 활기를 회복할 수 있는 개혁을 조심스럽고 신중하게 진행했다. 황제는 이미 복무 중인 군인들의 위험한 특권과 과도한 급료는 어쩔 수 없이 그대로 인정했으나, 신병에게는 더 적은 급료를 주었다. 이런 조치에 대해 선임병들은 유리한 대우에 고마워하기보다 황제의 첫 번째 조치에 대해 경계심을 가졌다. 반면 신병들은 탐욕스럽고 겁이 많은 황제 때문에 할 일은 늘어나고 보수는 줄었다고 불만을 가졌다. 주둔지 안에서 사치스럽고 나태하게 생활하면서 자신들의 힘과 수적 우위를 인식하고 있던 군인들은, 서로의 불만을 토로하다가 또 한 번의 혁명이 가져올 이점을 생각하고 반란을 결심했다.(6장 162~163쪽)

과거와 같은 절제와 복종을 키우고자 한 마크리누스 황제의 개혁은 군인들의 반발을 샀고, 결국 군인들이 옹립한 카라칼라 황제의 사촌인 엘라가발루스에게 패해 처형당하는 결과를 낳았습니다.

그러나 얼마 못 가서 엘라가발루스는 근위병들에게 잔인하게 살해되고, 뒤를 이어 황제가 된 알렉산데르는 군대 개혁이라는 필요하지만 어려운 일에 착수했습니다. 군인들의 게으르고 사치스러운 풍조를 바로잡는 것은 불가능하다고 판단한 황제는 들어줄 만한 요구는 들어주었습니다. 그래서

〈엘라가발루스의 장미〉
마크리누스의 뒤를 이어 제위에 오른 엘라가발루스는 태양신 바알을 섬기는 신관 집안 출신으로, 로마에 태양신의 대신전을 건립하고 음란한 축제를 벌였다가 암살되었다. 알마타데마, 1888, 개인 소장.

금과 은으로 급료와 상여금을 지급했고, 행군 때 17일분의 식량을 가지고 가야 하는 의무도 완화해 주었으며, 적지에서 노새와 낙타에 개인 짐을 싣는 것도 허락했습니다. 병들거나 부상당한 병사를 직접 방문하면서까지 군대에 대한 애정과 존경을 표시하면서 로마군의 기강을 조금이라도 회복시키고자 노력했습니다.

그러나 황제의 신중한 노력은 헛된 것이 되었고, 그의 용기는 치명적인 것이 되었으며, 군대를 개혁하려는 시도는 치유하고자 한 질병을 더욱 악화시키는 결과를 초래했다. 황제의 관대함은 군인들을 더욱 오만하게 만들었고, 군단병들은 근위병들의 선례를 따라 똑같이 광폭하고 끈질기게 자신들의 특권만을 옹호했다.(6장 178-179쪽)

더는 황제를 두려워하지 않게 된 군인들은 결국 황제를 살해하고, 급기야 자신들끼리 농부 출신의 힘센 군인을 새 황제로 옹립하는 지경에까지 이르렀습니다.

군대의 눈치를 보는 황제들이 대다수였지만 타락한 군인을 과감

알렉산데르 세베루스
게르만족의 반란을 진압하기 위해 출정하여 보상금으로 회유하려다가 부하들에게 살해당했다.

● 알라마니족
상게르마니아 지역(스위스 인근)에 거주한 게르만족으로서 기병대가 강한 호전적인 부족이다.

● 제노비아(240~?)
시리아와 유프라테스 강을 잇는 무역로에 위치한 팔미라의 왕비로서, 반란으로 왕이 살해되자 왕위를 이어받아 시리아까지 세력을 넓혔다. 272년에 에메사 전투에서 아우렐리아누스 황제에게 패해 생포되어 전리품으로 압송되었으나, 황제의 선처로 남부 이탈리아에서 편안한 여생을 보냈다.

제노비아 여왕을 생포한 아우렐리아누스
아우렐리아누스는 병사 출신으로 군대의 추대를 받아 황제에 즉위했다. 재위 기간 동안 각지의 반란을 진압하고 이민족의 침입에 대비해 성벽을 쌓았다. 페르시아 원정 중에 암살되었다.

하게 개혁하려는 황제들도 있었는데, 3세기 후반 병사 출신으로 황제가 된 아우렐리아누스재위 270~275와 프로부스가 대표적입니다. 전자는 평화에 대한 보상을 요구하는 알라마니족●을 물리치고, 팔미라의 제노비아●를 격파하여 '세계의 회복자'라는 칭호를 받았습니다. 후자는 게르만족의 끊임없는 공격으로부터 갈리아를 지켜낸 인물이었습니다. 이들이 군사적으로 엄청난 성공을 거둔 배경에는 엄격한 규율로 무장한 군대가 있었습니다. 후에 디오클레티아누스 황제, 갈레리우스재위 305~311 황제, 그리고 황제들을 보필한 많은 지휘관들이 아우렐리아누스와 프로부스 휘하의 군대에서 엄한 훈련을 받은 사람들이었다는 점은 시사하는 바가 큽니다.

아우렐리아누스 황제는 군인들이 근면하여 갑옷과 무기를 항상 손질해 놓고 금욕과 검소한 생활을 한다면 급료만으로 충분히 생활할 수 있으므로, 주민의 것을 약탈하지 말라고 했습니다. 또 규정을 어긴 병사들에게는 무자비한 처벌을 내렸습니다.

아우렐리아누스 황제의 잔인할 정도로 엄격한 성향을 보여주는 한 사례가 있다. 어떤 군인이 자신이 머무르고 있던 집의 안주인을 농락한 적이 있었다. 죄를 지은 이 비열한 군인은 폭이 넓은 두 나무에 강제로 묶인 채 사지가 갈기갈기 찢기는 처벌을 받았다. 이런 가혹한 처벌을 몇 번 본 군인들은 섬뜩할 정도의 놀라움과 공포심을 가졌

다. 이제 선동적인 군인들도 복종과 명령을 강요할 만한 품격을 갖춘 이 황제를 두려워하게 되었다.(11장 333쪽)

아우렐리아누스 황제가 가혹한 처벌로 규율을 확립하려고 했다면, 프로부스 황제는 군인들에게 신전과 다리 공사, 항구 시설 보수 같은 대규모 공사뿐 아니라 아프리카의 올리브 농원 건립, 갈리아의 대규모 포도밭 개간 같은 농사일을 시켜 정치에 개입할 여유를 주지 않았습니다.

그러나 아우렐리아누스와 프로부스 황제의 치세를 합한 12년 남짓한 기간으로는 군대를 방치해 온 수십 년의 세월을 뛰어넘을 수 없었습니다. 단기간의 개혁만으로는 복종과 충성, 용맹과 훈련으로 대변되는 과거와 같은 군대로 되돌리기에 역부족이었던 것입니다. 아우렐리아누스가 부하 지휘관에게 살해된 것처럼 군인들의 사나운 기질을 고려하지 않은 프로부스 역시 병사들에게 살해당했습니다. 상황이 이렇게 되자 황제들은 힘이나 수에서 또 탐욕이라는 면에서 자신을 능가하는 막강한 군대의 존재를 더욱 두려워하게 되었습니다. 군인들의 눈 밖에 나는 것은 곧바로 죽음을 의미하므로, 어느 누구도 섣불리 군대의 정치 개입을 막자거나 군대의 규율을 확립하자는 말을 할 수 없었습니다.

군인황제시대에 단명한 황제들

3세기에 매 순간 야만족의 침입과 군인 출신의 야심가들에게 시

디오클레티아누스(재위 284~305)
사분 통치제를 실시했으며, 게르만족을 격퇴하고 페르시아에 승리를 거두면서 제국에 질서를 가져왔다.

프로부스(재위 276~282)
어릴 때부터 군인으로서 명성을 쌓았으며, 군대에 의해 황제로 추대되었다.

달린 현상을 볼 때, 로마제국은 붕괴라는 치명적인 최종 단계에 돌입한 것 같았습니다. 특히 군인들의 방종은 도를 넘어서 급기야 황제 암살과 새 황제 옹립이 빈번하게 일어난 시대, 이른바 '군인황제시대235~284'를 열었습니다. 강력한 황제권이 무너져 군인들은 더이상 황제에 대한 영원한 충성을 다짐하지 않았고, 황제 역시 군인들의 충성심을 믿지 못하는 상황이 도래한 것입니다.

군인들의 지지만 받으면 제위를 탐낼 수 있는 상황이 반복되면서 나타난 첫 번째 특징은, 3세기에 황제들의 평균 재위 기간이 상당히 짧아지고 자연사한 황제가 드물었다는 점입니다. 군인황제시대에는 공동 황제를 포함한 총 26명의 황제 중에서 재위 기간이 3년 이하인 경우가 절반이 넘는 16명이나 되었습니다. 나머지 황제들 중에서 아버지인 발레리아누스와 공동 통치한 기간을 포함하여 15년이라는 제일 긴 치세를 누린 갈리에누스재위 253~268 황제를 제외하면 평균 재위 기간은 5년에서 7년 정도에 불과했습니다. 폭군의 오랜 통치로 대중들이 두려움에 찌드는 상황이 지속되는 것도 당연히 문제였지만, 자신의 통치 원칙을 제대로 펴보지 못할 정도로 짧은 치세 기간도 문제였습니다. 게다가 군인들이 그의 죽음을 애도할 정도였던 아우렐리아누스 황제처럼, 훌륭한 통치를 하더라도 안타깝게 살해되는 경우는 정치적 안정과 제국의 안전에 치명적이었습니다.

통치 원칙의 타당성과는 무관하게 야심가나 군인들에게 암살당했으므로 황제가 되어도 신변의 안전은 보장받을 수 없었습니다. 제국 어느 곳에서, 어느 누가 자신의 목숨을 담보로 제위를 탐할지 모르는 상황이었으므로, 황제가 되어도 불안한 시선으로 모든 군인

발레리아누스(재위 253~260)
갈루스 황제가 살해된 뒤 황제로 즉위하였으나, 페르시아와의 전투에서 포로가 되어 처형당했다.

들을 경계해야 할 지경에 이르렀습니다.

로마 황제들의 상황은 매우 불행하여 그들이 어떠한 행동을 하든 간에 그들의 운명은 거의 똑같았다. 쾌락을 추구하든 덕망 높은 행동을 하든, 잔인하든 온화한 품성이든, 게으르든 영광스러운 행적을 남기든 모두 똑같이 예기치 않은 죽음을 맞이했다. 거의 모든 황제들의 치세가 반복적으로 일어난 반란과 암살이라는 혐오스러운 사건으로 막을 내렸다.(12장 350쪽)

황제들의 재위 기간이 짧은 것은 그들의 치세가 반란과 암살로 종결되었기 때문입니다. 총 26명의 황제 중에서 질병으로 사망한 호스틸리아누스 황제와 클라우디우스 2세_{재위} 268~270 황제, 질병으로 사망했거나 살해되었을 것으로 추정되는 타키투스_{재위} 275~276 황제, 카루스_{재위} 282~283 황제를 제외한 나머지는 자살, 혹은 전사하거나 살해당했습니다. 한마디로 말해 피로 얼룩진 제위를 받아 피로써 죽음을 맞이한 것입니다.

군인황제시대의 두 번째 특징은, 황제들이 단명한 이유에 암살자들의 제위에 대한 야심뿐 아니라 숙청에 대한 두려움도 있었다는 점입니다. 황제를 암살한 자들은 황제에게 죽임을 당할지 모른다는 두려움에서 일을 저지른 경우가 많았습니다.

찬탈자들은 야심보다는 두려움 때문에 어쩔 수 없이 반란을 일으키게 되는 경우가 더 많았다. 그들은 갈리에누스 황제의 지나친 의심병을 두려

⊙ 호스틸리아누스(재위 251) 데키우스 황제의 둘째 아들로, 공동 통치자인 형이 죽은 후 즉위한 갈루스에 의해 공동 황제로 임명되었다. 전염병에 감염되어 사망했다.

워했지만, 휘하 군인들의 변덕스러운 폭력성도 무서워했다.(10장 315-316쪽)

다른 사람의 재산을 부당하게 강탈한 죄목으로 기소된 어느 서기가 아우렐리아누스 황제에게 심한 책망을 들었다. 황제가 허튼 소리를 하지 않는다는 것을 익히 알고 있던 그 서기에게 마지막 남은 희망은 군대의 주요 지휘관들을 자신과 연루시키는 것뿐이었다. 그는 처형자 명단을 작성하여 황제의 필적을 교묘하게 위조·서명한 후 처형 예정자들에게 보여주었다. 그들은 이 거짓 문서를 의심하거나 더 조사해 보지도 않고 목숨을 부지하기 위해 황제를 암살하기로 결정했다.(11장 358쪽)

암살자들이 살아남기 위해 황제를 살해한 것처럼, 제위에 옹립된 자들 역시 생명의 위협을 느껴 제위를 받아들이는 경우도 있었습니다.

막시미누스에 대한 사람들의 증오에 힘을 얻은 암살 주동자들은 혐오스러운 폭군에 대항하여 온화한 미덕으로 이미 로마인들의 사랑과 존경을 한몸에 받고 있는 사람, 속주에 로마제국의 권위와 안정성을 불어넣어 줄 사람을 황제로 선택하고자 했다. 그들이 선택한 사람은 아프리카 총독인 고르디아누스 1세재위 238였다. 그는 이 위험한 제안을 거절했지만, 암살자들의 협박에 못 이겨 어쩔 수 없이 제위를 받아들였다.(7장 200-201쪽)

모이시아 군단병들은 군사령관인 데키우스에게 자신들과 공범이 되기

막시미누스(재위 235~238)
농민 출신으로, 최초의 군인 황제로 추대되었다. 원로원을 무시하다가 폐위된 후 부하들에게 피살되었다.

를 강요했다. 데키우스에게는 죽음 아니면 제위라는 두 가지 대안밖에 없었다.(10장 274쪽)

고르디아누스 1세, 데키우스, 발레리아누스, 클라우디우스 2세와 같은 황제들은 암살에 공모한 것은 아니지만, 군인들이 황제를 암살하고 제위를 요청했을 때 거부하지 않았습니다. 그 이유는 나름대로 제위에 욕심이 있었을 뿐 아니라, 제위를 거부했을 때 닥칠 위험을 무시할 수 없었기 때문입니다.

군사적 능력은 제위로 가는 지름길

군인황제시대의 세 번째 특징은, 황제의 출신 성분이 기존의 원로원이나 기사계층을 넘어 평민에게까지 확대되었다는 점입니다. 고르디아누스 1세와 발레리아누스처럼 명망 있는 원로원 가문 출신자로서 황제가 된 경우보다, 농민이나 더 비천한 태생으로 입대·승진하여 병사들의 지지로 제위에 오른 사람이 더 많았습니다. 특히 미천한 출신에다 야만스러운 용모로 어느 귀족을 만나러 갔다가 노예에게까지 문전박대를 당했다는 막시미누스나 아랍 출신으로 노상강도였다는 소문이 있는 필리푸스까지 황제로 등극하는 상황이었습니다.

로마의 평화 시기에 신분과 학식 덕택에 지휘관으로 임명된 원로원 가문 출신자들과 달리, 하층민 출신의 황제들은 자신들의 재능을 인정받아 승진한 사람들이었습니다. 전쟁에서 두각을 나타내면

데키우스(재위 249~251)
원로원 의원 출신으로, 군대에 의해 제위에 올랐다. 고트족과 싸우다가 전사했다.

필리푸스(재위 244~249)
로마제국 최초의 아랍계 황제. 반란군 데키우스에 의해 살해되었다.

서 군인들의 신망을 얻은 이들은 결국 군인들에게 지지를 받아 황제로 즉위했습니다. 물론 황제로 즉위한 후 군인들에게 만족할 만큼의 혜택을 주지 않거나 군사적으로 성공하지 못할 경우에는, 언제든지 군인들의 지지를 받는 다른 야심가에게 제위를 찬탈당했습니다. 빈번한 황제 교체는 중앙 집권적인 권위의 약화로 이어졌고, 황제의 권력 약화는 변경 지역의 혼란을 가중시켰습니다. 또 변경 지역의 혼란은 능력 있는 지휘관들에게 두각을 나타낼 수 있는 기회가 되었고, 그들이 번갈아 새로운 황제로 옹립되는 악순환을 초래했습니다.

당연한 말이지만 태생이 비천하다고 하여 황제로서의 자질이 부족하다고 단정 지을 수는 없습니다. 문제는 비천한 태생의 사람이 황제가 되고 난 후에 열등감의 발로로서 출신이 좋고 자질이 뛰어난 신하들을 의심하여 처형하는 일이 빈번했다는 데 있습니다.

음침하고 잔인한 막시미누스 황제는 자신이 미천한 태생이라는 사실을 알고 있다는 것만으로도 많은 사람들을 처형했고, 좋은 가문 출신이거나 자질이 뛰어난 신하들에게는 의심의 눈초리를 거두지 않았다. 반란이라는 소문에 놀랄 때마다 그의 잔인성은 무제한적으로, 또 무자비하게 발휘되었다.(7장 198쪽)

• 카리누스(재위 283~285)
아버지 카루스의 뒤를 이어 동생과 함께 공동 황제가 되었다. 디오클레티아누스와 전투하던 중에 살해당했다.

평민 신분으로 태어나 성장한 카리누스 • 황제는 아버지의 즉위로 인해 평민에서 왕자의 신분으로 올랐을 뿐이었다. 그는 자신이 미천한 출신임을 아는 사람이나 자신의 현재 행동을 비난하는 사람들 모두에게 뿌리 깊은 증오심을 드러냈다. 그는 경험 없는 젊은 자식을 지도해 주도록 아버지가 곁에 붙여 둔 친구나 조언자 들을 추방, 혹은 처형했다. 또 비열한 복수심에 불타, 황제로서의 보이지 않는 위엄에까지 아낌없이 존경을 표시하지 않는 학우나 동료를 괴롭혔다. 원로원 의원들에게는 황제로서 거만한 태도를 보이면서 언제든지 그들의 재산을 로마 시민들에게 나눠줘 버릴 것이라고 협박했다.(12장 386-387쪽)

하층민까지 황제가 되는 상황이었으므로 원로원의 권위는 더 이상 통용되지 않았고, 정치적인 영향력 역시 줄어들어 그림자와 같은 존재로 전락했습니다.

혈통 계승, 양자 계승, 지명 계승 등 어떤 계승 원칙도 통용되지 않을 정도로 황제 계승에는 일관성이 없었습니다. 이 지경까지 된 것은 빈번한 황제 교체에 따른 허약해진 황제권, 전반적으로 해이해진 군대 규율, 돈으로 해결하려는 황제와 군대의 이기심, 신분 상승을 꿈꾸는 야심가와 이를 제압하려는 원로원 계층 간의 갈등, 이민족의 침입으로 인한 혼란 등이 복합적으로 작용한 결과였습니다. 이제 로마를 상징하는 광대한 영토는 황제 한 사람이 관할하기에 너무 넓어졌고, 군대의 정치 개입을 차단하기에는 군대의 힘이 너무 막강해졌습니다. 이런 문제들을 해결할 특단의 조치를 취하지 않는 한 로마제국의 몰락은 어쩔 수 없는 현상 같아 보였습니다.

지명 계승
전임 황제나 군대, 원로원 등에서 다음 황제가 될 인물을 직접 지명하여 제위를 계승하는 것을 말한다.

02 누적되는 재정 적자

● ● ● 비옥한 땅, 막대한 전쟁 배상금, 화려한 전리품, 광대한 교역 시장은 로마제국이 많은 전쟁을 치르고 얻은 부의 원천이었습니다. 그러나 3세기 들어 로마제국이 상대한 적은 빈곤한 게르만족이었고, 그나마 부유하다는 페르시아는 쉽게 물리칠 수 없어 재정을 보충할 배상금이나 전리품을 기대하기 어려웠습니다. 군대가 개입하여 빈번하게 황제를 교체한 결과 정국에 혼란을 가져와 이민족의 침입을 더욱 격화시킴과 동시에 전쟁 비용을 증가시켰습니다. 게다가 군인들의 요구를 충족시키기 위해 지급하는 각종 상여금과 급료의 인상은 재정을 더욱 악화시켰습니다.

재정 지출의 증가를 만회할 만한 교역 시장은 정치적 불안정과 이민족의 침입으로 축소되었고, 광산은 차츰 고갈되었습니다. 어느 곳 하나 안정적인 수입처가 없던 황제들이 매달린 것은 세금 징수와 은화의 은 함유량 축소였습니다. 배상금이나 전리품 같은 막대한 돈이 외부에서 유입될 가능성이 없었기에 손쉬운 해결책을 선택한 것입니다. 그러나 불안한 정국으로 인해 생산성의 악화를 겪고 있는 사람들에게 과도한 납세는 도산으로 이어졌고 은 함유량 축소는 물가 상승을 초래했으므로, 세금과 부실한 화폐는 재정 적자를 타파할 합리적인 해결책이 아니었습니다.

돈으로 사는 군대의 충성심

아우구스투스 황제가 내전을 거쳐 정권을 장악한 후 60만 명에 달한 군단병들의 절반가량을 제대시킨 것은, 오랜 복무로 제대를 원하는 군인들이 많았던 탓도 있었지만, 그보다도 군대 유지비를 고려했기 때문입니다. 광대한 제국의 영토를 지킬 군인이 많으면 좋겠지만, 군인들의 급료와 상여금을 감안하면 무작정 병력을 늘릴 수만은 없었던 것입니다. 그래서 30만 명 정도를 상비군으로 하고, 특별 기금을 제정하여 군인들에게 지급하는 돈과 전쟁 비용을 충당했습니다.

제위를 장악·유지하는 데 군대가 결정적인 요인으로 작용하자, 황제들은 군대의 지지를 얻기 위해 각종 금전적인 혜택을 주었습니다. 내전을 경험한 세베루스 황제가 죽기 직전 두 아들을 불러놓고 "서로 사이좋게 지내고, 군인들을 풍요롭게 하고, 다른 사람들은 신경 쓰지 마라"라는 유언을 남겼을 정도로, 제위 유지의 지

셉티미우스 세베루스와 두 아들
셉티미우스 세베루스 황제와 그가 공동 통치자로 임명한 두 아들 카라칼라, 게타.

름길은 돈으로 군인들의 지지를 사는 것이었습니다.

군인들이 받는 급료와 상여금의 인상 폭을 보면, 3세기에 군인들에게 얼마나 돈을 남발했는가를 알 수 있습니다. 기원전 5세기 말부터 지급하기 시작한 군인들의 연봉은 기원전 1세기와 기원후 1세기에 한 번씩만 올렸을 정도로 거의 인상되지 않았습니다. 그러나 세베루스 황제가 연봉의 100퍼센트를, 카라칼라 황제가 다시 50퍼센트를 인상했고, 막시미누스 황제가 다시 100퍼센트를 인상했을 정도로 인상 폭이 컸습니다. 결국 3세기에 군인들의 급료는 아우구스투스 황제 시대보다 800퍼센트가 인상되었습니다.

급료 인상과 더불어 특별히 경축할 일이 있을 때, 황제가 사망했을 때, 군인들의 충성심을 확보할 필요가 있을 때는 상여금도 풍부하게 지급되었습니다. 카라칼라 황제가 군단병의 연봉보다 더 많은 금액을 근위병에게 지급한 것처럼, 근위병들에게는 대부분의 황제들이 상여금을 지급했습니다. 군단병들에게도 수차례 상여금이 지급되었는데, 특히 마크리누스 황제가 약 6년치 연봉을 지급할 것을 약속한 후 약 2년치 연봉에 해당하는 금액을 먼저 지급했습니다. 정확한 금액은 알 수 없지만 낭비벽이 심한 막시미누스 황제가 군인들에게 많은 돈을 지급했다고 하며, 고르디아누스 1세 황제는 이제까지 어느 황제가 준 것보다 훨씬 많은 상여금을 군인들에게 지급했다고 합니다. 상여금의 액수가 갈수록 커진 것은 황제의 재위 기간이 짧아지면서 돈으로 제위의 안정성을 확보할 수밖에 없었기 때문입니다.

로마 근위대
로마 근위대는 원래 로마 황제의 직속 부대로 상당한 정치적 영향력을 발휘했다. 312년에 콘스탄티누스 1세 황제가 제위 경쟁자를 지지했다는 이유로 근위대를 해체시켰다.

돈을 마련하기 위한 황제들의 노력

군인들에게 많은 돈을 주면 그들의 지지를 얻을 수 있겠지만, 문제는 전쟁 비용의 증가와 경제 쇠퇴로 국가의 재정이 악화되어 군인들에게 줄 돈이 많지 않았다는 데 있습니다. 이때 황제들이 할 수 있는 것은 재정 부족을 이유로 원하는 만큼의 돈을 주지 않음으로써 군인들의 불만을 사서 암살되거나, 갖은 방법을 동원해 군인들에게 줄 돈을 마련하는 것뿐이었습니다. 당연히 전자를 원하는 황제는 없었으므로 돈을 마련하기 위해 각종 강탈이 자행되었습니다.

군인들의 끝없는 욕심을 채우기 위한 막시미누스 황제의 탐욕은 급기야 공공 재산까지 건드렸다. 로마제국의 모든 도시들은 시민들에게 곡물을 분배하고 구경거리를 제공하기 위해 따로 재원을 마련해 두고 있었는데, 이 재원을 황제가 압수해 버렸다. 또 신전에서 금이나 은으로 된 값비싼 물건을 강탈하는 것은 물론, 신, 영웅, 황제 들의 상까지 녹여 주화로 만들었다. 이렇게 모은 돈은 병사들에게 분배되었다.(7장 199-200쪽)

피폐한 시민들을 억압하여 받아낸 막대한 기부금은 황제를 옹립한 대가로 군인들에게 주어졌다. 찬탈자들의 성품이 아무리 덕이 있고 의도가 순수했다 하더라도, 강탈과 잔인한 행동으로 제위 찬탈을 정당화시켜야 하는 냉혹한 현실에 굴복할 수밖에 없었다.(10장 317쪽)

(갈리에누스 황제의 암살 후) 황제가 된 클라우디우스 2세가 군인 한 사

람당 금화 20냥을 상여금으로 주자, 군대의 의심과 분노는 가라앉았다.(11장 324쪽)

로마 시에서 일어난 일(원로원이 타키투스를 황제로 선출한 일)은 막강한 힘을 가진 군단의 승인을 받지 않는다면 극장에서 상연하는 하나의 연극에 불과했다. 타키투스 황제는 트라키아*의 군단 주둔지로 가서 급료와 상여금 명목으로 재물을 넉넉하게 분배해 군인들의 탐욕을 만족하게 해줌으로써 군대의 승인과 존경을 받았다.(12장 366쪽)

군인들을 풍요롭게 해줄 재원이 부족하자 속주민을 착취하고, 부유층에게 강압적으로 기부금을 거두거나 각종 죄목으로 재산을 몰수하고, 신전까지 약탈하는 일이 자행된 것입니다. 재산 몰수와 연관된 사례 하나를 들어 봅시다. 갈리에누스 황제는 부유층을 반역죄에 연루시켜 재산을 몰수하는 일이 빈번했는데, 이렇게 거둔 돈은 지지에 대한 대가로 군 지휘관들에게 나누어 주었습니다. 그 뒤를 이어 클라우디우스 2세가 즉위한 후, 어느 날 한 노인이 찾아와 가문 대대로 내려온 재산을 전임 황제가 강탈하여 어느 부하 장군에게 줬다고 하는데 그 재산을 돌려달라고 하소연했습니다. 그 노인의 재산을 받았다고 하는 부하 장군이 바로 자신이었음을 알게 된 황제는 부끄러움에 몸 둘 바를 몰랐습니다. 황제는 혼탁한 시대에 자신도 모르게 저지른 죄를 고백하면서 그 노인에게 충분한 손해 배상을 해주었다고 합니다. 그 노인은 운 좋게 재산을 되찾은 경우이고, 대부분은 강탈당하면 어디 하소연할 곳도 없이 포기하는

타키투스
원로원에 의해 황제로 추대되었다. 알란족과의 전투에서 승리한 뒤 암살당했다.

*트라키아
오늘날 불가리아의 남동부 지역이다.

수밖에 없었습니다.

　돈에서 나오는 제위인 만큼 군인들에게 많은 돈을 남발했지만, 정작 그 돈을 받은 군인들이 부유한 생활까지는 아니더라도 최소한 풍족한 생활을 했는가 하면 그렇지도 않았습니다. 물론 각종 세금에 시달리는 농민층보다는 여유로웠지만, 군인들에게 준 돈이 고스란히 그들에게 타격을 주어 궁핍한 생활은 여전했습니다. 재정이 부족하여 주화를 남발, 평가절하하면서 주화의 가치 하락과 물가 상승이 일어났습니다. 이는 받은 주화를 가지고 시장 가격으로 의식주를 해결하는 군인들에게 피해를 주었습니다. 그나마 이후에는 아예 물건으로 급료를 주어 물가 상승의 피해를 덜 받기는 했지만, 물건은 주화처럼 저축하기도 쉽지 않았습니다. 설령 저축한다고 해도 군인의 신분으로 마음대로 시장에 나가 팔기도 어려웠으므로 부를 축적할 수 없었습니다. 따라서 물가 상승으로 인해 생활이 여유롭지 못하자 군인들은 더욱더 많은 돈을 요구하게 되었고, 이를 충족시키기 위해 다시 평가절하된 주화를 발행하여 물가 상승을 초래하는 악순환이 이어진 것입니다.

재정을 확보하기 위한 변칙

　3세기에는 황실의 사치, 게르만족과 페르시아의 위협으로 인해 늘어난 전쟁 비용, 군인들의 과도한 요구를 충족시키기 위한 비용 등 지출할 곳은 너무도 많았으나, 그에 합당한 수입은 갈수록 줄어들었습니다. 이민족의 침입과 변경의 속주에 대한 포기로 토지가 황폐해짐과 동시에 경작지가 감소하여 생산성이 예전만 못했습니다. 게다가 기근과 전염병으로 인해 로마 시에서만 매일 5,000명이 죽는다고 할 정도로 인구가 줄어들어 납세자가 감소했습니다. 그래도 갈리아와 스페인 같은 서부 지역에 있는 은광의 생산량이 감소되지 않는다면 국가의 재정은 유지될 수 있었으나, 이마저도 여의치 않았습니다. 재정 낭비가 계속되고, 경쟁력 있는 상품은 없는 대신 사치품의 수입만 지속되어 로마로서는 주화를 평가절하하거나 세금을 강요하는 것 외에 달리 방법이 없다는 것이 문제였습니다.

재정에 대한 압박이 계속되자 금화의 순도는 유지하면서 크기를 줄이는 정책을 취해 3세기 중반에는 1세기 때의 금화에 비해 3분의 1가량 크기가 줄었습니다. 금화에 비해 은화가 더 평가절하되었는데, 은화의 은 함유량은 1세기 초에 89~90퍼센트이던 것이 1세기 중반에는 84퍼센트로, 2세기 후반에는 54~58퍼센트로 줄어들었습니다. 은 함유량은 시간이 갈수록 적어져 3세기 초에는 약 45퍼센트로 줄었고, 3세기 중반 갈리에누스 황제 때는 은을 도금한 은화를 발행하여 은 함유량이 10~15퍼센트로 줄었으며, 급기야 클라우디우스 2세 황제 때는 은화에 함유된 은이 2~3퍼센트밖에 없을 정도였습니다. 이러한 평가절하가 물가 상승을 초래한 것은 당연한 결과였습니다.

재정 적자와 금은의 생산량 감소는 고스란히 시민의 몫으로 남았습니다. 원래 로마는 시민들에게 재산 정도에 따라 공평하게 세금을 징수했는데, 기원전 3세기 중

은의 길
스페인에서 채굴한 금과 은을 메리다, 카세레스를 지나 로마제국까지 옮기던 길을 말한다. 이 부근에는 극장과 원형 경기장, 전차 경기장, 신전 등 로마 시대의 유산들이 많이 남아 있다.

반부터 배상금, 전리품, 전쟁 포로 판매, 광산 수입, 합병된 속주에서 거두는 조세로 재정이 풍부해졌습니다. 급기야 마케도니아, 그리스, 스페인에서의 전리품과 배상금 덕분에 기원전 167년부터 로마 시민들은 세금을 내지 않았습니다. 속주에서 거둬들이는 세금은 갈수록 증가하여 기원전 1세기 아시아에서는 1억 3,500만 드라크마(약 450만 파운드), 이집트에서는 750만 드라크마(250만 파운드 이상)에 달해 정부에서 필요한 모든 비용을 조달하기에 충분했습니다.

드라크마
그리스 지역의 은화 단위로서 1드라크마가 로마의 은화 1데나리우스와 같다. 사진은 페르시아 호루스 2세 때의 드라크마이다.

　로마 시민의 세금 체제를 고친 것은 관세, 소비세, 상속세를 도입한 아우구스투스 황제였습니다. 로마 시로 들어오는 모든 상품에 붙인 관세는 상품 가격의 2~2.5퍼센트로서 사치품일수록 세율이 높았는데, 이 세금을 내는 사람은 속주의 상인들이 아니라 상품을 사는 로마인들이었습니다. 소비세는 시장이나 경매를 통해 유통되는 모든 상품에 붙이는 세금으로서 상품 가격의 1퍼센트를 넘지 않았지만, 토지나 집과 같은 비싼 물건까지 포함되므로 재정에 도움이 되었습니다. 액수도 많고 적용 대상도 광범위한 것은 유산과 상속 재산에 대해 매기는 5퍼센트의 상속세였습니다. 상속세에 대한 원로원 의원들의 반발이 상당했지만, 아우구스투스 황제는 원로원이 계속 상속세를 거부한다면 속주민들이 내는 세금까지 로마 시민에게 도입할 것이라고 위협하여 승낙을 받았습니다. 새로 징수하는 세금은 많은 반발을 불러일으켰지만, 로마 시민이 증가함에 따라 세입도 꾸준히 증가되는 효과를 가져왔습니다. 이외에 기원전 357년부터 징수되기 시작한 노예 해방세는 노예를 해방시키는 주인이 내는 5퍼센트의 세금을 말합니다.

납세자를 증가시키기 위한 변칙

세금을 증가시키고 대상 범위를 더욱 넓힌 사람은 카라칼라 황제였습니다. 그는 상속세를 5퍼센트에서 10퍼센트로 증가시키는 한편, 212년에 제국의 모든 자유민들에게 로마 시민권을 부여한다는 칙령을 내렸습니다.

속주민들은 특별 칙령에 의해 로마 시민권을 받게 되었을 때, 이전에 속주민이라는 신분으로 내야 했던 조세를 법적으로 면제받는 줄 알았다. 그러나 카라칼라 황제와 그 후의 황제들은 그런 혜택을 채택할 생각이 추호도 없었다. 속주민들은 과거의 속주세뿐만 아니라 시민으로서의 세금까지 납부해야 할 지경에 이르렀다. 이런 견딜 수 없는 슬픔에서 속주민들을 구해 준 사람은 알렉산데르 황제로서, 그는 즉위하면서 속주세를 30분의 1(3.3퍼센트)로 경감시켜 주었다.(6장 190~191쪽)

카라칼라 욕장
카라칼라 황제가 병사들을 휴양시키고 로마 시민들의 인심을 얻기 위해 건조한 욕장으로, 수많은 공동 목욕탕 중에서도 규모가 가장 컸다. 열기욕장, 온탕, 냉탕실 외에 집회장과 오락실, 도서관 등을 갖추었으며, 한번에 1,600명까지 수용할 수 있었다.

속주민이 내는 세금은 인두세와 토지세로서 인두세는 지역마다 달라 이집트에서는 14세부터 60세까지의 남성만 냈고, 시리아에서는 14세부터 65세 사이의 남성과 12세부터 65세 사이의 여성 모두 냈습니다. 토지세는 농지, 목장, 포도밭, 올리브밭 등 농업에 사용되는 토지 가치의 1퍼센트를 내는 세금이었습니다. 카라칼라의 칙령 이후에도 속주민들은 기존의 세금을 그대로 내면서 여기에 로마 시민권을 받은 대가로 상속세까지 내야 했으므로, 로마 시민이라는 자격을 얻는 대신 더 많은 세금을 내는 꼴이 되었습니다.

시민권인지 세금고지서인지...

재산 가치의 1퍼센트를 내는 재산세도 많은 금액이지만, 이런 정규 세금 외에 납세자들을 힘들게 한 것은 수시로 이루어지는 현물 징수였습니다. 식량, 의복, 포도주, 올리브유 등을 기껏 생산해 놓으면 정부에서 강제로 구매했는데, 말이 구매지 실질적으로는 거의 강탈 수준이었습니다. 인플레이션으로 주화의 가치가 현격히 떨어지자, 정부는 주화보다 현물 징수에 더욱 의존하게 되었습니다.

장기적인 내전과 전쟁으로 살기 힘든 상황에서 현물과 현금으로 세금을 내야 하는 데다, 군인들의 약탈 또한 만만찮았습니다. 군인들이 급료와 상여금을 받으면서도 행군하거나 주둔하면서 주변 마을을 약탈하는 일이 빈번했는데, 이 또한 지주와 농민들에게 심각한 타격을 주었습니다. 3세기 초 트라키아 지역의 어떤 마을에서 군인들의 약탈로 인한 피해를 하소연했습니다. 그 마을 주민들의 말에 따르면, 처음에는 자신들의 마을 양편에 군인들이 주둔하게 되자 군인들이 마을을 안전하게 지켜 줄 것으로 생각해 각종 편의 시설을 사용하게 한 것은 물론, 요구하지 않아도 공물을 부지런히 바쳤습니다. 그러나 얼마 안 가서 군인들의 싸움과 폭력으로 마을 사람들이 다치거나 기물이 파손되는 일이 자주 발생했고, 각종 물건을 요구하거나 약탈하는 군인들도 늘어났습니다. 이 마을이 부유하고 군인들에게 잘 대해준다는 소문이 나자, 여러 지역으로 파견되던 군인들이 행군로를 벗어나 그 마을

트라키아족의 고대 전차 묘지 벽화
고대 트라키아인 고분군의 한 무덤에서 발견한 고대 전차 벽화. 트라키아족은 기원전 4,000년경에서 6세기 무렵까지 그리스, 터키, 루마니아, 불가리아 등에 걸쳐 살았다.

에 와서 아무런 대가를 치르지 않고 숙식을 요구하는 일이 빈번히 발생함으로써 급기야 마을이 쇠퇴하기 시작했다는 것입니다.

납세자의 입장에서는 무거운 세금과 현물 징수로 고통을 받았지만, 정작 국가는 내전과 전쟁, 군인들의 과도한 요구로 늘 재정 적자에 시달렸습니다. 급기야 디오클레티아누스 황제는 재산평가를 전면적으로 시행한 후 제국 전역에서 토지세와 인두세 징수를 실시했습니다. 이 조치로 연간 징수액을 알 수 있게 되어 국가 재정을 효율적으로 운영할 수 있었지만, 납세자들의 부담은 더 가속화되었습니다. 게다가 각 도시, 각 속주마다 총액이 정해져 있어서 세금을 피해 도망간 사람의 세금을 남아 있는 다른 사람이 납부해야 했으므로 납세 부담은 더욱 커졌습니다. 결국 카라칼라 황제의 칙령으로 속주민들은 로마 시민들이 내는 세금까지 부담하게 되었고, 디오클레티아누스 황제의 조치로 로마 시민들은 속주민들이 내는 세금까지 내야 했던 것입니다.

과거 지중해를 중심으로 획득한 영토는 부유해서 로마의 재정을 풍부하게 했지만, 브리타니아, 라인 강, 다뉴브 강 일대의 변경 지역은 가난해서 재정에 도움이 되기는커녕 이민족의 침입을 막기 위해 파견한 엄청난 수의 군대 유지비와 행정 관리비만 잡아먹는 애물단지가 되었습니다. 광대한 영토를 유지하는 비용을 마련하기 위해 황제들은 화폐를 평가절하하거나 납세자를 쥐어짜는 단순하고도 편리한 정책만 운영했습니다. 세금에 짓눌린 농민들은 설상가상으로 요새를 공격하는 방법을 모르는 게르만족이 요새화된 도시가 아닌 시골을 공격함에 따라 이민족의 약탈까지 겪어야 했습니다.

단 한 푼의 여유도 없이 살아가고 있는 농민들은 이민족의 침입이나 흉년으로 농사를 망치면 빚을 얻어 생활할 수밖에 없었습니다. 빚과 과도한 세금에 허덕이던 그들은 결국 땅을 채권자에게 넘기거나 세금 폭탄을 피해 스스로 대토지소유자에게 땅을 넘기고 몸을 의탁하는 소작인으로 전락했습니다. 이처럼 로마제국의 쇠퇴기는 재정 적자로 인한 군사력 약화와 세금 증가, 이로 인한 민심 이반이라는, 역사적으로 붕괴되는 제국에서 나타나는 전형적인 모습을 보였습니다.

✛ 군단 보병의 급료

원래 로마 군단병에게 지급되는 정기적인 급료는 없었는데, 군 복무가 시민으로서의 의무였다는 점, 재산 정도에 따라 무장을 했다는 점, 농번기를 피해 여름 몇 달 동안만 전쟁함으로써 전쟁 기간이 길지 않았다는 점 때문이었다. 그러나 기원전 406년부터 10년에 걸쳐 에트루리아의 도시인 베이를 포위 공격했을 때, 전쟁이 겨울에도 지속되자 군인들의 의식주와 전투 장비 비용으로 국고에서 일정 금액을 지급하게 되었다. 제2차 포에니 전쟁 때 군단의 보병은 약 120데나리우스의 연봉을 받았고, 카이사르 때 약 100퍼센트 인상되어 225데나리우스를 받았다. 1세기 후반 도미티아누스 황제가 연봉을 33.3퍼센트 인상하여 300데나리우스를 지급했고, 세베루스 황제가 100퍼센트 올려 600데나리우스를, 카라칼라 황제가 다시 50퍼센트 올려 900데나리우스를, 막시미누스 황제가 100퍼센트 올려 1,800데나리우스를 지급했다. 또 디오클레티아누스 황제는 급료 외에 매년 곡물 구입비로 600데나리우스와 30모디우스(1모디우스=6.75킬로그램)의 곡물을 따로 지급했다. 1월, 5월, 9월에 받는 급료는 군인들이 그동안 사용했던 의식주 비용과 구입한 전투 장비의 비용을 시장가격으로 공제하고 남은 금액이었다.

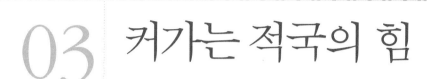

03 커가는 적국의 힘

● ● ● 탐욕스럽게 변한 군대를 개혁하려던 황제들이 암살되면서, 군대는 여전히 무소불위의 권력을 누려 가며 제대로 된 규율과 훈련을 소홀히 했습니다. 군대가 제국을 혼란스러운 무정부 상태로 몰아넣자, 국경 지대에서 호시탐탐 기회를 엿보던 북부와 동부의 이민족들이 쇠퇴하고 있는 제국의 속주들을 과감하게 공격하기 시작했습니다. 처음에는 단지 성가신 정도의 침략이었으나, 갈수록 조직적이고 가공할 만한 공격을 가하면서 제국 영내에 자리 잡게 되었습니다.

북부의 게르만족은 라인 강과 다뉴브 강 부근 게르마니아● 지역에 넓게 퍼져 있던 종족으로, 통일된 하나의 종족이 아니라 무수한 부족으로 이루어져 있어서 한쪽을 격퇴하면 또 다른 쪽이 다시 침

● 게르마니아
로마인들이 게르만족의 거주지를 부르던 이름으로, 유럽 중부, 다뉴브 강 북쪽, 라인강 동쪽에서 비슬라 강까지의 지역을 말한다.

입해 들어왔습니다. 원래는 부족 단위로서 1,000명 정도의 소규모 부대가 움직였으나, 여러 게르만족이 연합하여 적게는 3만 5천 명에서 4만 명, 많게는 10만 명에 달하는 대규모 병력을 형성하기도 했습니다. 동부의 페르시아는 사막이라는 중동의 넓은 지형 조건 덕분에 기병들의 기동성이 뛰어난 데다 조직적인 훈련까지 겸비하여, 로마로서는 상대하기 버거운 적이었습니다. 공화정기에도 중동 지역에서 거의 전멸하다시피 할 정도로 사막은 보병 위주의 로마에게 힘든 전장이었고, 치고 빠지는 작전과 기동력을 우선시하는 적을 추격하기도 어려웠습니다. 로마는 게르만과 페르시아를 어떻게든 물리치고 싶었으나, 국내 문제가 산재해 전쟁에 매진할 수 없는 데다 너무도 강력한 적이다 보니 뜻대로 되지 않았습니다.

로마제국이 부러운 게르만족

독일 전 지역에서 헝가리에 이르기까지 오늘날 유럽 영토의 3분의 1을 차지하고 있는 게르만족은, 로마제국과 라인 강, 다뉴브 강을 경계로 널리 퍼져 있었습니다. 로마는 이 두 강을 잠재적인 국경선으로 생각했으나, 이 강들은 겨울에 매우 단단히 얼어 수많은 병사와 군수품을 싣고 충분히 건널 수 있었으므로 로마제국의 영토를 침입하는 데 문제가 되지 않았습니다. 늪지와 숲으로 둘러싸인 데다 울창한 나무로 인해 하루 중 잠깐을 제외하면

로마군과 이민족의 전투
로마군과 이민족의 싸움을 묘사한 장면을 새긴 부조이다. 이민족의 침입은 게르만족의 대이동으로 절정에 달했다.

햇빛을 볼 수 없었습니다. 그러므로 수확량이 적은 이들에게 로마는 따뜻하고 풍요로운 수확물이 기다리는 기회의 땅이었습니다.

게르만족이 로마 북서부와 북동부에 정착한 지 오래되었음에도 3세기 이전까지 로마에 치명타를 입히지 못한 이유는 그들의 군대가 가진 세 가지의 치명적인 약점 때문이었습니다. 첫째는 철이 풍부한 갈리아와 달리 이들에게는 철이 부족해 우수한 무기를 생산할 수 없었다는 점입니다. 기병은 던지거나 찌르는 용도로 사용하는 투창과 방패 하나로 만족해야 했습니다. 또한 보병은 창, 방패와 화살을 휴대하는 정도의 단출한 무기만으로는 단단한 갑옷을 입고 두껍고 무거운 방패와 투창과 검을 든 로마군을 상대하기 버거웠습니다. 둘째는 로마군만큼 규율과 훈련에 매진하지 않았다는 점입니다.

경무장한 게르만족 전사들은 피로나 전투가 지연되는 것을 참지 못해 아무렇게나 소리를 지르거나 무질서하게 전장으로 돌진하는 경향이 있었다. 이 야만족들은 첫 번째 교전에서 전체 군대가 돌진했으므로, 재결집하는 법이나 후퇴하는 법을 몰랐다. 그들에게 퇴각은 곧 패배였고, 패배는 전체 군대의 파멸로 이어지는 경우가 대부분이었다.(9장 267쪽)

셋째는 게르만족이라는 이름 아래 분파되어 있던 여러 부족들이 서로 연합하려는 노력을 소홀히 했다는 점입니다. 느슨하고 불안정한 연합과 족장들간의 불화는 종종 내분으로 이어졌고, 이것이 힘을 한곳으로 결집하는 데 장애 요인으로 작용했습니다.

그러나 이런 약점은 언제든지 만회할 수 있는 것이었는데, 어떻게 보면 로마가 그 기회를 제공했다고 볼 수도 있습니다. 게르만족을 보조군으로 끌어들여 부족한 병력을 메우려던 로마의 정책은 도리어 게르만족에게 전쟁은 어떻게 하는가를 가르쳐 준 꼴이 되었습니다. 실제로 게르만족이 로마군의 전술을 그대로 차용하

키빌리스의 반란
보조군 보병대장이던 키빌리스는 69년에 게르마니아 전체(오늘날의 스위스, 독일, 폴란드 전 지역)를 장악하려는 꿈을 가지고 보조군 8개 대대를 규합해 반란을 일으켰다. 요새화된 로마군 주둔지까지 파괴할 정도로 로마군의 군사적 기술을 고스란히 배운 그를 진압하는 데 9개 군단이 출동할 정도로 충격이 큰 사건이었다.

여 로마를 공격한 사례인 키빌리스의 반란은 벌거벗은 것이나 다름없던 야만족들이 무기를 개선하고 로마식 규율과 훈련을 도입하면 강력한 로마군과도 맞설 수 있다는 것을 보여 준 사건이었습니다. 게다가 로마의 약탈품과 비옥한 땅이라는 공동의 목표가 있다면 언제든지 서로 규합할 수 있는 종족이었으므로, 로마와의 전쟁이 지속될수록 각지에서 약탈을 노리고 모여든 사람들로 인해 병력이 더욱 늘어나는 경향이 있었습니다. 군사적 역량을 키우면서 로마를 침입할 기회를 호시탐탐 노리고 있던 게르만족에게 3세기 제위 분쟁으로 인한 로마의 정치적 혼란은 더없이 좋은 기회를 제공했습니다.

강력한 프랑크족과 알라마니족

3세기 중후반 로마에 위협을 가한 게르만족 중에서 강력한 부족은 프랑크족, 알라마니족, 고트족 이었습니다. 라인 강 하류에 거주하던 여러 주민들이 프랑크족이라는 이름 아래 하나의 새로운 연합체를 형성한 후 속주의 안전지대라 불리던 라인 강을 넘어 갈리

프랑크족
3세기 서부 게르마니아 지역에 거주한 부족 집단으로서 북부 갈리아와 게르마니아 지역을 약탈하면서 연명했다. 그 중 살리 부족은 358년에 율리아누스 부황제에게 오늘날의 네덜란드와 벨기에 지역에 정착하는 것을 허락받았다.

고트족
스웨덴, 혹은 폴란드가 원래 거주지였던 것으로 추정되며, 2세기 중반 남동쪽으로 이동, 흑해 연안에 거주했다. 3세기 초부터 로마를 공격한 고트족은 동고트와 서고트로 나누어졌고, 전자는 동로마제국에, 후자는 스페인에 정착했으나 8세기 초 이슬람에게 격퇴되었다.

• 피레네 산맥
프랑스와 스페인을 가르는 해
발 430킬로미터의 산이다.

아를 공격했고, 더 나아가 피레네 산맥˚까지 넘었습니다. 라인 강이나 피레네 산맥도 그들에게는 불완전한 방벽에 불과했습니다. 게르만족의 급습을 상상도 하지 못한 스페인의 부유한 수도는 약탈당해 거의 파괴될 지경에 이르렀습니다.

3세기 후반 프랑크족을 포함한 여러 게르만족이 재차 갈리아 지역을 침입하자, 프로부스 황제는 갈리아에 있던 적들을 궤멸시키고 내친 김에 라인 강을 건너 야만족들의 본거지를 치기 시작했습니다. 여러 지역을 약탈하면서 돌아다닌 탓에 지칠 대로 지친 게르만족은 강화를 요청했습니다.

프로부스 황제가 패배한 여러 게르만족에게 강요한 평화 조건은, 게르만족 중 가장 용감하고 가장 강인한 젊은이 16,000명을 로마군에 제공해야 한다는 것이었다. 황제는 이들 위험한 병력을 50~60명의 소규모 부대로 나누어 제국의 모든 속주에 배치했다. 또 현명한 황제는 야만족 포로와 도망자 들에게 땅, 가축, 농기구를 주어 새로운 식민시를 건설하게 함으로써 파괴된 변경 지역을 재건할 유익한 계획을 구상했다.(12장 376쪽)

프로부스 황제의 정책은 넓고 약해진 로마의 전 지역을 로마인만으로 감당할 수 없는 상황에서, 제국을 방어하는 데 이들 이민족들이 제공한 병력을 활용하는 것이었습니다. 또 새로운 지역에 이주한 이민족들이 점차 로마의 풍습과 정서에 동화되어 로마에게 더 이상 위해를 가하지 않게 된다는 장점도 있었습니다. 그러나 원 거주지에 정착해 있던 게르만족들은 경제적으로 어렵거나 병력이 재정비되면 언제든지 로마를 칠 기세였으므로, 프로부스의 해결책은 일시적인 미봉책에 불과했습니다.

갈리아와 스페인으로 간 프랑크족보다 이탈리아 반도를 급습한 알라마니족이 로마에게는 더 위협적인 존재였습니다. 여러 부족들로 구성된 알라마니족은 주로 말을 타고 싸우는 기병대의 군사력이 강했고, 이들이 경보병과 함께 배치될 때는 더욱 막강했습니다. 경보병들은 장거리 행군을 하거나 급습할 때나 혹은 급하게 후퇴할 때, 기병들과 보조를 맞출 수 있을 만큼 훈련이 잘되어 있었습니다. 3세기 중반에 알라마니족이 알프스 산맥을 넘어 이탈리아로 진격해 들어왔지만, 당시 발레리아누스 황제는 동방에, 아들 갈리에누스 황제는 라인 강 유역에 출정 중이어서 이들을 막을 수 있는 건 원로원뿐이었습니다. 남아 있는 병력이라고는 수도를 지키는 근위대뿐인 상황에서 원로원은 근위대의 병력을 확충하여 적에게 맞섰고, 알라마니족은 자신들보다 수적으로 우세한 로마군을 보자 게르마니아 지역으로 후퇴했습니다. 그러나 얼마 후 알라마니족이 재차 침입하자, 그들을 막을 수 없었던 갈리에누스 황제는 국경 지역의 땅을 일부 주는 조건으로 화해했습니다.

화해 후에도 약탈을 노리고 로마 영내를 종종 침입하던 알라마니족은, 270년경에 다시 이탈리아를 침입하여 일대를 유린하기에 이르렀습니다. 당시 아우렐리아누스 황제는 전군을 반원형으로 배치한 후 양끝의 두 부대는 적을 향해 진격하다가 불시에 적의 부대를 돌아 후방에서 포위해 들어가고, 중앙의 부대는 적의 중앙을 향해 총공격하라고 지시했습니다. 작전대로 적을 포위하자 적의 고위 지

아우렐리아누스 방벽
아우렐리아누스 황제는 이민
족의 침입을 막기 위해 273년
에 로마 시 주위에 방벽을 쌓
았다.

휘관이 아우렐리아누스 황제를 알현할 것을 요청했고, 황제에게 화해할 테니 막대한 보상금을 달라고 요구했습니다. 이런 불성실한 야만족을 믿고 용서한다는 것은 위험한 일이라고 생각한 황제는 협상을 거절하면서 적이 전멸할 때까지 싸울 것이라고 했습니다. 그러나 이때 북동부에서 또 다른 적이 침입하여 황제가 급하게 그곳으로 간 사이, 알라마니족은 죽을힘을 다해 탈출하면서 부유한 밀라노 지역을 약탈하기 시작했습니다. 도저히 두고 볼 수 없던 황제는 군대를 재정비하여 북부 이탈리아로 갔습니다. 총 세 차례에 걸쳐 전투가 벌어졌는데, 첫 번째 전투에서는 적들이 교묘하게 숲 속에 숨어 있다가 장기간의 행군으로 지친 로마군을 급습하여 승리를 거두었습니다. 그러나 두 번째 전투에서 전열을 재정비한 로마군이 적의 후위를 공격해 승리했고, 세 번째 전투에서 도주하던 적의 패잔병들을 완전히 궤멸시켜 비로소 이탈리아 반도를 구했습니다.

끈질긴 고트족

로마를 공격하고 약탈하던 게르만족 중 가장 강력하고 큰 피해를 주는 종족은 고트족이었습니다. 둥근 방패와 단검을 자유자재로 사용해 백병전에 강한 고트족은 광대하고 비옥한 우크라이나 지역에 거주했으나, 게으르고 빈곤하여 로마의 풍족한 영토에 항상 군침을

흘리고 있었습니다. 특히 로마의 속주인 다키아 • 평야는 풍성한 수
확물로 뒤덮여 있었지만 속주 자체의 방어력은 약했기 때문에 침입
하면 생명과 재산을 보존해 주는 대가로 막대한 배상금을 받을 수
있는 터라 고트족에게 매력적인 지역이었습니다. 250년에 고트족
이 다뉴브 강을 건너 접근하자, 데키우스 황제는 강행군으로 험준
한 지방을 통과하여 그들을 추격했습니다. 그러나 아직 고트족과
상당한 거리를 두고 있다는 황제의 생각과 달리 인근 지역에 주둔
하고 있던 고트족이 로마군을 급습했고, 황제는 허둥지둥 도망칠
수밖에 없었습니다. 그사이 고트족은 인근 지역을 약탈함과 동시에
10만 명에 달하는 사람들을 학살하는 무자비함을 보였습니다.

　군기를 회복하고 새로이 병력을 보충한 데키우스 황제는 고트족
을 추격, 포위해 나갔습니다. 위기감을 느낀 고트족은 전리품과 포
로를 모두 돌려줄 테니 안전하게 퇴각할 수 있게만 해달라고 간청
했으나, 승리를 확신한 황제가 거절했습니다. 포로로 잡혀 노예가
되기보다는 죽는 게 더 낫다고 생각한 고트족은 마지막이 될지도
모를 항전에 돌입했습니다. 마케도니아 북부에서 벌어진 전투에서
3열 횡대로 정렬한 고트군은 전선 앞쪽에 주력군인 1열과 2열이 서
고, 3열은 늪지대에서 예비 병력으로 대기하고 있었습니다. 격렬한
전투가 벌어지는 동안 고트군의 1열은 무너져 내렸고, 이를 지원하
러 달려온 2열도 같은 운명을 맞았습니다. 유일하게 온전한 상태를
유지하던 3열은 로마군이 늪지대로 오지 못하도록 입구를 봉쇄한
채 지키고 있었습니다. 경솔하게도 로마군은 늪지대를 장악하여 마
지막 남은 적의 병력을 일소하고자 했습니다.

• 다키아
오늘날 루마니아와 몰도바에
해당하는 지역이다.

여기서 그날의 운명이 역전되어 모든 상황이 로마에게 불리하게 돌아갔다. 진흙투성이의 늪지대는 상당히 깊어 서 있던 사람들이 한없이 빨려들어갔고, 애써 빠져나가려던 사람들은 미끄러져 주저앉았다. 물이 깊어 로마군의 갑옷을 적심에 따라 갑옷의 무게는 점점 더 무거워졌다. 이런 불리한 상황에서 로마군은 무거운 투창을 휘두를 수도 없었다. 반대로 야만족들은 늪지에 아주 익숙한 데다 키가 크고 창이 길어서 먼 거리에서도 적을 해치울 수 있었다. 늪지에서 무기력한 전투를 한 후 로마군은 거의 회복할 수 없을 정도로 큰 패배를 경험했고, 황제의 시신조차 찾을 수 없었다. 이것이 50세로 사망한 데키우스 황제의 운명이었다.(10장 287쪽)

데키우스의 뒤를 이은 황제는 고트족에게 갖가지 선물과 보조금을 주면서 평화를 손에 넣었습니다. 그러나 3세기 후반에 고트족은 또 다시 우크라이나 지역에서 내려와서 그리스를 약탈하고, 이탈리아가 눈에 보이는 곳까지 진격했습니다. 갈리에누스 황제가 무장을 하고 나타나자, 위험하고 고생스럽기만 한 지루한 항해와 전쟁에 염증이 난 대다수의 고트족은 편안한 생활을 영위하려 자신들의 정착지로 돌아갔습니다. 물론 평화로운 생활이 지겹고 풍부한 약탈품이 그리우면 언제든지 로마를 다시 공격할 수 있었고, 실제로도 그런 일들이 일어났습니다.

269년에 고트족이 여러 게르만족을 결집해 막강한 군사력을 가지고 우크라이나에서 내려와 그리스를 급습했습니다. 이 공격을 받은 클라우디우스 2세 황제는 적을 강하게 밀어붙여 퇴로마저 차단해

로마 시대의 수도교
로마인들은 800킬로미터가 넘는 곳에서 물을 실어오기 위해 거대한 수로를 건설했다. 완만한 경사를 이용해 물을 실어오게 만든 수도교는 로마의 발달된 문명을 잘 보여 준다. 훗날 고트족들이 침입했을 때 로마로 통하는 수도교들을 모두 끊어 버렸다고 한다.

버렸습니다. 황제의 군대에게 포위된 채 혹독한 겨울을 나는 동안 굶주림, 전염병, 탈영, 살육으로 고트족의 수는 계속 감소하여, 봄이 되었지만 로마군에게 대항하려는 사람은 극소수에 불과했습니다. 그러나 클라우디우스 2세 황제가 병사하자, 약해진 고트족의 사기가 되살아났습니다. 우크라이나의 정착지를 포기하고 다뉴브 강을 건너온 새로운 고트족 무리가 이동할 때마다 동족들과 계속 합류해 병력이 더욱 증대되었습니다. 고트족과의 전쟁에서 이익 없이 병력만 소진할 것이라 판단한 아우렐리아누스 황제는 로마군에 2,000명 정도의 기병을 제공하는 대가로 고트족에게 다키아 속주를 내주는 강화조약을 체결했습니다. 돈이나 땅으로 평화를 산 전례가 많았으므로 새삼스러운 일도 아니었습니다.

　기동력을 갖춘 게르만족은 산악 지역, 숲, 늪지에 살았으므로 누구보다 지형을 잘 이용할 줄 알았습니다. 데키우스 황제가 사망한 것에서 알 수 있듯이 이런 지형들은 로마군에게 익숙하지 않아, 지형을 이용해 매복할 경우 로마군은 속수무책으로 당할 수밖에 없었습니다. 게다가 이들은 로마라는 단 하나의 적을 상대하면 되지만, 로마는 수시로 침입하는 여러 게르만족들을 모두 상대해야 되므로 불리한 쪽은 로마였습니다. 로마가 막강하고 뛰어난 황제의 지휘 아래 일사불란하게 움직일 때는 어떠한 적이라도 감당할 수 있었으나, 군인들의 제위 개입과 황제의 빈번한 교체로 정치가 혼란스러울 때는 광대한 영토를 지키기가 여간 힘든 일이 아니었습니다.

페르시아, 로마제국의 두려운 적

오늘날의 요르단, 이라크, 이란 전역을 포함하고 있던 사산조 페르시아224~651는 인구가 4,000만 명에 달하는 거대한 제국이었습니다. 대부분 사막 지역이라 해안에는 항구가 부족했고 내륙에는 물이 부족해서 무역과 농업에 매우 불리했지만, 워낙 광활한 땅을 장악하고 있던 덕분에 각 지역간의 교역과 공물로 로마만큼 부유한 지역이었습니다. 인도의 물건이 로마 시까지 전달되는 데 중간 역할을 했을 정도로 페르시아는 로마에게 중요한 국가였습니다.

로마와 같은 전쟁술이 동방에서는 거의 발달하지 않았다고 할 정도로 페르시아의 군사력은 형편없었습니다.

페르시아인은 다양한 무리를 조화롭고 활기차게 해주는 조직적인 대형 전개 방식을 몰랐고, 요새를 축조하거나 포위, 방어하는 기술도 없었다. 그들은 훈련보다는 용맹함에, 용맹함보다는 수적 우세에 의존했다. 가볍게 무장한 보병은 군인 정신으로 무장되지 않은 일개의 농민 무리에 불과했고, 약탈품을 탐내어 급하게 징집된 병력이었으며, 패배했을 때는 물론이고 승리했을 때도 쉽게 흩어질 만큼 결속력이라고는 찾아볼 수 없는 무리였다.(8장 243쪽)

그러나 페르시아는 로마군 포로나 도망자, 그리고 로마와의 전쟁 자체를 통해 요새 공격술˚을 배워 로마를 능가할 정도의 전술로 로마의 요새를 장악했습니다. 또 로마를 통해 훈련의 중요성을 절감한 페르시아는 규율을 확립하고 끊임없이 훈련에 매진한 결과, 잡다한 오합지졸의 무리에서 점점 강력한 정예부대의 모습으로 변모해갔습니다.

페르시아에서 가장 강력한 부대는 사막을 빠른 시간 안에 주파할 정도로 기동력이 뛰어난 중장기병들이었습니다. 활쏘기와 말타기를 잘하는 것으로 유명한 페르시아인답게, 페르시아 귀족들은 일곱 살이 되면 활 쏘는 법과 말 타는 법, 말을 타면서 활 쏘는 법을 배웠습니다. 특히 기량이 뛰어난 젊은이들은 왕의 감독 아래 궁전 바로 앞에서 교육받았고, 길고 힘든 사냥을 통해 인내심과 복종심을 습득하도록 엄격하게 훈련받았습니다. 이렇게 훈련된 귀족들은 눈을 제외한 모든 신체를 갑옷으로 감싸고 심지어 말에게도 갑옷을 입히는 바람에 로마인들이 아무리 화살을 쏘고 창을 던져 보았자 상처 하나 입지 않는 경우가 많았습니다. 중장기병뿐 아니라 가볍게 무장한 채 말을 타고 활을 쏘는 기마 궁수 역시 맹렬한 공격력과 신속한 행동력을 갖추고 있어서 쇠퇴해 가는 로마제국의 동방 속주들을 끊임없이 위협했습니다.

기원전 1세기경부터 중동 지역을 장악하면서 로마제국의 강력한 경쟁자로 존재하던 파르티아제국˚을 224년경에 무너뜨리고 사산조 페르시아를 건국한 사람은 아르다시르 1세 왕이었습니다. 아르다시르 1세의 출생에 관해서는 하층민의 아내가 일반 병사와 눈이 맞아 태어난 사생아라는 설에서부터 고대 페르시아 왕가의 후손이라는 소문까지 다양했습니다. 어느 말이 맞는지는 알 수 없으나, 그가 파르티아의 마지막 왕가에서 군대에 복무하면서 높은 명성을 얻

˚ **파르티아제국**
기원전 248년에 이란 북동부 지역에서 발흥한 국가로서, 전성기인 기원전 60년대에 아르메니아, 동부 터키, 동부 시리아, 이라크, 쿠웨이트, 페르시아만, 이란, 아프가니스탄을 포함하는 광대한 제국을 형성했다. 224년경 사산조 페르시아에 멸망할 때까지 로마의 오랜 적이었다.

아르다시르 1세(재위 224~241)
사산왕조를 세운 창시자로, 많은 도시를 건설하였다.

은 것은 사실입니다. 아르다시르 1세 왕은 왕가의 후손이라는 출생의 특권과 유프라테스 강 동쪽을 장악한 군사적 성공 덕택에 페르시아의 왕관을 쓰게 되자마자, 자신의 첫 번째 임무가 고대 페르시아 왕국의 영토와 영광을 회복하는 일이라고 생각했습니다. 그런 생각에서 왕은 로마제국에 사절단을 보내 과거 자신들이 대대로 차지해 온 아시아 지역을 페르시아에 양토하라고 명했습니다.

페르시아의 오만한 명령에 불쾌해진 로마의 알렉산데르 황제는 대군을 이끌고 페르시아를 침입했습니다.

로마는 세 부분으로 군대를 나누어 다른 경로로 동시에 페르시아를 공격할 계획이었다. 그러나 이 야심찬 계획은 제대로 수행되지도, 성공하지도 못했다. 첫 번째 부대가 바빌론˚의 넓은 습지로 들어가자마자 더 많은 수의 적군에게 포위당해 화살 세례를 받고 패배했다. 두 번째 부대는 페르시아의 기병이 쉽게 공격할 수 없도록 긴 산악 지역을 택한 덕분에 적의 심장부까지 진군해 인근 지역을 약탈했고, 아르다시르 1세의 군대를 상대로 몇 차례 성공을 거두었다. 그러나 이 승리한 군대가 경솔했는지 아니면 운이 없었는지는 몰라도, 퇴각할 때 산악을 돌아 나오면서 험한 도로와 겨울철 살을 에는 듯한 추위로 대다수의 군인들이 사망했다. 알렉산데르 황

제가 이끈 세 번째 주력 부대는 메소포타미아˚에서 하는 일 없이 여름을 보낸 후 질병으로 병력이 크게 줄어든 상태에서 안티오크˚로 퇴각했다.(8장 241–242쪽)

˚ 바빌론
티그리스 강과 유프라테스 강 사이에 있는 비옥한 평야 지대로서, 오늘날 이라크의 알 힐라 지역이다.

˚ 메소포타미아
티그리스 강과 유프라테스 강 사이의 지역으로, 오늘날의 이라크와 이란 남서부 지역에 해당된다.

˚ 안티오크
로마 시대 시리아 속주에 있던 도시였으며, 오늘날 터키에 속해 있는 지역이다.

바위에 새겨진 아르다시르 1세의 서임식 장면

로마군이 돌아간 후 아르다시르 1세는 경험 많은 로마군과 벌인 몇 번의 힘겨운 전투에서 많은 병력을 잃으면서 메소포타미아의 작은 속주 하나조차 장악하지 못했습니다. 241년에 아르다시르 1세가 사망하자, 그의 새로운 왕국과 로마 정복 계획은 아들인 샤푸르 1세의 몫이 되었습니다.

최초로 적에게 생포된 발레리아누스 황제

페르시아의 새 군주가 된 샤푸르 1세는 막강한 군대를 진두지휘하여 아르메니아를 속국으로 만들었을 뿐 아니라, 유프라테스 강 양안 지대를 유린했습니다. 아르메니아라는 중요하고도 충실한 동맹국을 잃은 로마의 발레리아누스 황제는 위기감과 모욕감을 느꼈고, 유프라테스 강을 방어하기 위해 고령에도 불구하고 몸소 행군에 나서야겠다고 결심했습니다. 260년에 황제는 유프라테스 강을 건너 에데사 부근에서 페르시아의 샤푸르 1세와 충돌했지만 패함으로써 황제 자신이 포로로 잡히는 수모를 겪었습니다.

훨씬 더 많은 병력으로 로마군을 포위하고 있던 샤푸르 1세는 로마군 주둔지 안에 기근과 전염병이 맹위를 떨칠 때까지 끈기 있게 기다리기만 하면 승리는 자신의 것이라고 생각했다. 로마군은 불명예스럽긴 하지만, 막대한 양의 금을 줄 테니 퇴각할 수 있게만 해달라고 요청했다. 그러나 전세가 우세함을 확신한 샤푸르 1세는 오만한 태도

• 샤푸르 1세(재위 241~272)
사산조 페르시아의 2대 황제.
메소포타미아에서 로마 세력
을 몰아내고 아르메니아를 정
복하였다.

• 아르메니아
서쪽으로 터키와 국경을 맞대
고 있는 아르메니아는 기원전
1세기 전성기였을 때 터키 동
부, 시리아 북부, 아제르바이
잔을 합친 거대한 제국을 형성
했다.

• 에데사
북부 메소포타미아, 터키 남부
에 위치한 도시이다.

에데사 전투에서 포로가 된
발레리아누스
사산조 페르시아의 샤푸르 1
세는 로마의 발레리아누스 황
제를 사로잡은 것을 기념하여
이 전승도를 낙쉐 로스탐의 암
벽에 조각했다.

로 로마군의 요청을 거절하면서 포로가 된 황제를 보여주었고, 황제를 보자 겁에 질린 로마군은 항복했다.(10장 308-309쪽)

이 전쟁에서 로마군은 15만 명을 잃었고, 그중 발레리아누스 황제와 로마군 6만 명이 포로로 잡히는 신세가 되었습니다.

포로가 된 발레리아누스 황제는 조국을 배신하는 행위를 자행하며 주인의 환심을 사기 위해 애썼습니다. 샤푸르 1세는 그의 안내로 유프라테스 강을 건넌 다음 신속하게 이동해 안티오크를 기습적으로 점령, 주민들을 대량 학살하거나 포로로 끌고 갔습니다. 왕의 군대가 계속 북진하던 중간에 타우루스 산 의 좁은 통로를 만났습니다. 기병대를 주력군으로 하는 페르시아군은 사막의 넓은 지형을 빠르게 이동하는 것이 주특기였으므로, 좁은 산악 지형에서는 자유자재로 움직일 수 없어 불리한 전투를 할 수밖에 없었습니다. 그런데도 산악 지역 주변의 도시 주민들은 이런 지형적 이점을 전혀 살리지 못하고 무방비 상태로 적을 맞아 점령당했습니다.

불쌍한 운명의 발레리아누스 황제는 황제의 자주색 의복을 입은 채 사슬에 묶여 군중 앞에 세워진 데다, 샤푸르 1세가 말에 올라탈 때면 황제의 등을 발판으로 삼았다는 기록도 전해집니다. 또 발레리아누스 황제의 사망에 대해, 수치심과 비통함을 견디다 못해 사망했다거나 로마에 대한 응징으로서 처형당했다는 등 여러 가지 설이 제기됩니다. 샤푸르 1세가 시체 속을 짚으로 채워 넣어 인간의 모습과 흡사하게 만든 후 페르시아의 가장 유명한 신전에 오랫동안 보존했다고도 합니다. 샤푸르 1세가 최소한 같은 군주로서 그처럼

자, 안내하시게나.

● 타우루스 산
남부 터키에 있으며, 해발 3,000~3,700미터에 이르는 산이다.

공개적으로 군주의 위엄을 손상시키는 일을 했을 리 없다는 추론에서 교훈적이고 감상적인 이 이야기들의 신빙성에 의문이 제기되기도 합니다.

로마는 에데사 전투에서의 패배를 설욕하고 싶었으나, 북부와 북동부에 널리 퍼져 있던 게르만족의 공격으로 이마저도 여의치 않았습니다. 일부 게르만족을 격퇴시킨 카루스 황제는 283년에 승리와 명성을 꿈꾸면서, 고령에다 한겨울인데도 불구하고 동방으로 진군했습니다.

발레리아누스의 등을 딛고 말에 오르는 샤푸르 1세

당시 페르시아는 파벌 싸움으로 혼란에 빠져 있었고, 대부분의 병력이 인도와의 전쟁으로 동쪽의 국경 지대에 있어서 로마에 더없이 유리한 상황이었습니다. 그런데 카루스 황제가 갑자기 사망하는 바람에 로마는 호기를 제대로 활용하지 못했습니다.

3세기 로마의 정치적 혼돈은 페르시아라는 강력한 적을 상대하기 어렵게 만들었고, 페르시아 역시 게르만족에게 시달리는 로마처럼 동쪽의 유목민들과 힘겨운 전쟁을 하고 있는 상황이었습니다. 결국 로마와 페르시아는 유리한 전쟁이 된다는 확신이 서지 않는다면 상호 간의 영토를 어느 정도 보존해 주는 선에서 서로를 인정했습니다.

검투사 경기에 빠진 로마인

오늘날의 격투기만큼이나 재미있었다는 검투사 경기는 죽은 자의 영광을 기리기 위해 자식들이 장례식 마지막 날 벌인 행사에서 유래했습니다. 처음에는 세 쌍의 검투사로 시작했지만, 점차 인기가 더해지고 초기의 목조 경기장에서 발전해 수용 인원이 5만 명인 콜로세움이라는 석조 경기장이 세워지면서 1만 명에 가까운 검투사들이 동원되었습니다. 오늘날의 시각에서 보면 야만, 잔혹, 인명 경시와 같은 단어들을 떠올릴 수도 있겠지만, 당시에는 원형 경기장에서 벌어지는 피비린내나는 볼거리가 공적인 오락이었을 뿐 아니라 범죄자, 반란자, 전쟁포로를 죽임으로써 로마의 지배를 거부하는 사람들에게 보이는 응징의 효과도 있었습니다.

검투사 경기가 개최되는 날이 다가오면 각 지역의 벽에는 경기를 알리는 광고들이 나붙었습니다. 광고를 보고 원형 경기장에 들어서면, 오전에는 야생 동물들끼리의 싸움과 야생 동물을 사냥하는 모습이 연출되었습니다. 점심 때는 범죄자들과 도망친 노예들이 처형되었는데, 점심 식사와 휴식을 위해 구경꾼들이 자리를 가장 많이 비우는 시간이 이때였습니다. 처형 중간 중간, 혹은 처형 후에 익살스러운 극이나 가벼운 경기가 벌어졌습니다. 볼거리의 정점은 오후에 열리는 검투사 경기였으므로, 좌석을 이탈한 구경꾼들이 다시 돌아오는 것도 이때였습니다.

검투사 경기가 얼마나 재미있었는가 하는 것은 신학자인 아우구스티누스의 글에서 장래성 있는 제자가 검투사 경기에 매료되는 과정을 보면 알 수 있습니다.

"어느 날 검투사 경기를 혐오하는 나의 제자가 점심을 먹고 돌아오는 길에 친구와 동료 학생들을 우연히 만났을 때, 그들은 그에게 검투사 경기를 보러 같이 가자고 했다. 제자는 처음부터 거절했지만, 동료의 부탁에 어쩔 수 없이 경기장으로 갔다. 무료인 좌석을 차지하고 앉은 그들의 눈에 경기에 열광하는 사람들이 들어왔다. 제자는 눈을 꼭 감고 정신을 놓지 않으려고, 나쁜 것을 보지 않으려고 애를 썼다. 그가 귀만 막았다면 얼마나 좋았을까? 싸움하는 동안 이런

영화 〈글래디에이터〉에 나오는 검투 장면

저런 전환점이 있었고, 군중들의 거대한 외침에 깜짝 놀란 그는 어떤 유혹도 극복할 준비가 되어 있다고 자신하면서 오만함으로 가득 찬 눈을 떴다. 피를 봄과 동시에 비인간성으로 깊이 끌려 들어간 그는 고개를 돌리지 않고 계속 경기를 보았고, 깨닫지도 못한 채 야만적인 격정을 한껏 즐겼다. 그의 눈은 지독한 싸움을 기뻐하고 있었고, 그 스스로 피비린내나는 음탕함에 취해 버렸다. 이미 원형 경기장에 들어설 때와 달라진 그는 처음 자신을 원형 경기장으로 데려간 사람들보다 더 열성적으로 다른 사람들을 데려갈 정도였다."

한 사람의 영혼을 매료시킬 정도로 흥미로웠던 검투사 경기는 4세기 후반에 그리스도교가 국교로 공인되면서 쇠퇴하기 시작했습니다. 교회에서 검투사와 검투사 경기에 관련된 사람들은 세례를 받는 데 부적절하다고 규정하자, 구경하러 가는 것조차 꺼리게 되었습니다. 대중들이 검투사 경기를 외면하고 유죄판결을 받은 자들이 검투사 학교보다 광산으로 보내져 새로운 검투사들이 유입되지 못하자, 검투사 학교들은 문을 닫게 되었습니다. 그래도 아주 적은 규모나마 간간히 열리던 검투사 경기는 7세기 후반에 공식적으로 폐지되었습니다.

로마인들이 모든 것을 얻었으되 그것을 지키려는 노력을 게을리한 결과는 야만족이라 경멸하던 게르만족에게 제국의 절반을 넘겨준 것이었습니다. 약소국이 영원히 약소국으로 남는 것은 아니라는 흥미로운 교훈을 남겼습니다. 광대한 영토를 다스리기 위해 여러 명의 황제를 두다 급기야 동서로마제국으로 분열되는 과정, 동서로마제국의 다른 여정, 로마제국의 후예를 자처하며 서유럽에 국가를 건설한 프랑크족 등 서로마제국의 몰락과 중세 유럽 사회의 형성 과정에 대해서 《로마제국 쇠망사》의 13~39장을 중심으로 풀어 나가고자 합니다.

3부

로마제국의 분열
[4~6세기]

영원한 약소국은 없다

　광범위한 땅과 아무도 저항할 수 없는 막강한 군사력을 믿은 로마인은, 게르만족처럼 야만적인 상태에 있는 변경 지역의 나라들을 무시하거나 거의 잊어 버렸습니다. 점차 자신들의 제국이 곧 전 세계이자 문명화된 세계의 전부라고 생각하기 시작한 로마인들은, 주변에 있는 부유한 나라의 약탈품에 매료되어 전쟁을 서슴지 않던 과거를 망각했습니다. 로마인들이 모든 것을 얻었으되 그것을 지키려는 노력을 게을리한 결과는 야만족이라 경멸하던 게르만족에게 제국의 절반을 넘겨 준 것이었습니다. 약소국이 영원히 약소국으로 남는 것은 아니라는 흥미로운 교훈을 남겼습니다.

　로마제국과 게르만족의 운명을 갈라놓은 것은 안주와 끈기였습니다. 로마인들이 당시의 상황을 그대로 수용한 반면, 게르만족은 단 한 번의 공격에도 포기하지 않고 인내를 가지고 끊임없이 로마를 괴롭혔습니다. 5세기의 로마인들에게 제위 분쟁이야 1세기부터 있던 일이었으니 으레 그러려니 해졌고, 전쟁에서 황제가 전사하거나 포로로 잡히는 사례도 있었으니 적의 침입이 새삼스러운 일도 아니었습니다. 토지의 황폐화와 재정 궁핍, 인구 감소 역시 전쟁이 끊이지 않는 상황이었기에 만성적인 문제로 치부할 수 있었습니다. 우려의 목소리는 있었으나 사회의 전반적인 모습들이 모두 오랫동안 지속되어 오던 현상들이었으므로, 어느 누구도 서로마제국의 몰락까지 이어질 것이라고는 확신하지 않았습니다. 물론 문제를 해결하려는 노력도 있었고 그런 노력 자체를 높이 평가할 수도 있겠지만, 워낙 만성적인 문제들이 많은 탓에 무너지는 집에 기둥 하나 세우는 식으로 잠시 쇠퇴를 늦춘 것뿐이었습니다.

그러나 게르만족은, 잠을 못 이룰 정도로 성가셔서 정신을 차리고 잡으려 하면 숨었다가 '이제 괜찮겠지' 하면서 자려고 하면 다시 달려드는 귀찮은 모기와 같았습니다. 로마가 군사력을 정비해서 공격을 잘 막아내면 물러섰다가, 내부의 혼란으로 허약해지면 다시 공격하는 끈기를 보였습니다. 또 워낙 광범위한 지역에 분포되어 있다 보니 이쪽을 막으면 허약한 저쪽을, 저쪽을 막으면 방심하고 있는 이쪽을 공격하는 식이었습니다. 게다가 게르만족은 공격만 하는 것이 아니라 로마가 필요로 하는 군인을 제공해 주는 대가로 땅과 돈을 얻는 협상력도 갖추고 있었기에 로마제국의 국경 지역에서부터 서서히 안으로 들어오게 되었습니다.

번영과 평화라는 말이 먼 옛날의 일처럼 여겨지는 혼란한 상황 속에서 서로마제국의 땅에는 게르만족이 넘쳐나게 되었습니다. 그러나 로마인들이 야만족이라 경멸하던 게르만족이 차지한 서로마제국의 땅은 미개한 사회로 돌아가지 않았고, 법, 언어, 건축, 예술 등에서 로마인들이 뿌린 씨앗이 게르만족 사회에 그대로 녹아들어 유럽의 중세 문화를 만들었습니다. 광대한 영토를 다스리기 위해 여러 명의 황제를 두다가 급기야 동서로마제국으로 분열되는 과정, 동서로마제국의 서로 다른 여정, 로마제국의 후예를 자처하며 서유럽에 국가를 건설한 프랑크족 등 서로마제국의 몰락과 중세 유럽 사회의 형성 과정에 대해서 《로마제국 쇠망사》의 13~39장을 중심으로 풀어 나가고자 합니다.

01 동서로 나뉜 로마제국

● ● ● 평화와 번영기에는 광대한 영토가 로마제국의 강력함과 막대한 부를 상징하는 징표였지만, 정치적 혼란과 재정 악화가 계속된 시기에는 감당할 수 없는 짐이었습니다. 물론 번영기에도 적의 공격이 없던 것은 아니지만, 그때는 그나마 산발적으로 일어났기 때문에 위험이 발생하면 평화로운 지역의 군대를 끌어와서 막을 수 있었습니다. 그러나 갈수록 공격의 강도나 빈도가 강해져 위험이 닥쳐도 군대를 끌어올 만한 평화로운 지역이 없었으므로, 한정된 수의 군인들로 광활한 영토를 모두 지켜내기에는 역부족이었습니다. 제위 분쟁이라도 없으면 일치단결해서 적의 공격을 막을 수 있겠지만 그렇지도 않은 상황이었기에 황제들은 제위 경쟁자를 막으랴 적군을 신경 쓰랴 정신이 없었습니다.

로마가 광대한 영토를 포기하지 않으면서 문제를 해결할 방법으로 선택한 것은 '쪼개기'였습니다. 황제 한 사람이 반역자와 적들 모두에 적절히 대처하기는 어려우므로, 여러 명의 황제를 두어 각각 관할 지역을 나누면 훨씬 더 즉각적으로 상황에 대처할 수 있으리라는 것이었습니다. 당연히 이런 쪼개기는 황제들이 서로의 지위를 인정하면서 각자의 영역을 지켜 주어야 한다는 전제가 깔려 있었습니다. 그 전제 조건을 무시하면, 하나의 황제직을 얻기 위해 여러 명의 찬탈자가 나오던 상황이 여러 개의 황제직을 차지하기 위해 더 많은 수의 찬탈자가 나오는 더 나쁜 상황으로 바뀔 수도 있었습니다. 불행하게도 쪼개기는 더 나쁜 상황을 초래했고, 그런 혼란을 틈타 적의 침입은 더욱 격화되었습니다.

우리 로마를 위해 잘해 봅시다.

사등분하여 통치하기

비천한 출신에서 군인들에 의해 황제로 추대된 디오클레티아누스 황제는, 넓은 제국이 사방에서 야만족들의 맹공을 겪고 있는 상황에서 황제 한 사람이 모든 문제를 해결하기는 불가능하다고 생각했습니다.

한 사람의 능력만으로 국가를 방어하기 어렵다고 확신한 디오클레티아누스 황제

사분 통치제의 네 황제, 테트라르크
제국을 사등분하여 통치한 2명의 황제와 2명의 부황제를 나타낸 조각상이다. 이탈리아 베네치아의 산 마르코 성당과 두칼레 궁정 사이에 있다.

는 네 명의 군주가 공동으로 통치하는 것을 일시적인 방편이 아니라 체제의 기본법으로 만들었다. 우위에 있는 두 명의 황제가 '아우구스투스'라는 칭호로 왕관을 사용하는 특별한 권위를 가지고, 이 황제들이 성품이나 타인의 평가 면에서 뛰어난 두 명에게 '카이사르'라는 칭호를 주어 하위 동료인 그들과 정규적으로 소통하며, 부황제들이 황제를 뒤이어 제위에 오르도록 해서 제위가 중단되는 일 없이 이어지도록 하는 것이 디오클레티아누스 황제의 의도였다. 제국은 사등분되었다. 동부와 이탈리아는 가장 명예로운 지역이고, 다뉴브 강과 라인 강 지역은 가장 신경을 써야 하는 지역이므로 전자는 황제가, 후자는 부황제가 담당했다. 이들 네 명의 군주들이 모두 군대를 보유하기 때문에, 야망을 가진 군사령관은 자신의 야심을 이루기 위해 네 명의 강력한 경쟁자들을 연이어 물리쳐야 한다는 절망감에 빠질 것이었다. 행정 부분에서 네 명의 군주들이 통합된 힘을 행사하므로, 그들의 이름으로 서명한 칙령들은 모든 속주에 일괄적으로 적용되었다. (13장 431 - 432쪽)

디오클레티아누스 황제의 의도에 따라 친구이자 동료 군인인 막시미아누스는 공동 황제가 되었으며, 능력 있는 갈레리우스와 콘스탄티우스 1세는 부황제이면서 각 황제들의 양자가 되어 황제에게 문제가 생기면 부황제가 자연스럽게 계승한다는 원칙이 세워졌습니다. 또 영토 자체를 분할하여 디오클레티아누스 황제는 이집트와 아시아를, 막시미아누스 황제는 이탈리아와 아프리카를, 갈레리우스 부황제는 다뉴브 강 지역을, 콘스탄티우스 1세 부황제는 브리타니아를 맡았습니다.

막시미아누스(재위 286~305) 디오클레티아누스 황제의 전우로서 사분 통치에 의해 이탈리아를 비롯한 4개 지방을 지배했다.

사분 통치를 확립한 디오클레티아누스 황제의 예상대로라면 영토를 사등분했으니 적의 침입에 즉각 대응할 수 있고, 부황제가 자연스럽게 황제를 계승하므로 제위 분쟁이 발생할 여지가 전혀 없게 됩니다. 디오클레티아누스와 막시미아누스 황제는 예정된 수순을 따르기 위해 로마 역사상 처음으로 제위에서 은퇴하고, 부황제들을 황제로 옹립했습니다. 황제가 된 서방의 콘스탄티우스 1세와 동방의 갈레리우스는 각각 플라비우스 세베루스 와 막시미누스 다이아 를 부황제로 삼았습니다.

디오클레티아누스 황제의 예상처럼 제위 분쟁이 발생하지 않으려면 황제나 부황제가 질투심이나 야심이 없어야 하고 서로의 지위를 인정해 주는 것은 물론 다른 사람, 특히 그들과 혈연관계에 있는 자들이 수긍해야 합니다. 그러나 디오클레티아누스 황제의 강요로 마지못해 은퇴한 막시미아누스가 제위에 계속 욕심을 가졌고, 그런 그에게뿐만 아니라 콘스탄티우스 1세에게도 장성한 아들이 있다는 것이 문제였습니다.

306년에 콘스탄티우스 1세 황제가 사망한 후 그의 아들인 콘스탄티누스 1세가 제위 계승권을 주장하자 동방의 황제인 갈레리우스는 분노했으나, 책략이 뛰어난 그를 상대로 전쟁에서 승리할 가능성은 희박했습니다. 어쩔 수 없이 콘스탄티누스 1세를 부황제로 삼고 플라비우스 세베루스를 황제로 승격시켜 주었으나, 이번에는 전임 황제인 막시미아누스와 그의 아들인 막센티우스재위 306~312가 들고 일어났습니다. 플라비우스 세베루스를 공격하여 승리한 그들 부자가 스스로 황제라 칭하고 콘스탄티누스 1세가 황제로 승격되

콘스탄티우스 1세(재위 305~306)
사분 통치 때 서부의 부황제가 되었으며, 갈리아, 브리타니아 일대를 지배하면서 각지의 도시를 재건했다.

*플라비우스 세베루스(재위 306~307)
동로마의 황제 갈레리우스에 의해 제위에 올랐으나, 반란을 일으킨 막센티우스에게 살해되었다.

*막시미누스 다이아(재위 311~313)
갈레리우스에 의해 부황제가 된 후 시리아·이집트·소아시아 남부를 지배했으며, 스스로 황제가 되었으나 추출룸 전투에서 패해 사망했다.

자, 갈레리우스는 친구인 리키니우스 를 황제로 임명했습니다. 그러자 부황제인 막시미누스 다이아도 스스로 황제라 칭했습니다. 이로써 서방에는 콘스탄티누스 1세, 막시미아누스와 막센티우스, 그리고 동방에는 갈레리우스, 리키니우스, 막시미누스 다이아까지 총 6명의 황제가 난무하는 상황이 되었습니다.

6명의 황제 중 가장 먼저 제위에서 탈락한 사람은 아들과 불화를 겪은 막시미아누스였습니다. 막시미아누스는 간섭을 싫어하던 막센티우스를 응징하기 위해 근위대를 부추겼으나, 오히려 근위대가 막센티우스를 지지하자 사위이면서 동맹자인 콘스탄티누스 1세의 궁정으로 피했습니다. 마침 콘스탄티누스 1세 황제가 프랑크족의 침입으로 라인 강 지역에 가 있는 틈을 타서 막시미아누스가 이탈리아를 장악하려 하자, 콘스탄티누스 1세 황제는 그를 공격하여 패배시켰습니다.

막시미아누스가 자살하고 갈레리우스가 지병으로 사망하자, 황제의 수는 갈리아와 브리타니아를 장악한 콘스탄티누스 1세 황제, 이탈리아와 아프리카를 장악한 막센티우스 황제, 아시아 지역의 막시미누스 다이아 황제, 다뉴브 강 지역을 장악한 리키니우스 황제의 4명으로 줄어들었습니다. 콘스탄티누스 1세와 리키니우스가 동맹을 맺고 각각 막센티우스와 막시미누스 다이아를 패배시키고 난 후, 콘스탄티누스 1세가 리키니우스에게 승리를 거두면서 내전의 최종 승자가 되었습니다.

콘스탄티누스 1세 황제
가 승리를 거둠으로써 디오
클레티아누스 황제가 동료
인 막시미아누스 황제에게
권력과 속주를 나누어 준
뒤로 37년 만에 로마 세계
는 단 한 명의 황제의 권위

〈밀비아 다리의 전투 〉
콘스탄티누스 1세는 312년에
밀비아 다리 위에서 막센티우
스를 격파했다. 라파엘로, 1520
~24, 바티칸 폰티피치 궁.

아래 다시 통합되었다……. 그동안 제국은 다섯 번의 내전으로 고통을 당
했고, 그 외의 기간도 평온한 상태가 아니라 몇몇 적대적인 황제들간에 전
쟁이 잠시 중단된 상태일 뿐이었다. 황제들은 서로를 적대시하고 두려워하
면서 대중을 희생시켜서라도 자신의 권력을 확대하고자 노력했다.(14장
443, 494쪽)

디오클레티아누스 황제는 자신을 노예에 대한 소유주의 전제적
인 권한을 상징하는 호칭인 도미누스, 즉 주인으로 부르게 하고, 신
하들에게 페르시아에서처럼 지위고하를 막론하고 바닥에 엎드려
복종을 표시하게 하는 등 황제권을 강화시키려고 노력했습니다. 그
러나 제위에 대한 욕심 앞에서 그런 의식은 무용지물에 불과했습니
다. 그가 은퇴한 후 사두정은 붕괴되었고, 콘스탄티누스 1세 황제
의 일인지배체제로 복귀되었습니다. 그러나 콘스탄티누스 1세 황
제의 사후에 그의 아들들과 조카들이 제위를 탐냄에 따라 일인지배
체제 역시 한시적인 것에 불과했고, 제국은 또다시 내전의 소용돌
이로 빠져들었습니다.

서로를 인정하지 않는 황제들

337년에 콘스탄티누스 1세 황제가 사망하자 그의 장남인 콘스탄 티누스 2세 황제는 새로 옮긴 수도 콘스탄티노플을, 차남인 콘스탄 티우스 2세 황제는 동방을, 삼남인 콘스탄스 1세 황제는 이탈리아 와 아프리카, 마케도니아, 그리스를 통치하게 되었습니다. 그러나 이들이 서로의 존재나 몫을 인정하지 않았다는 데서 문제가 발생했 습니다. 제국을 삼등분하여 통치하기 시작한 지 3년도 채 되지 않 아 콘스탄티누스 2세 황제가 자신의 몫이 부족하다고 주장하면서 콘스탄스 1세 황제의 영토로 쳐들어갔습니다. 콘스탄스 1세 황제 는 형과의 전투에서 승리함으로써 제국의 3분의 2가 넘는 영토를 차지해 10년 동안 통치했지만, 결국은 내부의 찬탈자에게 살해되 었습니다. 동생을 죽음으로 몰고 간 찬탈자들을 모두 척결하고 전 제국을 장악한 콘스탄티우스 2세 황제는 사촌동생인 갈루스를 부 황제로 선포했습니다. 그러나 그는 반역 음모를 꾸몄다는 이유로 갈루스를 처형했고, 유일하게 남은 혈족이자 갈루스의 동생인 율리 아누스를 부황제로 선포했습니다.

율리아누스는 밀라노에서 부황제로 임명된 직후 약탈을 일삼는

콘스탄티누스 1세의 세 아들
왼쪽부터 차례대로 큰아들 콘 스탄티누스 2세(재위 337~ 340), 둘째아들 콘스탄티우스 2세(재위 337~361), 막내아들 콘스탄스 1세 황제(재위 337~ 350)이다.

게르만족과 전쟁을 치르기 위해 갈리아로 파견되었습니다. 그가 갈리아를 복구하고 라인 강까지 진격하여 승리를 거두는 엄청난 업적을 세우자, 콘스탄티우스 2세 황제는 두려움과 질투심을 느꼈습니다. 황제는 율리아누스의 가장 충성스러운 세력인 갈리아 군대를 소환하여 멀리 페르시아와의 전장에 투입하기로 결정했습니다. 그러나 이민족 출신이 많은 갈리아 군대는 절대 알프스 산을 넘지 않는다는 조건으로 입대한 상황이라 황제의 명령을 받아들일 수 없었고, 결국 율리아누스를 황제로 추대했습니다. 율리아누스는 분노한 콘스탄티우스 2세 황제와의 협상이 수차례 거부되자, 군대를 이끌고 라인 강에서 다뉴브 강을 건너 동방으로 오기 시작했습니다. 그때 안티오크를 떠나 북진하려던 콘스탄티우스 2세 황제가 갑작스럽게 사망함에 따라 제국은 다시 율리아누스 황제의 일인지배체제로 들어갔습니다.

율리아누스(재위 361~363)
그리스도교를 박해하고 신 플라톤 철학과 미트라교에 의한 이교의 부흥을 기도하여 '배교자'라 불리게 되었다.

상속자 없이 페르시아에서 전사한 율리아누스 황제의 뒤를 이은 군사령관 출신의 요비아누스재위 363~364 황제 역시 상속자 없이 사망했고, 그의 후임 황제는 장교 출신의 발렌티니아누스 1세재위 364~375 황제였습니다. 황제는 제국을 이등분하여 자신은 서방을 맡고, 동생인 발렌스재위 364~378를 황제로 임명한 후 동방을 맡겼습니다. 발렌티니아누스 1세 황제가 병사하자, 서방은 각각 17세, 4세이던 그의 아들들 그라티아누스재위 375~383 황제와 발렌티니아누스 2세재위 375~392 황제가 맡았습니다. 고트족과의 전쟁에서 발렌스 황제가 전사하자, 그라티아누스 황제는 몇 달 후 뛰어난 장군인 테오도시우스 1세를 동방의 황제로 임명했습니다. 그에 대한 보답으로 테오

테오도시우스 1세(재위 379~395)
동로마제국과 서로마제국을 모두 통치한 마지막 황제로, 죽기 직전 제국을 둘로 나누어 후계자들에게 계승시켰다.

〈테오도시우스 1세를 용서하는 교황 암브로시우스 1세〉 테오도시우스 1세는 그리스도교를 국교로 삼고 이교도를 박해했다. 테오도시우스 1세는 테살로니카 주민을 학살한 사건을 계기로 밀라노의 주교인 암브로시우스와 대립하다가, 결국 성탄절이 되어서야 겨우 용서를 받았다. 피에르 쉬블레라스, 1745, 이탈리아 폐루자 국립미술관.

도시우스 1세 황제는, 브리타니아에서 군인들에게 황제로 추대되어 그라티아누스를 살해한 후 이탈리아로 진격하던 막시무스335~388를 패배시키고, 그가 찬탈한 서방의 속주를 고스란히 발렌티니아누스 2세에게 돌려주었습니다. 이후 발렌티니아누스 2세가 제위 찬탈자들에게 암살당하자 테오도시우스 1세 황제는 즉각 군대를 동원, 찬탈자들을 패배시켰습니다. 이로써 제국의 통치권은 또다시 한 사람의 수중에 들어갔습니다.

앞서 디오클레티아누스 황제는 군인황제시대의 혼란스러운 상황에서 황제가 되어 누구보다 안정적인 제위 계승에 대해 고민했습니다. 그 고민의 결과 내놓은 사분 통치는 테오도시우스 1세 황제의 즉위까지 약 100년 동안 다수지배체제와 일인지배체제를 반복하는 결과를 낳았습니다. 디오클레티아누스 황제가 내놓은, 인재를 황제로 등용하는 체제는 콘스탄티누스 1세 황제와 막센티우스 황제의 경우에서 보듯이 혈연이라는 큰 장벽에 가로막혀 허무하게 무너졌습니다. 그래서 콘스탄티우스 2세 황제는 혈연을 근거로 분할 통치했으나, 이 역시 서로의 존재를 인정하지 않으면서 무너졌습니다. 발렌티니아누스 1세 황제의 아들들처럼 혈족의 통치를 인정했다고 해도 제위 찬탈자들을 진압하지 못하면 또다시 제위 분쟁이 초래될 수밖에 없었습니다. 여기에 로마제국의 고민이 있는 것입니다. 아무리 제국이 넓다고 해도 강력한 황제가 등장한다면 제위 찬탈자들을 억누르면서 혼자서 통치할 수 있지만 그 황제의 사후에도 계속 강력한 황제가 나온다는 보장이 없고, 분할 통치를 하자니 서로의 영토를 인정해 주는 문제와 제위 찬탈자를 제압하는 문제가 발생할 수 있다는 것입니다.

두 동강으로 나누어 물려준 제국

서방의 제위 찬탈자를 진압한 지 겨우 4개월 정도 지난 후 테오도시우스 1세 황제는 병마로 고통 받던 와중에 아들인 아르카디우스_{재위 395~408}와 호노리우스_{재위 395~423}를 각각 동방과 서방의 황제로 임명했습니다. 이들 두 황제의 임명으로 동서로마제국은 완전히 분리되었습니다.

진정한 의미의 로마제국은 테오도시우스 1세 황제의 죽음과 함께 막을 내렸다. 당시 18세의 아르카디우스는 트라키아에서 페르시아와의 국경선에 이르는 지역을 통치했고, 11세의 호노리우스는 브리타니아에서 이탈리아와 아프리카에 이르는 영토의 통치자가 되었다. 영토, 국부, 인구, 군사력 면에서 각각의 이점을 고려하여 균형을 맞춘 이 분할이 결국 로마제국의 최종적이고도 영구적인 분할로 귀결되었다.(29장 255-256쪽)

(동방과 서방은) 공적, 사적인 동맹 관계에 따른 의무를 서로 존중했으나, 행정상의 정부 통합은 완전히 붕괴되었다. 포고된 모든 법령은 상대 황제의 동의를 얻기 위해 굳이 알릴 필요가 있다고 생각하지 않는 한 동방과 서방의 황제 각자가 서명했고, 자신들의 관할 지역에서만 효력이 있었다.(33장 471쪽)

영토를 사등분한 디오클레티아누스 황제의 시대에는 최소한 행정적으로는 황제의 칙령이 제국 전역에 미쳤으나, 워낙 사이가 좋지 않던 아르카디우스와 호노리우스가 치세한 뒤로 제국의 영토는 물론 행정, 경제, 종교 등 모든 분야가 단절되었습니다.

28년간 서로마제국을 통치한 호노리우스 황제는 동로마제국을 통치하던 형과 그의 뒤를 이은 조카와 완전히 단절한 채 살았다. 콘스탄티노플의 사람들은 로마 시의 재난에 대해 무관심했고, 심지어 은근히 즐기면서 구경만 하곤 했다.(33장 467쪽)

〈호노리우스 황제가 좋아하는 것들〉
호노리우스 황제 치하의 서로마제국은 이민족들의 침입과 서고트족의 약탈로 많은 어려움을 겪었다. 하지만 호노리우스는 국정보다 자신이 기르던 애완 비둘기들에 더 관심을 쏟았다고 전해진다. 워터하우스, 1883, 사우스오스트레일리아 아트 갤러리.

서로마인들은 408년, 409년, 410년 세 차례에 걸쳐 알라리크 1세 재위 395~410가 이끄는 서고트족이 로마 시와 이탈리아를 약탈했을 때 동로마인들이 적극 도와주지 않은 것에 대해 분노를 느꼈습니다. 동로마인들도 441년부터 수년에 걸쳐 아틸라 가 이끄는 훈족 이 동로마제국의 영토를 유린할 때 서로마인들이 겁이 많고 이기적이라서 모른 체한다고 섭섭해했습니다.

페르시아의 공격

3세기 말 디오클레티아누스 황제부터 5세기 중반 마르키아누스 황제까지 로마제국의 주요 적은 프랑크족, 알라마니족, 반달족, 고트족과 같은 게르만족, 그리고 훈족과 페르시아 등이었습니다. 이 중 3세기부터 서유럽을 괴롭혀 온 프랑크족과 알라마니족, 아프리카를 장악한 반달족을 제외하고, 동로마제국의 오랜 적이자 최고의 전성기를 구가하고 있던 페르시아, 동서로마제국 모두에게 치명적인 타격을 입힌 서고트족과 훈족을 대표적으로 언급하려 합니다.

3~4세기 로마는 페르시아와의 전쟁에서 유례없을 정도로 엄청난 승리를 거두기도 했고, 치욕적일 정도로 큰 패배를 경험하기도 했습니다. 샤푸르 1세의 아들인 나르세재위 293~302가 서부 아르메니아 지역을 장악함으로써 왕위에서 쫓겨난 아르메니아의 왕 티리다테스 3세재위 287~330?는 로마제국으로 피신했습니다. 페르시아와 완충지대 역할을 하는 아르메니아를 잃을 수 없던 디오클레티아누스 황제는, 297년 페르시아에 대항하기 위해 안티오크에 주둔지를 설

●아틸라(재위 434~453)
훈족 최후의 왕. 여러 차례에 걸쳐 로마를 침공했으며, 그의 사후에 제국이 붕괴되었다.

●훈족
러시아의 볼가 강 너머에 있던 유목민으로서, 동일한 인종이 아니라 튀르크, 몽골, 이란 등 여러 혈통이 섞인 연합체라는 의견이 지배적이다. 이들은 4세기 후반 볼가 강을 건너 남하했고, 453년에 아틸라가 사망한 후 급격히 쇠퇴했다.

●마르키아누스(재위 450~457)
직업군인 출신으로 테오도시우스 2세의 누나인 풀케리아의 도움을 받아 즉위했다.

●반달족
타 문화의 무분별한 파괴를 지칭하는 반달리즘은, 반달족이 455년에 로마 시를 약탈할 때 보인 행동에서 유래한 말이다. 2세기 초반 대략 오늘날의 체코에 해당하는 지역에 거주하던 반달족은 4세기 초 고트족의 공격을 받아 다뉴브 강 동쪽으로 이주했다. 401년, 혹은 402년에 훈족의 공격을 받아 서쪽으로 이동, 오늘날의 스위스 지역으로 들어갔고, 409년에 스페인으로, 429년에 아프리카로 이주했다.

치하고 갈레리우스에게 군대 지휘권을 맡겼습니다. 메소포타미아 평원에서 세 번에 걸쳐 교전했지만 로마군은 모두 참패를 당했는데, 수적인 열세 외에 또 다른 중요한 패인은 전투 지역의 지형에 있었습니다. 로마군이 격파당한 장소는 공화정기 크라수스가 이끌던 수만 명이 전사하고 부상자가 나온 바로 그 평탄한 불모의 사막 지역이었습니다. 지대가 평탄하여 마음대로 움직일 수 있는 적의 중장기병과 기마 궁수가 사막의 열기와 갈증에 허덕이는 로마군을 몰아넣고 화살과 창으로 궤멸시키기에 최적의 장소였던 것입니다. 다음 해에 명예 회복을 위해 다시 전투에 나선 갈레리우스는 평지가 아닌 산악 지형을 전장으로 택했습니다.

갈레리우스는 25,000명에 달하는 노련한 제대 군인들과 신병들, 상당수의 서고트족 보조군을 이끌고 유프라테스 강을 건넜다. 그러나 이번에는 메소포타미아의 개방된 평지가 아닌 아르메니아의 산악 지역을 통해 진격했다. 이런 곳은 기병들에게는 움직이기 불편했지만, 보병들은 자유자재로 움직일 수 있는 곳이었다. 또 로마군은 패배를 겪은 후 군기가 확립되어 있던 반면, 야만족들은 승리에 도취되어 해이해지고 태만해진 상태였다. 갈레리우스는 이때를 놓치지 않고 적극적으로 공격해서 적을 당황하게 만들었다. 로마군의 기습 공격, 특히 전혀 예기치 않게 야간에 기습적으로 공격한 것이 페르시아에 가장 큰 치명타를 입혔다.(13장 418쪽)

갈레리우스 개선문
갈레리우스 황제가 페르시아와의 전쟁에서 이긴 것을 기념하여 마케도니아의 테살로니카에 세운 개선문에 새겨진 전투 장면이다.

대승을 거두고 왕까지 도망가게 만든 로마군은 유리한 입장에서 평화 협상을 체결하여 메소포타미아 지역의 속주 5개를 양도받았습니다.

페르시아의 뛰어난 왕 샤푸르 2세는 선조들의 치욕을 앙갚음하고 잃어버린 5개의 속주를 되찾으려는 야심을 갖고 있었습니다. 그가 아르메니아를 복속시키고 유프라테스 강을 넘어 수시로 로마 영토를 약탈하자, 콘스탄티우스 2세 황제는 치세 기간 내내 페르시아와 총 9차례의 혈전을 벌여야 했습니다. 전반적인 전황이 페르시아에 우세했으나, 요새화된 니시비스 시를 장악하기 위해 338년, 346년, 350년에 페르시아가 가한 세 차례의 공격은 성공하지 못했습니다. 이때 샤푸르 2세는 동부 지역에 스키타이족이 침입해 와 그에 대항할 필요성에 처했고, 콘스탄티우스 2세 황제 역시 두 형제가 죽은 후 서방에서 연이어 반란이 일어나 내전에 휘말렸기 때문에 양국은 휴전협정을 맺었습니다. 359년에 전쟁을 재개한 샤푸르 2세는 7개 군단이 수비하고 있는 아미다 시를 73일간 포위 공격하여 점령하고, 5개 군단병을 포로로 잡는 대승을 거두었습니다.

콘스탄티우스 2세가 사망한 후 제위를 이어받은 율리아누스 황제는 363년에 65,000명의 대군을 이끌고 유프라테스 강을 건넜습니다. 연이은 승리로 페르시아의 수도 가까이 진격한 황제는 티그리스 강의 물살이 급하고 폭포가 많으므로 배를 끌고 가느라 병사들이 녹초가 될 가능성이 많고, 적에게 패해 군수품을 빼앗기면 적의 군사력을 강화시켜주는 꼴이 된다는 이유로 강에 정박해 있던 1,100척의 함선 중 22척만 남기고 모두 태워 버렸습니다. 그러나 이

샤푸르 2세(재위 309~379)
탁케 보스탄에 부조로 새겨진 샤푸르 2세의 모습.

니시비스
오늘날 터키 남동부에 있는 누사이빈 시이다.

스키타이족
카스피 해의 초원 지대에 있던 기마유목민족으로서 기원전 8세기에 역사상 처음으로 나타났다. 기원전 1세기에 고대 스키타이족은 대부분 사라졌지만, 흑해와 카스피 해 연안에 거주하면서 이란어를 사용하는 사람들을 포괄적으로 스키타이족이라 불렀다.

아미다
오늘날 터키 지역에 있는 도시로서 기원전 66년부터 로마제국의 영토였다.

작전은 로마군에게 엄청난 식량 부족을 초래했을 뿐 아니라, 적에게 패했을 때 퇴로를 차단당함으로써 그 자리에서 학살당할 수밖에 없는 치명적인 결과를 가져왔습니다. 적과 내통한 안내자에게 속아 페르시아의 대군이 기다리고 있는 지역으로 온 로마군은 모든 면에서 불리했습니다. 잘 훈련되어 전속력으로 달리면서 자유자재로 창을 던지고 활을 쏠 수 있는 적군에 비해 로마군은 갑옷과 투구, 무기들이 너무 무거워 장시간 전쟁할 수 없었습니다. 또 강행군과 전투로 체력이 바닥난 상태에서 무더위와 굶주림까지 견뎌야 했습니다.

선두에 서서 행군하던 율리아누스 황제는 후미 부대가 적의 급습을 받았다는 소식에 깜짝 놀랐다. 무더운 날씨 탓에 갑옷을 벗고 있었지만, 그는 곧바로 부하의 방패를 낚아채어 일부 병력과 함께 후미 부대로 서둘러 갔다. 이때 선두 부대도 공격을 받자 용감한 황제는 말머리를 돌려 앞쪽으로 급히 갔고, 그때 적의 기병대와 코끼리 부대가 돌진하자 적군과 아군이 뒤엉켜 교전이 벌어졌다. 황제의 호위병들이 갑옷을 벗고 있는 황제에게 몸을 보호하라고 외치고 있을 때 도망가던 적의 기병 한 명이 던진 투창이 황제의 갈비뼈를 관통하여 간 아래쪽에 꽂혔다. 황제는 옆구리에 박힌 창을 뽑으려고 애쓰다 날카로운 창날에 손가락이 잘리면서 의식을 잃고 말에서 떨어졌다.(24장 577-578쪽)

율리아누스 황제가 예기치 않은 죽음을 맞이하자, 적진에 남아 있던 로마군은 지휘관인 요비아누스를 황제로 선포한 후 퇴각했습니다. 물살이 빠른 티그리스 강을 건널 배도 마땅치 않고 굶주림에 지친 상황에서도 로마군은 페르시아군과 산발적인 전투를 계속했습니다. 그러던 중에 지지부진한 전투를 종결짓고 싶었던 샤푸르 2세가 평화 협상을 제의해 왔습니다. 병사들의 탄원에 떠밀려 제의를 받아들인 요비아누스 황제는 식량과 퇴로를 확보하는 조건으로 과거 갈레리우스가 빼앗은 메소포타미아 지역의 속주 5개를 반환하는 굴욕적인 화친 조약을 체결했습니다. 이 승리로 메소포타미아 지역에서 페르시아의 영향력은 더욱 커졌습니다. 그러나 샤푸르 2세가 노령으로 사망한 후 점차 내부 문제에 치중하면서, 페르시아와 동로마제국은 5세기 후반까지 422년과 440년 두 차례의 간헐적인 전투를 제외하면 대체로 평화를 유지했습니다.

서고트족의 공격

프랑크족이나 알라마니족만큼 로마제국을 오랫동안 괴롭힌 종족은 서고트족이었습니다. 100년경에 중국에 패한 훈족 중에서 일부는 중국 황제의 보호를 구했지만, 일부 호전적인 부족은 중국의 영향이 미치지 않는 서쪽으로 대이동을 시작했습니다. 훈족에게 밀려 내려온 고트족은 다뉴브 강 유역에서 동로마 황제에게 보호를 요청했고, 발렌스 황제는 무기를 반환하는 조건으로 이들을 받아들였습니다. 그러나 대략 100만 명으로 추산되는 이주민들에게 동로마의 총독이 가혹한 세금을 매기고 시장을 이용하지 못하게 하자, 인내심에 한계를 느낀 고트족은 서고트족의 프리티게른?~380을 중심으로 동로마에 반기를 들었습니다. 각 부족의 부대들은 하나의 깃발 아래 힘을 합쳤고, 동고트족의 족장들도 프리티게른의 뛰어난 재능에 복종함으로써 그 수가 수만 명에 달했습니다. 고트족이 남하하여 트라키아 지역까지 쳐들어오자, 자만심에 찬 발렌스 황제가 서둘러 전투에 돌입하는 바람에 엄청난 패배를 경험했습니다.

발렌스 황제가 고트족을 공격하기 위해 아드리아노플˚로 진군한 378년 8월 9일은 로마 연대기에서 가장 불운한 날로 기록될 만하다……. 황제는 사망했고, 로마 군대의 3분의 2 이상이 희생되는 치명적인 결과를 가져왔다.(26장 131−132, 134쪽)

아드리아노플 전투에서 볼 수 있듯이 고트족은 각 부족이 연합할 경우에는 상당히 강력해졌지만, 그 연합군을 이끄는 지도자가 사망하면 다시 분열되었습니다. 이는 프리티게른이나 고트족을 이끈 알라리크 1세, 훈족을 이끈 아틸라의 경우에서 여실히 드러났습니다.

프리티게른의 사망 후 분열된 고트족이 보호를 요청했습니다. 그들을 포용하는 것이 더 낫다고 생각한 테오도시우스 1세 황제는 서고트족은 트라키아에, 동고트족은 소아시아에 각각 집단 거주지와 보조금을 내주어 살게 하고, 그 대가로 동로마 군대에 복무하게 했습니다. 그러나 황제가 죽자 알라리크 1세를 지도자로 한 서고트족은 보조금이 삭감, 혹은 중단되었다는 구실로 그리스 지역을 침입했고, 서

˚아드리아노플
터키 서쪽 끝에 있는 도시로서 십자군, 에피루스, 불가리아가 차례로 점령했다가 1365년에 오스만튀르크의 영토가 되었다.

아드리아노플 전투
프리티게른이 이끄는 서고트족과 알란족의 일부가 단결하여 트라키아 지역을 침략했다. 그들은 아드리아노플에서 로마군을 크게 격파했다.

로마의 스틸리코 에게 패해 동로마제국으로 도피했습니다. 동로마의 아르카디우스 황제에 의해 한 속주의 군사령관으로 임명된 알라리크 1세는 400년에서 403년 사이에 이탈리아를 공격했으나, 또다시 스틸리코에게 밀려 패배했습니다. 알라리크 1세의 평화 제의에 스틸리코와 서로마 궁정은 4,000파운드에 달하는 금을 지급하기로 약속했습니다. 그러나 스틸리코가 사망하자 알라리크 1세는 약속한 금을 지급하라는 구실로 다시 이탈리아를 공격, 로마 시를 포위했습니다.

408년에 알라리크 1세가 첫 번째로 로마 시를 포위했을 때 역병과 기근에 시달린 서로마 궁정은 금 5,000파운드, 은 3만 파운드, 비단, 옷감, 후추를 주는 조건으로 협상을 맺었습니다. 그러나 여전히 무기력과 분열 속에서 부패하고 혼란스럽던 호노리우스 궁정이 다시 전쟁 쪽으로 가닥을 잡자, 알라리크 1세는 409년에 두 번째로 로마 시를 포위했습니다. 알라리크 1세는 포위보다 더 효과적인 방법을 찾기 위해 로마 시장을 대체 황제로 옹립한 후, 궁정에 틀어박혀 나오지 않는 황제를 폐위시키기 위해 라벤나로 진군했습니다. 그러나 대체 황제가 고분고분하지 않자 알라리크 1세는 그를 축출하고 410년에 세 번째로 로마 시를 포위, 약탈했습니다.

야만족들은 연약하고 순진하고 무기력한 사람들까지 무자비하게 학살했고,

• 스틸리코(365?~408)
서로마제국 말기의 장군이자 정치가로, 호노리우스 황제를 도와 제국을 통치하면서 정치적·군사적 실권을 장악했으나 반대파에 의해 처형당했다.

로마 시를 약탈하는 서고트족

여자 포로를 겁탈하여 정욕을 채웠다. 탐욕은 채워지지 않는 인간의 보편적인 욕망이다. 금은보화를 선호한 고트족들은 로마의 저택들을 약탈하고, 예술품들을 녹였으며, 포로들에게 협박, 매질, 고문을 가해 숨겨 놓은 귀중품들을 내놓으라고 강요했다.(31장 382-384쪽)

로마 시에서 철수한 후 이탈리아 곳곳을 누비면서 약탈하던 서고트족 세력은, 410년에 알라리크 1세가 병사한 후 급격히 쇠퇴하여 419년경 갈리아 남부에 정착했습니다. 이후 갈리아 지역은 서로 영유권을 주장하는 서고트족, 부르군트족, 프랑크족의 치열한 각축장이 되었습니다.

●부르군트족
북유럽에서 거주하다 5세기 초 라인 강을 건너 온 부르군트족은 5세기 중반 갈리아 남부 지역을 놓고 서고트족과 치열한 분쟁을 겪었다. 프랑크족과의 영토 분쟁 결과, 534년에 프랑크 왕국에 병합되었다.

훈족의 공격

북쪽에서 이주해 와서 5세기 초 헝가리 지역에 거주하던 훈족은 아틸라라는 걸출한 인물을 배출했습니다. 정복욕이 강한 아틸라는 440년경부터 동로마 지역을 공격하여 흑해에서 아드리아 해까지 805킬로미터에 달하는 지역을 초토화시켰습니다. 그에 맞서 동로마군이 세 차례에 걸쳐 전투를 벌였으나, 모두 패배하여 446년에 땅과 돈을 주는 조건으로 간신히 평화 협정을 맺었습니다. 서로마제국의 부까지 탐낸 아틸라는 451년에 갈리아를 침공했으나 갈리아 지역에 정착해 있던 서고트족, 부르군트족, 프랑크족의 연합군에게 패배했습니다. 패배에도 불구하고 전열이 크게 흐트러지지 않은 훈족은 다시

갈리아를 공격하는 아틸라

이탈리아를 침입, 여러 도시들을 초토화시켰습니다.

갈리아를 방어하던 야만족들은 이탈리아를 구하기 위해 나서지 않았고, 동로마 황제가 약속한 원군은 거리나 신빙성 면에서 기대할 만한 것이 못 되었다. 겁 많은 발렌티니아누스 3세재위 425~455 황제는 급히 난공불락의 요새인 라벤나에서 빠져나와 무방비로 노출되어 있던 수도 로마시로 도망쳐 버렸다.(35장 562쪽)

황제도 도움이 안 되는 상황에서 급기야 로마의 주교인 레오 1세재임 440~461 가 아틸라를 만났고, 아틸라는 그의 근엄함에 존경을 표하면서 원하는 돈

〈이탈리아에 쳐들어온 아틸라 왕을 설득하러 나서는 교황 레오 1세〉
라파엘로, 1514, 로마 바티칸 박물관.

을 받고 철수하기로 했습니다. 얼마 후 아틸라는 동맥이 터져 사망했고, 그의 아들과 대신들 사이에 치열한 내분이 일어나 각 부족들이 각자의 세력에 따라 여러 정착지로 흩어짐으로써 훈제국은 멸망했습니다.

라인 강 유역과 갈리아, 브리타니아, 아프리카, 동방, 다뉴브 강 유역 등 어느 곳 하나 전쟁 없는 지역이 없었다고 할 수 있을 정도로 동서로마제국은 무수한 적들에 노출되어 있었습니다. 고트족, 훈족, 페르시아를 제외하더라도 프랑크족, 알라마니족, 부르군트족은 서로마 황제의 하사품이나 보조금이 조금만 적어도 전쟁에 돌

입했습니다. 브리타니아의 스코트족,* 픽트족,* 색슨족*은 로마로부터 얻을 수 있는 전리품을 탐내며 수시로 공격하거나 해적 행위를 일삼았습니다. 알라리크 1세와 거의 동급으로 취급되는 반달족의 가이세리크재위 428~477는 로마 내분을 빌미로 아프리카를 장악했습니다. 전체적으로 5세기에 동로마와 서로마가 적에게 공격받은 강도를 비교해 보면, 서로마제국이 훨씬 더 심각했습니다. 동로마제국은 페르시아와 평화 상태에 돌입했고, 강력하던 고트족과 훈족은 돈을 받고 공격의 방향을 서방으로 돌렸습니다. 반면 서로마제국은 여러 지역에 흩어져 있는 게르만족들을 모두 상대해야 했기 때문에 말 그대로 정신 차릴 여지도 없이 적들과 크고 작은 전투를 벌여야 하는 상황에 놓여 있었던 것입니다.

* 스코트족
스코틀랜드에 거주하던 켈트족으로서 5세기 아일랜드에 거주한 게일족과 동일시된다.

* 픽트족
스코틀랜드 북동부에 거주하는 여러 켈트 부족의 통합체로서 게일족과 섞여 살았다.

* 색슨족
3세기 엘베 강 하류 지방을 장악한 게르만족으로서 앵글로족과 섞여 살다가 5세기 중엽부터 브리타니아 중남부를 침입했다.

허약한 로마군

로마제국은 내적으로 제위 분쟁에 몰두하기는 했지만, 적의 공격이 동시다발적으로 이루어질 때를 대비하여 나름대로 대응책을 마련해 놓았습니다. 어느 한 지역에서 반란이나 전쟁이 일어나면 좀 더 평화로운 지역에 있던 군대를 빼내 위험한 지역으로 이동시키는 것이 아우구스투스 황제가 만들어 놓은 방어 체제였습니다. 그러나 3세기 이후에는 라인 강에서 다뉴브 강까지 게르만족이 널리 퍼져 있

로마를 침공하는 가이세리크
가이세리크는 455년에 반달족을 이끌고 로마를 침공하였다. 하지만 이번에도 교황 레오 1세가 나서서 아틸라에 이어 가이세리크까지 설득함으로써 로마를 위기에서 구했다.

었고, 동부 지역에서 사산조 페르시아가 강력하게 부상하자 군대를 빼 올 만한 좀 더 평화로운 지역이 없어졌습니다. 제국에 여유 병력이나 예비 병력이 없고 모두 전쟁의 위험에 처해 있는 상황이라, 군대가 부족해도 부족한 대로 싸워야지 어느 한 곳도 군대를 지원받을 만한 지역이 없었던 것입니다.

로마군 방어 체제의 문제점을 간파한 디오클레티아누스 황제와 콘스탄티누스 1세 황제는, 2세기에는 33개 군단에 40여 개였던 속주를 65개 이상의 군단에 100여 개의 속주로 세분화시켜 더 적어진 속주에 더 작아진 규모의 군단을 배치했습니다. 배치 방식은 기동력이 뛰어난 게르만족과 페르시아에 대비해 보병과 기병을 섞어서 변경 지역을 지키는 정적인 부대인 변경군과 변경 지역의 훨씬 안쪽에 위치해 있으면서 직접 전장을 찾아가는 야전군으로 나누었습니다. 적의 동태를 감시하다가 적이 침입하면 우선적으로 변경군이 막고 그동안 야전군이 재빨리 이동해 변경군과 합세하거나, 변경군이 적을 막지 못해 통과시켰을 때 야전군이 또다시 적을 막아서는, 이른바 이중방어체제를 확립한 것입니다.

4세기에는 이중방어체제가 그런대로 잘 운영되는 듯했으나, 5세기 들어 적의 침입이 더욱 격화되고 변경군과 야전군의 유기적인 통합과 의사소통이 잘 이루어지지 않게 되면서 실효성이 떨어졌습니다. 변경 주변의 땅을 경작하면서 농민으로서 생활하는 것에 만족하게 된 변경군은 갈수록 전투에 투입되는 것을 꺼렸고, 적이 침입해도 야전군을 믿고 그냥 통과시키기 일쑤였습니다. 설령 이들이 적과 맞선다고 해도 개방적인 지역에서 행하는 전면전에는 약했기

서로마제국 후기의 병사를 재현한 모습

별 맛도 없네...

썹썹.

때문에 야전군이 제때 도착해 주어야만 했습니다. 조금이라도 지연되면 변경이 적에게 뚫렸고, 야전군은 고향으로 돌아간 적을 그대로 두거나 영내로 흩어진 적을 찾아 나서야 했습니다. 적이 하나뿐이라면 영내로 흩어진 적을 끝까지 추적하겠지만, 적이 다양하고 침입하는 지역도 여러 곳이다 보니 추적만 하다가 끝날 수도 있었습니다. 변경군과 야전군의 협동과 통합 체계는 미흡했고, 이 때문에 로마는 동시다발적인 적을 완전히 격퇴시키지 못했습니다.

방어체제에 문제가 있더라도 로마 군인들의 자질이 과거와 같았다면 적을 막아낼 수 있었을지도 모릅니다. 적의 지휘관이 "거대한 로마제국이 행운이 아니라 노력에 대한 보상으로 주어졌다는 사실은 놀라운 일이 아니다", "로마군에게 훈련은 피를 흘리지 않는 전투였고, 전투는 피를 흘리는 훈련이었다"라고 격찬한 것처럼 로마군이 끝까지 기본에 충실했으면 살아남을 수 있었을지도 모릅니다. 그러나 군인황제시대를 겪은 후 로마군은 훈련을 기피했고, 군 지휘관들 역시 정치에 개입하여 사익을 추구하는 데 급급하다 보니 군사적 대응 능력이 갈수록 떨어졌습니다. 이미 와해될 대로 와해된 군기를 단 시일 내에, 몇 가지 조치로 다시 회복시킬 수는 없었습니다. 황제가 지휘관들을 확고히 장악하고 지휘관들이 병사들의 생활을 규제한다면 가능한 일이었으나, 동부나 서부의 상황이 심각하여 황제나 지휘관이 군기 확립에만 매달릴 수는 없었던 것입니다.

서로마제국의 몰락 02

　　● ● ● 영토를 넓히는 것만큼 지키는 것도 힘들다는
것은 로마제국의 사례에서 충분히 증명되었습니다. 이탈리아 반
도, 시칠리아, 아프리카, 스페인, 마케도니아, 그리스, 시리아 등
수 세기에 걸쳐 차례차례 넓혀온 땅들이 또 수 세기에 걸쳐 서서
히 이민족들에게 넘어갔습니다. 수많은 병사들의 피와 수많은 정
치가들의 고뇌가 섞인 제국의 절반을 그렇게 잃어버렸습니다. 그
폐허 위에 오늘날 유럽 국가의 기원이 탄생했으니 슬퍼할 일만은
아니지만, 로마제국이 영토 팽창을 위해 흘린 땀과 피를 생각하면
아쉬운 감이 없지 않습니다. 물론 이민족들도 로마의 영토를 빼앗
기 위해 얼마나 많은 노력을 했으며, 또 얼마나 많은 피를 흘렸을
지 짐작하지 못하는 바는 아닙니다. 하지만 과거 카르타고 나 마

카르타고
기원전 9세기경 아프리카에
세워진 페니키아의 식민시로
서 서부 지중해의 해상권을 장
악하고 있던 국가였다. 기원전
3~2세기에 로마와 3차에 걸
쳐 벌인 포에니 전쟁으로 멸망
했다.

고대 로마 시의 유적지
기원전 8세기에 세워진 로마
시는 기원후 27년부터 476년
까지 로마제국의 발상지이자
수도였다. 그로부터 오랜 세월
이 지난 뒤, 로마 시는 1870년
에 이탈리아의 수도로 지정되
었다.

케도니아와 같이 거대한 국가도 무너뜨린 로마제국이었
기에 그때의 강력한 통치력, 강인한 군대, 축적된 부가
제국 후기에도 존재했더라면 어땠을까 하는 의문을 가
져 봅니다.

돈이나 땅으로 적을 무마한 정책은 결국 제국의 서쪽이
이민족의 영토가 되는 결과를 가져왔습니다. 서로마제국
의 마지막 황제가 폐위된 476년을 서로마제국 몰락의 해
이자 고대의 종말로 결정짓기에는 무리가 있을 정도로,
그에 앞서 이미 이민족들이 서유럽 대부분을 차지하고 서
로마는 이탈리아만 간신히 가지고 있는 상태였습니다. 또
전체 로마제국 중 서쪽 일부를 잃어버린 것에 불과하고, 동로마제국
은 향후 천 년 동안 존속했다는 점도 기억해야 합니다. 다만 마지막
서로마 황제의 폐위를 기점으로 로마제국이라는 통일성이 사라지고
유럽의 각국이 형성되었으므로, 서유럽의 역사에서 중요한 사건이
었던 것은 분명한 사실입니다.

마지막 황제의 폐위

테오도시우스 왕가의 발렌티니아누스 3세가 사망하고 원로원 의
원인 막시무스 황제재위 455가 집권한 455년부터 마지막 황제인 로물
루스 아우구스툴루스재위 475~476가 폐위된 476년까지 서로마제국에
는 9명의 황제가 있었지만, 모두 재위 기간이 너무 짧아 제대로 된
통치력을 발휘하기 어려웠습니다. 아프리카를 장악한 반달족이 로

마를 위협하는 상황에서 막시무스 황제는 도망치다가 군중에게 맞아 죽었고, 로마인이 아닌 사람으로서 최초로 황제가 된 갈리아인 아비투스 황제는 서고트족이 스페인을 공격하는 와중에도 이탈리아에서 사치스러운 유흥과 쾌락에 빠져 있었습니다.

증오와 경멸의 대상이던 아비투스를 강제로 퇴위시킨 이민족 부대의 지휘관 리키메르405?~472는 출신을 고려해 자신보다 귀족 출신으로서 친구인 마요리아누스 를 황제로 추대했습니다. 마요리아누스 황제는 개인의 세금이나 각종 명목으로 부과되는 특별 세금을 감소시키고, 각 도시가 부담해야 하는 세금과 군인 징발의 의무를 완화해 주는 등의 정책으로 동시대인들에게 칭송을 받은 황제였습니다. 또한 황제는 당시 로마의 가장 강력한 적으로서 로마 해안에서 약탈을 일삼던 반달족을 물리치기 위해 이민족들을 대거 로마군에 편입시키고, 조선소를 복구, 수백 척의 함선을 건조하여 아프리카 공격을 감행했습니다. 그러나 황제의 성공을 시기한 일부 귀족들이 함대의 위치를 적에게 알려주는 어처구니없는 일을 저질렀고, 이 정보에 따라 반달족이 로마군의 함대들을 기습 공격하여 승리를 거두었습니다. 3년 동안 준비한 일이 단 하루 만에 수포로 돌아가는 순간이었습니다.

반달족을 척결하려던 오랫동안의 계획이 실패로 돌아가고, 황제가 반달족의 휴전협정을 받아들임으로써 그의 지배력에도 흠집이 났습니다. 결국 군대가 폭동을 일으켜 마요리아누스 황제는 폐위되었습니다. 여전히 실권을 장악하고 있던 리키메르는 이번에는 게르만족 출신의 리비우스 세베루스 를 황제로 옹립했습니다. 그러나 이민족

아비투스(재위 455~456)
갈리아의 명문가 출신으로, 군대에서 오랜 기간 복무하면서 이민족과의 싸움에서 공을 세웠다. 리키메르에 의해 퇴위를 당하고 피신하던 도중 사망했다.

마요리아누스(재위 457~461)
유명한 군인 가문 출신으로, 반달족과의 전투에서 패하여 폐위되었다.

리비우스 세베루스(재위 461~465)
리키메르 장군의 추대를 받아 제위에 올랐다. 리케메르의 꼭두각시 황제나 다름없었다.

• 안테미우스(재위 467~472) 리키메르의 도움으로 황제로 추대되었으나, 반달족과의 싸움을 둘러싸고 리키메르와의 갈등이 심해져 결국 살해되었다.

• 올리브리우스(재위 472) 리키메르가 안테미우스를 제거한 다음 추대한 황제로, 꼭두각시로 지내다가 몇 달 만에 사망하고 말았다.

성 세베리노 앞의 오도아케르
오도아케르는 이방인들에게 복음을 전하던 성 세베리노를 존경했으며, 동고트의 왕 테오도리쿠스에게 살해되어 나폴리의 산 세베리노에 있는 베네딕트 수도원에 안치되었다.

인 그를 황제로 인정할 수 없던 다뉴브 강 유역의 군사령관과 갈리아 군사령관이 각각 반란을 일으켜 황제를 자칭하고, 반달족은 여전히 로마 연안의 바다를 공격하는 등 리비우스 세베루스 황제의 재위 기간은 혼란으로 점철되었습니다.

이후 안테미우스° 황제와 올리브리우스° 황제, 실권을 장악한 리키메르 사이에 치열한 권력 투쟁이 벌어졌고, 이런 혼란을 틈타 반달족과 서고트족의 침입이 갈수록 격해졌습니다. 472년에 이들 세 사람이 연달아 죽으면서 글리케리우스 황제재위 473~474와 네포스재위 474~475 황제가 제위를 계승했으나, 내부의 권력 투쟁으로 폐위되었습니다. 속주의 저명한 가문 출신으로서 네포스 황제의 총애로 군사령관 직에 오른 오레스테스는 아들인 아우구스툴루스를 황제로 옹립했습니다. 그러나 일 년도 채 되지 않아 게르만족 출신인 오도아케르433~493가 이민족들을 선동하여 이탈리아 영토의 3분의 1을 달라고 요구했습니다. 오레스테스가 이 요구를 거절하자 양측은 이탈리아 북부에서 무력 충돌했습니다. 이 싸움에서 오도아케르가 승리하여, 오레스테스를 처형하고 그의 아들인 아우구스툴루스를 폐위시켰습니다.

오도아케르는 무익한 데다 돈만 많이 드는 제위 자체를 폐지하기로 결심했다. 불운한 아우구스툴루스 황제는 자신의 불명예를 구실로 원로원에 사임할 뜻을 비쳤다. 원로원은 로마의 황제에게 마지막으로 복종의 자세를 보인 후 만장일치로 동로

마의 황제 제노 에게 이탈리아에서 더 이상 황제를 계승
시킬 필요도 없고, 그렇게 되기를 바라지도 않는다는 내
용의 서한을 보냈다. 발렌티니아누스 3세 황제가 사망한
후 20년 동안 9명의 황제들이 연이어 사라져 갔다. 아름
다운 젊은이라는 것밖에 내세울 것이 없던 오레스테스의
아들은, 만일 그의 재위 기간이 서로마제국의 몰락이라는

오도아케르에게 항복하는 아
우구스툴루스

인류 역사상 기억할 만한 시기가 아니었다면 후세인들이 전혀 알지 못했
을 인물이다.(36장 60-61쪽)

*제노(재위 474~475, 476~
491)
아들인 레오 2세와 함께 공동
황제로 추대되었다.

마르키아누스 황제를 마지막으로 테오도시우스 왕조379~457는 끝
이 났고, 이 왕조와 함께 동서로마제국은 영구히 분리되었습니다.
부자지간이나 형제지간에 영토를 분리한 전례가 있었으므로, 테오
도시우스 1세 황제는 두 아들에게 동방과 서방을 나누어 준 것에
큰 의미를 두지 않았습니다. 그러나 이미 분할된 영토, 두 개로 나
누어진 밀라노 궁정(호노리우스 황제 이후 라벤나 궁정)과 콘스탄티노
플 궁정, 지휘권이 다른 군대를 가지고 있는 상황이었으므로, 동서
로마제국은 각각 다른 역사의 길을 걷게 되었습니다. 다만 디오클
레티아누스 황제 이후에도 동로마제국이 우위를 차지했고 동서로
마제국의 교류는 여전히 존재했다는 점을 염두에 두어야 합니다.
호노리우스 황제 사후 비어 있던 제위에 사촌인 발렌티니아누스 3
세를 앉힌 것, 황실과 혼인 관계를 맺은 안테미우스와 올리브리우
스를 각각 서로마의 제위에 앉힌 것, 원로원이 서로마제국의 마지
막 황제를 폐위한 것을 승인받은 곳은 모두 동로마제국의 황제였습

니다. 또 반달족의 공격을 막기 힘들자 서로마제국이 먼저 구원을 요청한 곳도 해군력을 가진 동로마제국이었고, 동로마제국은 그에 응하여 아낌없이 병력을 파견해 주었습니다. 동로마제국과 서로마제국은 분열 이후 각각 다른 나라로 존재했지만 같은 하나의 로마제국이라는 생각은 가지고 있었고, 상위의 나라로서 동로마제국의 우위는 인정되었습니다.

서로마제국의 영토를 차지한 종족들

사실 마지막 황제의 폐위는 단순히 상징적인 사건에 불과했고, 서로마제국의 영토는 이미 그전에 다른 이민족들이 다 차지하여 이탈리아만 남은 상태였습니다. 이탈리아만 통치하고 있던 허약한 서로마제국은 국가의 재정도 고갈된 상태에서 알프스 산맥을 넘어서까지 군대를 보내줄 여력이 없어 거의 신경을 못 쓰는 상황이었습니다. 갈리아 지역에서 프랑크족과 서고트족 간에 치열한 영토 분쟁이 발생했습니다. 알라리크 1세 사후 갈리아에 정착한 서고트족은 스페인을 정복하려는 꿈을 가지고 여러 번 피레네 산맥을 넘었습니다. 456년경 스페인을 장악하고 있던 수에비족 과 치열한 전투를 치러 승리하기는 했으나, 완전히 정복하지는 못하고 철수했습니다. 서로마제국이 붕괴된 후 서고트족의 뛰어난 왕인 에우리크는 스페인과 갈리아 지역 전체를 정복하기 위해 원정에 나섰고, 그의 무력 앞에 부르군트족, 프랑크족, 색슨족 모두 굴복했습니다. 그러나 최종적으로 갈리아 지역은 프랑크족에게 돌아갔습니다. 프랑크

에우리크(재위 466~484)
서고트족의 왕. 스페인을 손에 넣었으며, 프랑스 남부 지방까지 영토를 확장했다. 부르군트족, 알라마니족 등과 함께 갈리아를 나누어 가졌다.

◦수에비족
여러 게르만족의 연합을 지칭하는 말로서 엘베 강 지역에 거주했다. 그중 가장 우세한 마르코마니족이 169~180년 동안 파노니아 속주를 침입하여 로마와 전쟁을 벌였다. 409년에 이베리아 반도 서북부에 왕국을 건설했으나, 584년부터 서고트족의 지배를 받았다.

족의 클로비스 가 알라마니족, 부르군트족, 서고트족을 차례로 제압하고 갈리아 지역을 장악하자, 서고트족은 스페인으로 물러날 수밖에 없었습니다.

스페인에 있던 반달족을 아프리카로 불러들인 것은 권력 투쟁에서 밀리던 아프리카의 군사령관인 보니파키우스였습니다. 그는 429년에 기동력이 뛰어난 반달족을 지원군으로 불러들였으나, 자신의 실수를 이내 후회했을 정도로 반달족이 아프리카의 도시들을 하나씩 점령해 나갔습니다. 게다가 해상에서의 지배력을 확보하기 위해 항해 기술과 선박 제조 기술을 아는 로마인들을 협박하여 해군력까지 갖추게 되자, 코르시카, 사르디니아, 시칠리아를 정복하고 이탈리아 반도를 수시로 약탈했습니다. 455년에는 로마 시까지 진출하여 저항하지 않는 대중은 살려주고 건물에 방화하지 않겠다는 약속을 하면서 억지로 성문을 열게 한 후, 14일간 밤낮으로 약탈을 계속했습니다. 해군력이 약했던 서로마제국은 아프리카를 반달 왕국의 독립적인 영토로 인정하면서도 그들의 약탈을 억제하기 위해 여러 번 원정을 계획했으나 실패로 돌아갔습니다.

프랑크족과 서고트족의 영토가 각각 갈리아와 스페인으로 정해질 무렵, 색슨족이 브리타니아를 정복했습니다. 각 부족의 용감한 족장들이 명성이나 재산 정도에 따라 부하들을 모으고 적게는 3척에서 많게는 60척에 이르는 함대를 결성해 원주민인 브리튼족 과 싸웠으나, 왕의 칭호를 얻거나 최소한 그렇게 주장한 승리자는 단 7명뿐이었습니다. 이 왕들이 455년부터 582년까지 7개의 독립적인 왕국, 즉 '앵글로색슨 7왕국' 을 건설함으로써, 이미 서로마제국이

클로비스(재위 481~511)
프랑크왕국의 초대 국왕이자 메로빙거 왕조의 창시자.

브리튼족
브리타니아에 거주하던 켈트족으로서 5세기 로마가 몰락하면서 남부 브리타니아를 장악했으나, 앵글로색슨족의 침입으로 고지대로 물러나 공동체 생활을 영위했다.

테오도리쿠스(재위 471~526)
동고트족의 왕으로, 오도아케
르를 물리치고 갈리아와 스페
인에 걸쳐 영향력을 행사했다.

포기했던 브리타니아는 별개의 나라가 되었습니다.

서로마제국의 영토로 남아 있던 이탈리아와 다뉴브 강 지역 또한, 489년에 동로마 황제의 승인을 받은 동고트의 왕 테오도리쿠스가 침략함으로써 게르만족의 영토로 들어갔습니다. 489년과 490년에 이루어진 세 번의 공격에서 패한 오도아케르는 라벤나로 도주했으나, 3년에 걸친 라벤나 포위 공격을 견뎌냈습니다. 오랜 포위로 식량이 바닥난 상태에서 시민들과 병사들의 불만이 고조되자 라벤나 주교의 중재 아래 평화 협상이 체결되었고, 오도아케르는 협상을 축하하는 연회 도중 살해되었습니다.

서로마제국이 멸망하던 시점에 갈리아와 스페인은 프랑크족과 서고트족의 막강한 왕국과 이에 예속된 조그만 영토의 수에비족과 부르군트족의 왕국으로 분할되었습니다. 아프리카는 반달족의 잔인한 박해와 야만적인 침입에 노출되어 있었고, 브리타니아 영유권을 놓고 색슨족이 원주민과 치열한 싸움을 벌였습니다. 그 뒤로 이탈리아와 그 북부의 다뉴브 강 지역을 동고트족이 장악함으로써 서로마제국 전 영토가 게르만족에게 넘어갔습니다. 이로써 서로마제국에 승리한 게르만족의 새로운 풍습과 통치 체계가 서유럽에 확산되었고, 고대 로마의 전통은 서서히 사라져 갔습니다.

서로마제국의 몰락과 그리스도교의 관련성

지금부터 서로마제국의 몰락과 그리스도교의 관련성에 대한 기번의 주장을 살펴보겠습니다.

유대 지역에서 발생한 그리스도교는
신의 은총과 내세의 행복을 확고히 보장
해 주면서 하층민들 사이에 급속히 퍼져
나갔습니다. 그러나 로마제국의 황제나
관리들은 신흥 종교인 그리스도교의 원
칙을 알지 못했고 무관심했기 때문에 그
다지 가혹하게 박해하지 않았으며 처벌

도 비교적 온건했습니다. 실제로 교회는 오랫동안 평화와 평온을 누
렸고, 아무런 방해 없이 교세를 확장할 수 있었습니다.

64년에 로마 시의 14개 지구 중 4개 지구를 완전히 불태운 대화
재로 인한 네로 황제의 박해는 로마 시 안에서만 국한되었고, 그리
스도교의 종교적 교의는 처벌의 대상, 아니 심지어 심문의 대상도
되지 않았습니다. 게다가 네로 황제의 뒤를 이은 황제들은 억압받
는 종파에 대해 관용과 용서를 베풀었습니다. 도미티아누스 황제
때도 박해라 칭할 것이 없었으며, 있다고 해도 오래 지속되지 않았
습니다. 트라야누스 황제 때는 교인에 대해 명확한 증거가 있어야
기소할 수 있고, 기소된 자들에 대해 제대로 된 재판을 했습니다.
또한 유죄판결을 받은 죄인이라도 대개는 감금, 추방, 광산 노역 같
은 관대한 응징에 그쳤습니다.

박해의 강도가 약했으므로 순교자의 수 역시 많지 않았습니다.

로마의 정무관들에게 즉각 처형당한 순교자들은 가장 반항적인 두 극
단에 속하는 사람들이었다. 한 부류는 그리스도교인들 가운에 서열이 높

그리스도교인들의 지하묘지
카타콤
초기 그리스도교 순교자들이
묻힌 묘지로, 특히 박해가 심
했던 로마 근교에 많이 남아
있다.

거나 영향력이 많은 주교나 장로 들로서 전체 교단에 두려움을 주기 위해 본보기로 처형되었다. 다른 부류는 삶 자체가 가치가 없거나 고통을 당해도 고대인들이 관심을 보이지 않는, 그런 비천하고 비참한 삶을 사는 사람들이었다……. 한 증언에 따르면, 그리스도교에 대해 엄청난 박해를 가한 데키우스 황제 때조차도 거대한 도시인 알렉산드리아에서 그리스도교도라고 실토하여 처형당한 순교자의 수는 남자 10명, 여자 7명뿐이었다.(16장 112–114쪽)

그리스도교는, 비교적 온건한 형태의 박해를 겪다가 결국 콘스탄티누스 1세 황제 덕택에 종교로서 공인받았으나, 국가에 하등 도움이 되는 종교가 아니었습니다.

그리스도교의 도입, 아니 최소한 그 남용이 로마제국의 쇠망에 영향을 끼쳤다는 것은 놀라운 일도, 근거 없는 추문도 아니다. 성직자들은 인내와 순종의 교리를 설파하는 데 성공했다. 적극성이라는 사회의 미덕은 활력을 잃어버렸고, 마지막 남은 군인다운 강인한 정신은 수도원에 파묻혀버렸다. 게다가 신앙, 열정, 호기심, 그와 더불어 악의, 야심과 같은 더 세속적인 열정까지 모두 신학 논쟁에 쏟아 부었다. 교회는 물론 국가도 종파 논쟁으로 혼란을 겪었는데, 종파간의 갈등은 때때로 유혈 사태를 초래했고 항상 화해할 수 없는 지경에까지 이르렀다. 황제들의 관심은 군인 주둔지에서 종교 회의로 바뀌었다. 종교라는 새로운 유형의 독재에 시달리고 있던 로마 세계에서 박해받는 종파는 국가의 은밀한 적이 되었다.(38장 194–195쪽)

그리스도교도라는 이유로 군대 대신 수도원으로 가고 우수한 인재들 역시 성직자가 되면서 군인의 수가 부족해졌습니다. 군인으로 복무하게 해도 평화를 지향하는 교리상 적과 교전하기를 꺼리는 자질 부족의 군인이 양산되었습니다. 또 국가를 지탱하는 돈들이 교회와 수도원으로 흘러가는 상황과 다른 종파를 인정하지 않는 격렬한 교리 논쟁이 야만족의 침입을 막아내지 못하는 결과를 초래했습니다.

밀라노 칙령을 발포하는 콘스탄티누스 1세 황제

대표적인 교리 논쟁은 성부, 성자, 성령의 삼위일체설을 둘러싼 아리우스 와 아타나시우스의 논쟁입니다. 성부 하느님과 성자인 예수의 상관관계에 대한 논쟁에서 아리우스는 예수를 성부의 의지에 따라 창조된 종속적인 산물로 보았고, 피조물이 아무리 뛰어나다고 해도 창조주와 무한한 거리가 있으므로 '유사 본질(신에게 가까운 인간)'로 보아 삼위일체설을 부정했습니다. 반면 아타나시우스는 하느님과 예수가 본질적으로 일치하고, 두 존재 모두 가장 완전한 수준의 신적 속성들을 소유하고 있는 '동일 본질(동일한 신)'이라고 보아 삼위일체설을 주장했습니다.

아리우스(250~336)
이집트 알렉산드리아의 사제로서 니케아 공의회에서 패한 후 추방당했다.

니케아
터키 서쪽의 도시로서 4차 십자군 후 쫓겨난 비잔틴제국의 계승자가 세운 니케아제국의 수도이다.

이 두 종파가 각기 자신들의 주장이 옳다면서 상대를 비방하자, 국가의 통합을 위해서도 더 이상 두고 볼 수 없던 콘스탄티누스 1세 황제는 325년에 300명의 주교들을 모아 니케아 에서 회의를 열었습니다. 두 달에 걸친 치열한 논쟁 후 성부와 성자는 동일 본질임이 확실하고, 하느님의 아들이 하느님과 다른 본질이라고 주장하는

아타나시우스(295~33)
알렉산드리아의 주교로서 아리우스파 황제들에 의해 추방과 귀환을 반복했다.

°공의회
초기 교회에서 사도들이 그리스도교와 유대교의 차이를 논하기 위해 예루살렘에 모인 것에서 유래했다. 교리나 관례 문제를 논의하기 위한 전체 그리스도교 교회의 주교들의 모임으로, 325년의 니케아 공의회가 그 최초였다.

니케아 공의회
소아시아 비티니아 주의 니케아에서 동서교회가 함께 모여서 개최한 회의로, 1차 공의회 결과 아리우스파가 이단으로 몰려 파문을 당했다.

자들은 교회의 저주가 있을 것이라는 결론을 내렸습니다. 니케아 공의회°에서 아타나시우스파의 주장이 정통 교리로 인정받았으나, 아리우스파의 주교에게서 영적 위안을 얻던 콘스탄티우스 2세 황제는 니케아 신조를 무효로 하고 아리우스파를 정통 교리로 삼았습니다. 주교직을 독점한 아리우스파에 영향을 받은 발렌스 황제도 아리우스파를 신봉하고 아타나시우스파를 박해했습니다. 최초로 아타나시우스파 주교에게 세례를 받은 테오도시우스 1세 황제는 381년에 콘스탄티노플 공의회를 열고 동일 본질을 정통 교리로 선포하여, 삼위일체설을 둘러싼 기나긴 교리 논쟁을 일단락지었습니다. 그러나 교리 논쟁이 진행되는 동안 정통으로 인정받은 종파가 상대 종파에 대해 가한 박해, 주교직 박탈, 교회 폐쇄, 재산 몰수, 추방은 국가를 혼란에 빠뜨렸고, 박해받은 종파는 정통으로 인정받은 종파뿐 아니라 국가에 대해서까지 적대적이었습니다.

서로마제국의 몰락 원인

서로마제국의 몰락은 과장되었고, 4~5세기는 쇠퇴와 몰락의 시기가 아니라 변화를 모색하면서 지속적으로 문제들을 해결해 나가는 시대였다고 보는 시각도 있습니다. 그러나 대부분의 학자들은 기번처럼 서로마제국의 몰락을 인정하고 그

원인을 찾기 위해 오랫동안 연구해 왔습니다. 14세기부터 16세기까지 르네상스 시대 의 사람들은 고대 문화의 부흥을 꿈꾼 만큼 중세를 야만적인 시대, 암흑시대로 표현했습니다. 야만족인 게르만족이 서로마제국을 멸망시키고 이루어 낸 중세를, 배울 것이나 발전된 것이라고는 전혀 없는 시대로 폄하했습니다. 이런 시각은 게르만족이 5세기에 처음 로마제국을 침입한 것도 아니고 그 전에, 특히 혼란기인 군인황제시대에도 빈번하게 침입했는데, 왜 하필 5세기에 서로마제국이 몰락했는가에 대해 의문을 가지면서, 점차 로마제국 내부에서 몰락의 원인을 찾기 시작했습니다.

로마제국 내부에 이미 몰락의 원인을 잉태하고 있었다는 견해는 언뜻 보면 이해가 가지만, 그 원인이라는 것이 학자들의 수만큼이나 많아 딱히 어느 한 가지를 꼽을 수 없습니다. 군인들이 황제 계승을 좌우함으로써 초래된 정치적 혼란설, 야만족의 군 입대로 인한 충성심 결여로 멸망했다는 군인의 야만화론, 전제적인 황제에 의한 시민들의 자유 상실과 충성심 결여론, 경제를 뒷받침하는 노예의 고갈론, 사치품 수입으로 인한 은 고갈과 전쟁과 토지 황폐화로 인한 경기 침체론, 수도관이나 가재도구에 있는 납에 중독되어 사람들이 죽었다는 납 중독설, 급격한 기후 변화설, 전염병과 전쟁으로 인한 인구 감소론, 우수한 로마 혈통의 감소와 야만족의 증가로 인한 도덕적 타락설, 인간처럼 문명도 성장기가 있으면 쇠퇴기가 있다는 문명 순환론 등 열거할 수도 없을 만큼 많은 원인들이 대두되고 있습니다. 또 학자들 모두 저마다 자신의 견해를 타당한 것으로 주장하고, 이전의 견해에 대해 무수한 반론들을 제기합니다.

르네상스 시대
르네상스는 재생, 부활, 부흥을 의미하는 프랑스어로서, 14세기부터 16세기까지 그리스와 로마 문화의 재생, 인간 중심적인 사고의 발전을 특징으로 하는 시대이다.

그리스도교를 서로마제국이 몰락한 원인으로 꼽는 기번의 주장 역시 비판자들의 주요 단골 메뉴입니다. 기번은 교회사가들을 불신했지만, 이들 역시 나름대로는 객관적인 시각을 가지고 있었습니다. 특히 박해가 실제로 많이 일어나지 않았다는 기번의 주장은 사실을 터무니없이 축소 내지는 부정하고 있다는 것입니다. 가뭄, 지진, 기근, 질병 등 사회에 안 좋은 일이 있으면 그리스도교도들이 증오의 대상이 되었다는 사실은 2세기 중엽부터 5세기까지의 수많은 사료들이 전하고 있습니다.

그리스도교도들이 군 복무를 기피함으로써 군인의 수가 감소하여 게르만족을 막아내지 못했다는 기번의 주장 역시 문제가 많습니다. 디오클레티아누스 황제 때 막시밀리아누스라는 청년이 그리스도교도라서 입대하지 못하겠다고 했고, 그래서 순교자가 된 사례를 전체 그리스도교도에 적용하여 확대 해석해서는 안 됩니다. 동시대에 수많은 교도들이 입대했고, 군대에서 뛰어난 지휘관으로 활약한 사례도 많았습니다. 또 그리스도교를 서로마제국을 멸망시킨 원인으로 보기에는 교인의 수가 많지 않았다는 것도 반박의 요인입니다. 4세기 교인의 수는 전체 인구의 30퍼센트에 불과했고, 그나마 대부분 동로마제국 지역에 거주했으며, 서로마제국 지역에 있는 교인의 수는 거주 인구의 25퍼센트 미만이었다는 것입니다. 또 교리 논쟁도 성직자와 신학자들 사이의 종교적, 학문적인 논쟁이었지 전체 교인들이 양대 종파로 나뉘어 치열한 접전을 벌인 것은 아니기 때문에 국가를 혼란에 빠뜨렸다는 주장은 지나친 비약이라고 반박합니다.

기번의 사례에서도 알 수 있듯이, 몰락의 수많은 내부 원인들에 대한 주장에서 간과되고 있는 부분은 동로마제국의 존속입니다. 그런 주장들은 전제적인 황제권, 경기 침체, 인구 감소, 기후 변화, 그리스도교 등 수많은 원인들이 동일한 여건 속에 있던 동로마제국이 천 년 동안 살아남은 이유를 해명하지 못합니다. 동일한 문제를 가진 두 제국이 왜 하나는 망하고 하나는 살아남았는지에 대해 대답하지 못하는 것입니다. 그래서 다시 탄력을 받기 시작한 것이 르네상스 시대 이후에 나온 외부 침입설입니다.

외부 침입설은 동서로마제국의 운명이 엇갈리게 된 원인을 적들이 공격해 온 강도의 차이에서 찾는 것입니다. 서로마제국은 적에게 노출된 국경선이 길었고, 여러 부족으로 구성된 게르만족이 동시다발적으로 공격함으로써 막아 내기가 어려웠습니다. 전장에서는 로마든 게르만족이든 페르시아든 모두 자신들에게 익숙한 지형을 활용하려고 했습니다. 게르만족이 원하는 장소는 산악 지역, 숲, 늪지였고, 페르시아는 사막을 원하는 반면, 로마는 될 수 있으면 개방된 지역에서 보병 위주의 전면전을 펼치기를 원했습니다. 로마의 오랜 역사를 통해 볼 때 로마군의 기병이 적보다 강했던 적은 한 번도 없었으므로, 기동력을 갖춘 적과의 전투는 항상 힘겨웠습니다. 그래도 로마에게는 게르만족보다 페르시아가 더 나은 적이었습니다. 지형을 활용해 급습과 매복을 일삼던 게르만족은 돌아보면 없고 또 돌아서면 나타나는 그런 적이어서, 침입 소식을 듣고 로마가 군대를 이끌고 가면 적은 벌써 약탈을 끝내고 떠난 후였습니다. 추격한다 해도 어느 숲, 어느 늪지에 숨어들었는지 찾을 길이 없었고,

《로마제국 쇠망사》를 쓴 사학자 기번

인근 지역을 샅샅이 훑어 나가면 어느 새 다른 지역을 급습하고 있다는 소식이 들려오기 일쑤였습니다. 조공과 땅을 줄 것을 약속하면서 평화를 보장받더라도, 게르만족이 한 종족이 아니다 보니 조약을 맺지 않은 다른 종족이 쳐들어오면 또다시 속수무책이 되었습니다. 또 군대와 군대 유지비가 더 필요했지만 전쟁으로 인해 부를 창출할 수 있는 토지와 상업이 황폐화되면서 그 인원과 비용을 댈 수 없었습니다. 이는 평화를 위해 게르만족에게 땅을 내어주다가 급기야 황제가 폐위되는 사건을 낳았습니다.

그에 비해 동로마 지역은 적에게 노출된 국경선이 짧았고, 적이 공격해 오는 강도도 약했습니다. 페르시아는 중장기병과 기마 궁수가 강하고 조직적이지만 고정된 적이어서 대규모 작전이 가능했습니다. 페르시아는 중앙집권적인 국가였으므로, 전쟁이 여의치 않으면 돈과 땅을 매개로 왕과 평화조약을 맺을 수 있었습니다. 또 게르만족은 오로지 로마만을 상대했지만, 페르시아는 당시 훈족과 동부 지역 유목민들이 침입하여 곤경을 겪고 있어서 동로마제국과의 전쟁에만 매진할 수 없었습니다. 게다가 동로마제국에는 이집트나 시리아와 같이 부유한 속주들이 포함되어 있어서 인적·경제적으로 서유럽에 비해 나았습니다.

물론 수 세기 동안 존속해 온 한 나라가 망하는 데, 어느 한 가지 원인밖에 존재하지 않는다고 보기는 어렵습니다. 수많은 원인들이 복합적으로 작용한 것이 사실입니다. 다만 염두에 두어야 할 것은 당시 동로마인들이 자신들과 전혀 상관없는 서로마제국이 망한 것이 아니라, 광대한 제국의 서쪽 절반을 잃어버렸다고 생각했다는 점입니다. 5세기에 동로마제국이 서로마제국의 제위를 승인해 준 것처럼, 서로마제국이 위기에 빠졌을 때 군대를 파견해 준 것처럼 두 나라는 하나의 제국이었습니다. 서로마제국의 몰락으로 하나의 거대한 제국이 조금 축소되었을 뿐입니다. 따라서 서로마제국의 몰락과 유럽 국가의 형성에 초점을 맞추는 서구적인 시각에서 벗어나 동로마제국의 상황도 함께 재조명할 필요가 있습니다.

✤ 니케아 신조

"우리는 전지전능하시고, 하늘과 땅, 보이는 것과 보이지 않는 모든 것을 창조하신 아버지 하느님을 믿노라. 우리는 주 예수 그리스도를 믿사오니, 그는 하느님의 아들이시며, 성부의 본질로서 하느님의 독생자이며, 하느님의 하느님이시고, 빛 중의 빛이시고, 진정한 하느님 중에 진정한 하느님이시니 그는 창조되지 않고, 성부와 동일 본질로서 잉태되셨으니 세상의 모든 것이 그를 통해 존재하느니라. 그는 우리 인간들과 우리들의 구원을 위해 이 땅에 내려오셔서 성육신하시고, 인간이 되심으로써 고난을 받으시고 삼일 만에 부활하시어 승천하셨으니, 산 자와 죽은 자를 심판하러 오시리라. 또한 성령을 믿노라. 그러나 그가 존재하지 않을 때가 있었다고 말하는 자들, 잉태하기 이전에 존재하지 않았다고 주장하는 자들, 그가 무에서 비롯되었다고 하는 자들, 하느님의 아들이 서로 다른 본질이라고 주장하는 자들, 그가 창조되었다거나 변화될 수 있다고 주장하는 자들을 보면 교회는 저주하는 바이다. 아멘."

03 서로마제국의 폐허 위에 세워진 왕국들

● ● ● 붕괴된 서로마제국의 영토를 차지한 게르만족은 과거 로마인들에게 경멸의 대상이었습니다. 나름대로 세련되고 문명화되었다고 생각한 로마인들은, 게르만족에 대해 나무로 뼈대를 만들고 짚을 엮어 지붕을 만든 촌스러운 주거지, 문자나 화폐를 사용할 줄 모르는 무지함, 사냥이나 약탈을 즐기고 땅을 개척할 줄 모르는 원시적인 습성, 털 많고 키가 큰 징그러운 외모, 게걸스러운 식욕 등 모든 면에서 전형적인 야만족이라고 혐오했습니다. 그러나 그런 게르만족이 서로마제국의 영토를 차지하자, 로마인들은 그들을 막을 힘이 부족했음을 시인하고 승리한 야만족에게 복종하고 아첨하는 수밖에 없었습니다.

서유럽 지역에 있던 게르만 왕국은, 갈리아 동쪽에 자리를 잡았

우리가 뭐 어때서?

으나 6세기에 프랑크 왕국에게 멸망한 부르군트 왕국, 갈리아 북쪽
에 자리 잡아 점차 영토를 확대한 후 9세기에 분열된 프랑크 왕국,
갈리아에 뿌리를 내렸으나 프랑크족에게 밀려 스페인에 정착했다
가 8세기 이슬람 세력에 멸망한 서고트 왕국, 이탈리아를 장악했으
나 6세기 동로마제국에 멸망한 동고트 왕국, 북부 이탈리아를 장악
했으나 8세기 프랑크 왕국에 멸망한 롬바르드 왕국, 아프리카를 장
악했으나 6세기 동로마제국에 멸망한 반달 왕국, 브리타니아를 차
지했으나 11세기 노르만족¹에 정복당한 앵글로색슨 7왕국 등입니
다. 이 중 갈리아 전체 지역을 장악하면서 강력한 세력으로 부상한
프랑크 왕국과 로마제국의 뿌리인 이탈리아 본토를 장악한 동고트
왕국을 간략하게 살펴보겠습니다.

• 노르만족
스칸디나비아 반도의 중남부
와 덴마크를 원주지로 하는 게
르만족의 일파로서 8세기경
인구 증가로 인한 경제적 궁핍
으로 이동을 시작해 프랑스의
노르망디 공국, 영국의 노르만
왕가, 러시아의 노브고로드 공
국을 건설했다. 그들이 사용한
긴 배를 지칭해 일명 바이킹족
이라고도 불린다.

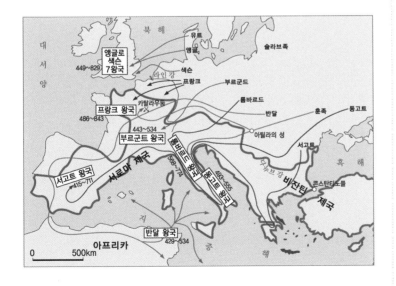

게르만족의 이동으로 형성된
왕국들

성장하는 프랑크 왕국

　허약해진 서로마제국의 영향력이 약화되는 동안, 라인 강을 건너온 게르만족들은 부유하고 비옥한 갈리아 지역을 차지하기 위해 서로 맹렬하게 싸웠습니다. 그중 두각을 나타낸 것이 서고트족과 프랑크족이었는데, 먼저 세력을 넓힌 것은 서고트족이었습니다. 서로마제국의 마지막 황제를 폐위시킨 오도아케르는 게르만족 중에서 가장 강력한 세력인 서고트족과의 제휴를 모색하기 위해 라인 강에서 대서양에 이르는 알프스 산맥 너머의 로마 정복지 전체를 서고트족의 왕인 에우리크에게 양도했습니다. 여기에 힘입은 에우리크가 갈리아 지역을 장악함과 동시에 스페인 정복에 나서자, 반달족과 동고트족 모두 서고트족과 동맹을 맺기를 원할 정도였습니다.

　종종 국가의 운명은 우연한 사건으로 결정된다. 프랑크 왕국이 강력한 국가가 된 것은 서고트족의 왕인 에우리크가 너무 일찍 죽고 그의 아들인 알라리크 2세는 국가에 별 도움이 되지 못하는 어린아이였던 데 반해, 그의 적인 클로비스는 야심차고 혈기 왕성한 청년기에 접어들었기 때문이었다……. 클로비스의 성공적인 경력은 그가 45세의 나이로 죽으면서 중단되었지만, 30년 동안의 치세로 갈리아 지역에 프랑크 왕국을 건설하는 임무를 완성한 후였다.(38장 120-121, 123쪽)

메로빙거 왕조˙의 클로비스는 15세 때 아버지의 죽음으로 프랑크

•메로빙거 왕조(481~751)
클로비스의 할아버지인 메로비우스의 이름을 따서 프랑크 왕조를 메로빙거 왕조라고 한다.

족의 한 부족이자 병사의 수가 5,000
명도 안 될 만큼 작았던 살리 부족의
통치권을 받았습니다. 게르만족은 각
부족장의 통치에 순종하다가 승리를
거듭하는 인기 있는 장군이 나타나면
그 장군 휘하로 단합하는 경향이 있
었습니다. 클로비스는 금은보화는 물

프랑스 수아송 지역에서 승
리를 거둔 클로비스
클로비스는 프랑스의 수아송
에서 갈리아의 마지막 로마인
통치자 시아그리우스를 물리
쳤다. 그 결과 그 일대를 모두
지배하게 되면서, 아울러 로
마 금고에 있던 재산까지 차
지했다.

론 식량도 변변찮은 상태에서 처음 출정했으나 전쟁에서 연이어 승
리했습니다. 그가 늘어난 전리품을 병사들에게 골고루 나누어 주자
그 명성을 듣고 여러 부족들이 그의 휘하에 들어와 프랑크족을 하나
로 통합할 수 있었습니다. 또 백여 개의 기병대와 보병대로 구성되
어 갈리아 지역을 방어하던 로마군은 갈수록 이민족들로 채워졌는
데, 클로비스가 이들에게 생명과 재산을 보장하는 조건으로 항복을
권유함에 따라 점차 그의 군대로 편입되었습니다.

프랑스 북부와 벨기에 사이의 작은 영토에서 출발한 클로비스의
왕국은 점차 병력이 증가하면서 먼저 독일 남부를 차지한 알라마니
족과 496년에 쾰른 지역에서 맞붙어 승리를 거두었고, 알라마니족
최후의 왕을 전사시켰습니다. 프랑크족은 알라마니족뿐만 아니라
흩어져 있던 여러 부족들을 차례로 정복함으로써 독일 남부까지 영
토를 확대했습니다.

클로비스의 다음 상대는 서고트족이었습니다. 프랑스 중서부 지
역의 주민들이 프랑크족에게 복종하자 서고트족의 왕인 알라리크
2세재위 484~507가 전쟁을 선포했고, 프랑크족보다 훨씬 많은 병력을

이끌고 507년에서 508년 사이에 벌어진 전투에 참가했습니다. 그러나 갈리아 남부 지방으로 피신해 원군을 약속한 이탈리아의 동고트족을 기다리자는 신중한 견해와 이를 반대하는 공격적인 견해 사이에서 탁상공론을 벌이는 동안 결정적인 공격의 시기를 놓치면서 프랑크족에게 반격을 당했습니다. 이 전투가 진행되던 중 클로비스와 알라리크 2세의 일대일 대전에서 알라리크 2세가 패했습니다. 그의 사후에는 적자와 서자, 그리고 귀족들 사이에 왕위 분쟁이 발생하여 프랑크족의 공격을 막아내지 못했습니다. 이로써 프랑크 왕국의 영토는 프랑스 중서부까지 확대되었고, 서고트족의 영토는 스페인에 국한되었습니다.

뒤를 이어 프랑스 동부와 스위스에 자리 잡고 있던 부르군트 왕국의 마지막 왕은 클로비스와의 전투에서 패해 아내 그리고 두 자녀와 함께 깊은 우물에 생매장되었고, 534년 그의 영토는 프랑크 왕국에게 넘어갔습니다.

프랑크 왕국의 성장 배경

클로비스가 갈리아 지역 전체를 장악했지만, 이 지역에 있던 로마인들 대다수는 살아남아 재산과 시민권을 유지했습니다. 이들은 마음만 먹으면 공직이나 군 지휘관, 성직을 맡는 데 어떤 제약도 받지 않을 수 있었습니다. 특히 이민족들도 그리스도교로 개종함에 따라 로마인들과 종교적으로도 잘 융화되었습니다.

갈리아의 부르군트족, 스페인의 수에비족, 아프리카의 반달족, 파노니아의 동고트족, 오도아케르를 이탈리아의 왕으로 앉힌 다양한 종족으로 구성된 용병들 등 서로마제국의 폐허 위에 왕국을 건설한 거의 대부분의 야만족들이 그리스도교를 받아들였다. 다만 프랑크족과 색슨족은 여전히 이교를 숭배하는 실수를 저질렀지만, 프랑크족은 클로비스의 예를 따라 개종하면서 갈리아 지역을 획득했고, 브리타니아를 정복한 색슨족 역시 로마 선교사들로 인해 야만적인 미신에서 빠져나왔다.(37장 92쪽)

이민족들이 개종한 종파는 아리우스파였습니다. 기질이나 이해력 면에서 아리우스파와 아타나시우스파의 형이상학적인 미묘한 차이를 알 수 없던 대다수의 이민족들에게는, 아버지와 아들이 같지 않으며 동질도 아니라는 아리우스파의 주장이 인간 사회를 빗대어 볼 때 훨씬 더 설득력이 있었습니다. 반달족과 동고트족은 왕국이 멸망할 때까지 아리우스파 교리를 신봉했으나, 스페인의 서고트족은 후에 자발적으로 정통 교리로 개종했습니다. 또한 갈리아 지역은 처음부터 정통 교리를 신봉한 프랑크족에게 정복당했으므로 아리우스파는 점차 쇠퇴했습니다.

아리우스파를 믿는 다른 이민족과 달리 클로비스가 정통 그리스도교로 개종했다는 점은, 교회는 물론이고 동로마제국이 프랑크 왕국을 인정하는 데 중요한 배경이 되었습니다. 그는 부르군트족 왕의 조카딸을 아내로 맞이했는데, 그녀는 아리우스파가 가득 찬 궁정에

정통 그리스도교로 개종하는 클로비스

서 살면서도 아나타시우스파 신앙을 공언한 사람으로서 이교도인 남편을 개종시키는 것을 최대의 목표로 삼았습니다. 자신도 모르는 사이에 정통 교리에 영향을 받은 클로비스는 알라마니족과의 전투에서 승리한 후 정통 교리로 개종했습니다. 이로써 그는 교회로부터 합법적인 군주이자 영광스러운 구원자로 칭송받게 되었고, 동로마제국의 유스티니아누스 1세 황제로부터 알프스 서쪽 지역의 주권을 공식적으로 넘겨받게 되었습니다.

클로비스가 이끄는 프랑크족이 성장할 수 있었던 또 다른 배경은, 앵글로색슨족처럼 이동의 폭이 좁았다는 사실에 있었습니다. 원 거주지가 라인 강 하류 지역인 프랑크족은 원 거주지를 버리지 않고 점차 라인 강 중상류로, 갈리아 전 지역으로 영토를 확대했습니다. 반면 다른 게르만족과 훈족은 동서로마제국 전역을 돌아다니느라 힘을 소진했습니다. 흑해 지역에서 내려온 훈족은 동로마제국과 다뉴브 강 유역을 거쳐 갈리아 지역으로 들어갔습니다. 역시 흑해 지역에 있던 동고트족은 동로마 지역을 가로질러 이탈리아에, 서고트족은 동로마 지역, 이탈리아, 갈리아 지역을 거쳐 스페인에 정착했습니다. 중부 유럽에 있던 반달족은 라인 강 상류를 거쳐 갈리아, 스페인으로 들어갔다가 아프리카에 왕국을 건설했습니다.

그나마 적게 움직인 종족은 원래 북유럽에 거주했다가 곧바로 내려온 부르군트족과 롬바르드족 입니다. 부르군트족은 라인 강 상류를 거쳐 갈리아 동부에 정착했고, 롬바르드족은 다뉴브 강 하류를 거쳐 이탈리아에 정착했습니다. 물론 여러 지역을 떠돌아다닌 게르만족과 훈족은 유목민의 습성에 따라 나름대로 비옥한 토지와

●유스티니아누스 1세(재위 527~565)
뛰어난 통솔력으로 로마 서방의 영토를 재정복했으며, 국가 재정에도 힘쓰는 한편 《로마법대전》을 편찬하여 후세에 큰 영향을 끼쳤다.

●롬바르드족
북유럽이 원 거주지로서 1세기 초 엘베 강 하류에 거주했고, 이후 게르마니아의 내륙 깊숙한 곳에 거주해 2세기부터 5세기 후반까지 그 역사적 흔적을 찾기 쉽지 않다. 480년대 다뉴브 강으로 이동했고, 6세기 중반 파노니아를 거쳐 이탈리아로 들어왔다.

따뜻한 기후, 부를 노리고 이동한 것이지만, 그렇게 이동하는 동안 새로운 적을 상대하고 새로운 상황에 적응하느라 왕국의 뿌리를 내릴 수 있는 시간과 힘을 소진했습니다. 반면 프랑크족은 로마화된 부유한 갈리아 지역에 있었다는 지리적인 이점을 가지고 있었을 뿐 아니라, 동로마제국과 같은 더 부유한 지역을 노리지 않고 갈리아 한 곳에만 힘을 집중시킨 점이 강력한 국가로 성장할 수 있던 배경이었습니다.

메로빙거 왕조의 뒤를 이은 카롤링거 왕조의 샤를마뉴는 갈리아 지역을 넘어 독일 북부, 스페인 북부, 이탈리아, 헝가리를 프랑크 왕국의 영토로 편입시킨 대제국을 건설했습니다. 이탈리아에서 동로마제국의 세력을 그리고 스페인에서 이슬람 세력을 몰아내고 나머지 지역을 동맹국으로 묶어 둔 그는, 서로마제국 영토의 3분의 2를 차지하면서 서유럽의 정치적 통합을 이루었습니다. 그러나 그는 메로빙거 왕조와 마찬가지로 왕국을 아들들에게 나누어 주는 위험한 분할 상속의 관행을 따름으로써 혼란을 초래했습니다. 분할된 왕국들은 각각 독립적인 국가였으므로, 각자가 주변 지역을 정복해 나가면서 영토를 더 넓힐 수 있다는 이점이 있었습니다. 그러나 자신의 상속분에 불만을 가진 자나 일찍 사망하는 상속자가 나오면, 서로의 영토를 더 차지하기 위해 끊임없이 영토 분쟁을 하게 된다는 단점도 있었습니다. 9세기 샤를마

샤를마뉴(재위 768~814)
카롤링거 왕조의 2대 프랑크 국왕. 정복 사업을 통해 영토를 확장하여 유럽의 정치적 통일을 달성하고, 로마 교황권과 협조하여 종교적인 통일을 이루었다.

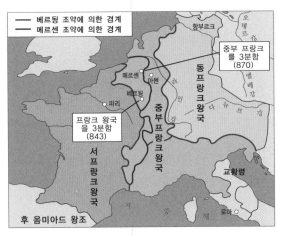

프랑크왕국의 분열
샤를마뉴 사후 뒤를 이은 루이
1세의 세 아들 사이에서 영토
쟁탈에 의한 내란이 벌어졌다.
그리하여 베르됭 조약에 의해
장남 로타르는 제위와 함께 중
부 프랑크와 이탈리아를, 둘째
샤를은 서프랑크를, 셋째 루트
비히는 동프랑크를 각각 차지
하게 되었다.

●**마자르족**
중부 유럽을 차지한 헝가리족
으로 흑해 북부에 있었으나, 9
세기 후반 흑해 동부의 부족들
이 팽창 정책을 취하자 서쪽으
로 이주했다.

뉴의 셋째아들이 형제들 중에서 가장 오래 살아남아 아버지가 창건한 제국 전체를 모두 얻었습니다. 그러나 그가 다시 세 아들에게 제국을 나누어 물려 주면서 극심한 내전을 겪다가 결국 독일, 프랑스, 이탈리아로 영구히 분리되는 결과를 가져왔습니다.

메로빙거 왕조 시기 국왕들은 원래 평상시나 전시에 군주에게 개인적인 충성을 바친 용감한 귀족들에게 말이나 갑옷으로 보상해 주었으나, 차츰 공적이나 총애의 정도에 따라 토지를 하사하게 되었습니다. 귀족들은 하사받은 토지가 국왕의 뜻에 따라 언제든지 다시 몰수될 수 있다는 불완전한 소유권을 가졌지만, 차츰 영구적인 소유권을 확보하고 세습 권리까지 얻었습니다.

9세기에서 10세기 즈음 샤를마뉴 사후 영토 분쟁으로 인한 정치적 혼란과 노르만, 이슬람, 마자르족 등 이민족의 침입이 격화되자, 가장 필요해진 것이 안전 보장과 질서 유지였습니다. 귀족들은 자신의 생명과 재산을 지킴과 동시에 기동성이 뛰어난 적들의 침입에 효과적으로 대처하기 위해 스스로 군대를 가질 필요가 있었고, 힘없는 자들은 무력을 갖춘 귀족들에게 의존할 수밖에 없었습니다. 이로써 귀족들이 군사적 봉사를 대가로 받은 자신의 토지에 대해 공권력이라 할 수 있는 징세권, 재판권, 치안 유지권을 가진 사회, 국왕이 귀족의 영지에서 벌어지는 일에 일체 간섭할 수 없는 지방

분권사회, 영지 내의 농민들이 귀족에게 지배당하고 예속된 사회, 자급자족적인 경제 체제를 가진 사회인 중세 봉건사회가 형성되었습니다.

이탈리아를 차지한 동고트 왕국

파노니아에 거주했던 동고트족 왕가의 후손인 테오도리쿠스는 8세 때 동로마제국에 대항했다가 동맹의 표시로 콘스탄티노플에 인질로 보내졌고, 18세가 되어서야 고국으로 돌아올 수 있었습니다. 당시 유목민의 전형적인 습성대로 생필품이 떨어지면 전쟁과 약탈에 의존하던 동고트족은, 동로마제국이 동맹을 유지하고자 하사금을 보내면 낭비와 사치로 없애버렸습니다.

동로마제국은 가장 약체인 이민족 부대를 유지하려고 해도 하사금으로 금 200파운드와 엄청난 액수의 봉급이 필요하다면서 더 이상 동고트족과의 동맹을 유지하기를 거부했습니다. 신중한 테오도리쿠스는 동로마제국의 동맹자로서 같은 고트족과 싸울 것이냐 아니면 고트족을 이끌고 황제에게 대적할 것이냐를 놓고 고심했습니다. 마침내 그는 이탈리아의 폭군인 오도아케르에 대항해 싸우게 해달라고 동로마제국에 뜻밖의 요청을 했고, 이 제안은 받아들여졌습니다.

로마를 격으로 돌릴 수도 없고....

이탈리아의 부와 아름다움을 익히 알고 있던 고트족이 전리품을 챙기려는 욕심에 구름처럼 모여들었고, 처자식을 동반한 이들의 마차 행렬은 상당히 길었습니다. 서로마제국이 몰락한 후 황폐화된 다뉴브 강 유역을 거쳐 약 1,130킬로미터를 행군한 동고트족은 이탈리아 북부에서 마주친 오도아케르의 대군에 맞서 승리했습니다. 라벤나 궁정으로 도망친 오도아케르는 적군의 포위 공격이 3년을 넘어가자, 굶주린 주민들의 불만을 더 이상 견딜 수 없어 라벤나 주교의 중재 아래 이탈리아를 테오도리쿠스와 같이 통치하는 데 합의하고 성문을 열었습니다. 평화 협상을 기념하는 성대한 연회가 벌어지는 동안 오도아케르가 암살되면서, 이탈리아는 동로마제국의 승인을 받은 테오도리쿠스의 차지가 되었습니다.

이탈리아를 장악한 493년부터 사망한 526년까지 33년에 걸친 테오도리쿠스의 치세 기간은, 서유럽을 차지한 이민족 왕국들 간의 조화와 균형을 유지하는 데 공헌한 시기로 인정받았습니다. 그는 왕실 가족들을 프랑크족, 부르군트족, 서고트족, 반달족과 결혼 동맹을 맺게 하여 우호세력으로 삼은 한편, 분쟁에 연루되었을 때도 강력한 군사력으로 제압함으로써 중재자의 역할을 톡톡히 했습니다. 특히 세력을 확장한 프랑크족의 클로비스에게 밀리던 동족인 서고트족을 직접 도와주지는 못했지만, 서고트 왕가와 피난민들을 받아들임으로써 서고트족으로부터 왕실의 보호자로 존경을 받았습니다.

생산은 이탈리아인들이, 전쟁은 동고트족들이 담당하는 분리 정책을 추구한 테오도리쿠스의 치세 덕택에 로마인들은 질서, 풍요, 오락을 마음껏 즐길 수 있었습니다.

평화의 그늘이 드리워지면서 농업은 점차 살아났고, 석방된 포로로 인해 농민의 수도 증가했다. 달마티아 지역의 철광산과 브루티움 의 금광산이 조심스럽게 발굴되었고, 개인 사업가들은 습지를 간척하여 경작했다. 날씨가 좋지 않아서 작황이 나쁠 때는 곡식 창고를 짓거나 곡물 가격을 고정시켰고, 수출을 금지했다. 그러나 땅이 비옥한 데다 사람들 역시 근면해서 생산량이 상당히 많았기 때문에 포도주나 밀이 헐값에 팔렸다. 교역할 물건들이 많다 보니 전 세계 상인들로부터 관심을 끌었고, 자유로운 정신을 소유한 테오도리쿠스가 이처럼 유익한 교역을 장려, 보호했기 때문에 속주들 간 육로와 해로를 통한 자유로운 교역이 회복, 확대되었다. 도시의 성문은 낮이건 밤이건 닫히지 않았고, 금이 든 지갑을 들판에 두어도 그대로 있다는 속담은 주민들이 안전하게 거주했음을 반증하고 있다.(39장 228-229쪽)

달마티아
아드리아 해 동부 연안에 위치한 로마의 속주로서 오늘날의 크로아티아에 해당하는 지역이다.

브루티움
이탈리아 반도의 남서부 끝에 있는 지역으로서 칼라브리아라고도 불린다.

테오도리쿠스의 훌륭한 통치 능력은 정통 그리스도교에 대한 박해로 빛이 바래졌습니다. 테오도리쿠스가 아리우스파의 교리로 교육을 받은 반면, 이탈리아인들은 니케아 신조를 신봉하는 아타나시우스파 교도들이었습니다. 사실 테오도리쿠스는 형이상학적인 신학의 미묘한 차이점을 알지도 못했고, 열렬한 신도도 아니었기 때문에 평화와 안정을 위해 정통 그리스도교를 인정했습니다.

그의 긴 치세 기간 동안 아타나시우스파를 믿는 교도가 자발적 선택으로

라벤나에 있는 테오도리쿠스의 영묘

제자들을 가르치는 보이티우스

든 강요에 의해서든 아리우스파로 개종한 경우는 찾아볼 수 없었습니다. 또 교황직을 두고 두 명이 서로 경쟁하고 있을 때, 테오도리쿠스는 이탈리아의 안위를 위해 좀 더 다루기 쉬운 사람을 교황으로 결정했습니다.

테오도리쿠스의 관용 정책은 동로마제국과의 관계에서 박해로 바뀌었습니다. 동로마제국의 유스티니아누스 1세 황제가 자국 내의 아리우스파를 처벌하겠다고 공포하자, 테오도리쿠스는 자신이 아타나시우스파 교도에 대해 관용 정책을 베풀어준 것처럼 동로마제국 내에서도 아리우스파를 허용해 달라고 요구했습니다. 동로마제국이 이를 단호히 거절하자, 테오도리쿠스 역시 이탈리아에서도 정통 그리스도교의 예배를 금지한다는 칙령을 내렸습니다.

이런 와중에 고트족으로부터 이탈리아를 해방시켜 달라고 동로마 황제에게 보낸 서신에 서명을 했다는 이유로 철학자이자 집정관을 지낸 보이티우스480~524를 반역죄로 감금한 뒤 처형했습니다. 테오도리쿠스가 병에 걸려 죽음을 앞두고 보이티우스를 죽인 일을 후회하기는 했지만, 말년에 보여 준 그의 편협함은 치세의 오점으로 남았습니다.

❖ 등자와 봉건제도

말의 안장 옆구리에 양쪽으로 달아 말을 탈 때와 내릴 때 발을 거는 장치인 등자가 서유럽에 언제, 어떻게 도입되었는지는 정확히 알려져 있지 않지만, 중동이나 중국을 거쳐 8세기 프랑크 왕국의 찰스 마르텔680~741이 전투에 처음 활용한 것은 분명하다. 단순한 발걸이인 등자는 고대의 보병 위주 전술과 중세의 기병 위주 전술을 나누는 획기적인 도구이다. 어릴 때부터 말 위에서 자라는 북부 아프리카와 중동 지역을 제외하면, 등자가 없으면 말에 올라타기가 쉽지 않은 데다 말 위에서 중심을 잡고 전투를 벌이기는 더욱 힘들었다. 그렇기 때문에 그리스와 로마의 전투에서 기병은 대형을 보호하거나 적을 추격하는 등의 부수적인 역할 밖에 하지 못했다. 따라서 서구의 고대를 배경으로 하는 드라마나 영화에서 등자가 있는 말을 타면서 말 위에서 능수능란하게 칼싸움을 하는 멋진 장면은 모두 허구이다. 등자가 사용되면서 기사는 등자에 건 발로 말의 몸통을 꽉 죄면서 중심을 잡을 수 있었을 뿐 아니라 말 위에서 활을 쏘거나 창을 던지는 데 불편함을 느끼지 않게 되었다. 등자 덕택에 기사가 전투에서 핵심적인 역할을 할 수 있게 되었지만 말을 구입하거나 부양하는 데 상당한 경비가 든다는 점과 수년간 말과 함께 전문적인 훈련을 해야 하므로 생산 활동에 종사할 수 없다는 단점이 있었다. 기사, 종자, 말, 훈련 동안의 생계유지를 위해 평균적으로 300~400에이커의 토지가 필요했던 것이다. 이에 토지를 필요로 하는 기사와 기사들의 전투력을 필요로 하는 국왕 사이에 토지와 군사적 봉사를 매개로 하는 봉건제도가 형성되었다.

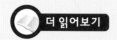
콘스탄티누스 기증장, 위조문서의 대명사

12세기의 기록에 따르면 그리스도교를 공인해 준 콘스탄티누스 황제 1세는 병약한 데다 나병을 심하게 앓고 있었습니다. 황제가 유피테르 신을 모시는 사제들에게 병을 치료할 수 있는 방법을 물어보니, 어린 아이를 태운 연기로 목욕하는 것 외에는 치료 방법이 없다는 말을 들었습니다. 황제는 즉시 많은 아이들을 데려오게 했는데, 아이를 빼앗긴 어머니들의 통곡소리로 신전 주변이 시끄러웠습니다. 통곡소리를 들은 황제가 신하에게 무슨 소리냐고 물었고, 신하는 아이를 빼앗긴 부인들의 울음소리라고 대답했습니다. 그때서야 정신을 차린 황제는 이런 방법으로 병을 고친다고 해도 그처럼 많은 아이들을 희생시킨 대가로 나았다고 비난받을 것이라면서 아이들을 어머니에게 돌려보내고 보상해 주었습니다.

황제가 아이들을 돌려보내라는 명령을 한 그날 밤 베드로와 바울이 꿈에 나타나 실베스테르 1세 주교재임 314~335를 찾아가면 육체의 질병을 고칠 수 있을 것이라고 했습니다.

세례를 받는 콘스탄티누스 1세

꿈에서 깬 황제는 신하들에게 실베스테르 1세 주교를 데려오라고 했습니다. 황제의 꿈 이야기를 들은 주교는 황제에게 그리스도와 사도들에 대한 이야기를 해주면서 황제에게 세례 의식을 해주었고, 그 덕택에 나병도 말끔히 나았습니다. 이에 대한 고마움으로 황제는 로마 시 교회의 주교직과 세습 재산에서 손을 떼고 동방에 새로운 수도를 건설하겠다고 말했고, 로마 시, 이탈리아, 서유럽의 자유와 영구적인 통치권을 교황에게 넘겨주었다고 합니다.

이처럼 이탈리아를 포함한 서유럽 전체의 종교적 권한뿐만 아니라 세속적인 통치권까지도 교황에게 주었다는 내용이 담긴 콘스탄티누스 기증장은, 7세기에 이시도르라는 세빌리아의 주교가 편찬한 '이시도르의 위서'에 포함되어 있습니다. 종교 회의의 결과를 기록한 2부는 진본이지만, 역대 교황들의 칙령을 담은 1부와 3부는 이시도르의 이름을 빌려 위조되었습니다. 8세기에 위조되었다고 보는 견해는, 카롤링거 가문의 피핀 3세재위 751~768가 메로빙거 왕조를 무너뜨리고 카롤링거라는 새로운 왕조를 세우는 데 교황 스테판 2세재임 752~757가 승인해 준 대가로, 이탈리아에 침입한 롬바르드족을 물리치고 그 땅을 교황에게 주기 위해 협상하는 과정에서 교회 측이 협상을 유리하게 하려고 위조했다는 것입니다. 9세기에 위조되었다는 견해도 있습니다. 프랑스의 주교들은 자신들이 교황의 명령으로만 면직될 수 있으며 세속 귀족의 간섭을 받지 않아도 된다는 것을 확인해 줄 교회법 법령집이 필요했습니다. 그러나 갈리아 지방의 문서고에는 그런 내용의 교회법 법령집이 없었으므로, 프랑스 주교들은 그런 법령집을 하나 만들기로 결심했습니다. 먼저 문서를 날조하고, 그 다음 날조한 문서를 역대

콘스탄티누스 기증장

교황들의 칙령과 뒤섞어서 이시도르의 이름을 빌려 편찬했다는 것입니다.

비잔틴제국의 황제와 서유럽 군주와 귀족들의 간섭으로부터 교회의 독립성을 주장하기 위해 위조된 이 문서는 1440년 발라가 위작임을 주장했고, 그 뒤에도 논쟁이 계속되다가 18세기에 위작임이 최종적으로 확정되었습니다.

비잔틴제국은 고대 로마제국을 이어받아 그리스도교적인 색채에 이슬람적인 색채를 가미한 문화를 발칸 반도의 슬라브, 불가리아, 러시아 등 주변 민족들에게 전하는 동시에, 고대의 세속 문학을 보존함으로써 서유럽에서 르네상스가 발흥하는 데 일조했습니다. 문화의 융합자이자 보존자인 비잔틴제국은 고대와 근대의 징검다리이자, 동양과 서양을 잇는 연결고리였습니다. 6세기의 황금기를 지나 7~8세기의 혼란기, 9세기에서 11세기까지의 번영기를 거친 비잔틴제국의 역사는 《로마제국 쇠망사》의 40~56장에 서술되어 있습니다.

4부

로마제국의
부활을 꿈꾸는
비잔틴제국
[6~11세기]

비잔틴제국, 또 다른 로마제국

　기번이 비잔틴제국의 역사에 대해 영토의 규모도 작고 로마제국을 들먹이며 명예를 손상시킨 빈약하고 지루하고 단조로운 데다 독창성이 없는 역사라고 했지만, 그렇게 폄하할 정도로 의미 없고 발전 없는 역사는 아니었습니다. 과거 로마제국에 비해 영토의 규모는 작았지만, 서로마제국이 이민족들에게 점령되는 동안 살아남아 천 년 동안 지속되었다는 점은 나름대로 저력이 있었음을 시사합니다. 이민족이 활개를 치던 아프리카와 이탈리아를 재점령했고, 비록 이슬람 세력에게 많은 영토를 빼앗기기는 했지만 그들이 서유럽으로 팽창하는 것을 막는 데 기여한 바가 있습니다.

　로마제국이 건국에서부터 서로마제국이 멸망하기까지 12세기 동안 지속되었고, 비잔틴제국은 5세기부터 15세기까지 천 년 정도 존속했습니다. 정치적, 종교적, 문화적인 발전을 이루 열거할 수 없을 정도로 긴 시간인 12세기와 비교해도 비잔틴제국의 존속 기간 역시 결코 짧지 않기 때문에 독창성 없는 역사라고 볼 수는 없습니다. 물론 오랫동안 존속했다고 해서 반드시 발전했다고 볼 수는 없지만, 로마제국이라는 비옥한 토양 위에 있던 만큼 그 문화를 계승, 발전시킬 여지가 많았습니다.

　행정적, 군사적 측면에서 볼 때 속주를 전보다 큰 규모로 나누어 농민들에게 땅을 주면서 군 복무를 대신하게 한 제도는, 속주를 잘게 나누어 방어하고 소작농이 절대다수였던 고대 로마제국과 달랐습니다. 또 변경 지역에 상시 주둔하는 군대를 둔 고대 로마제국의 제도를 답습하되, 기병을 강화하여 기동력을 높이는 적극성도 발휘했습니다. 물론 어느 것이 더 좋다고 할 수 없을 정도로 각기 다른 적의 성향과 군사적, 경제적 상황을 고려해 만든 제도이지만, 비잔틴제국의 엄격하고 통일된 군사행정제도 덕택에 이슬람 세력과 이민족의 공격을 견딜 수 있었던 것은 사실입니다.

종교적인 측면에서 보면, 비잔틴제국의 황제들은 국론 분열을 우려하여 교리 정리에 나선 콘스탄티누스 1세 황제보다 더 열심히 교회의 수장 역할을 하고자 했습니다. 그리하여 그들은 정치적 통합과 황제권 강화는 물론 교회 문제에도 적극 개입했습니다. 또 문화적인 측면에서 보면, 그리스어를 사용한 비잔틴제국은 고대 그리스 고전에 대한 존경심을 가지고 있었기에 학자들이 그리스 작품을 읽고 필사하고 주석을 붙이는 데 열중했습니다. 건축 또한 아치나 돔을 광범위하게 사용하는 고대 로마제국의 양식을 그대로 이어받았으나, 추상적이고도 화려한 색채와 정교한 문양에 치중한 내부 장식은 이슬람적인 요소를 가미하여 발전한 것이었습니다. 따라서 서유럽의 로마 가톨릭과 분리된 그리스정교의 본거지라는 점과 함께 현재 남아 있는 그리스 고전 문헌들의 상당수가 비잔틴제국의 필사본에 바탕을 두고 있다는 점은 비잔틴제국을 단순히 로마제국의 계승자로만 보기 어렵게 합니다.

비잔틴제국은 고대 로마제국을 이어받아 그리스도교적인 색채에 이슬람적인 색채를 가미한 문화를 발칸 반도의 슬라브, 불가리아, 러시아 등 주변 민족들에게 전하는 동시에, 고대의 세속 문학을 보존함으로써 서유럽에서 르네상스가 발흥하는 데 일조했습니다. 문화의 융합자이자 보존자인 비잔틴제국은 고대와 근대의 징검다리이자, 동양과 서양을 잇는 연결고리였습니다. 6세기의 황금기를 지나 7~8세기의 혼란기, 9세기에서 11세기까지의 번영기를 거친 비잔틴제국의 역사는 《로마제국 쇠망사》의 40~56장에 서술되어 있습니다.

01 영토 팽창과 수성을 위한 노력

● ● ● 비잔틴제국은 별개의 국가가 아니라 로마제국의 연속이었으므로, 황제들이 과거 잃어버린 로마제국의 영토를 되찾으려는 욕심을 가지는 것은 당연했습니다. 제국 군대에 여력이 있고 구실만 제대로 주어진다면 게르만족이 차지하고 있던 서유럽으로 언제든지 군대를 파견하고 싶어 했고, 이 꿈은 유스티니아누스 1세 황제 때 이루어졌습니다. 페르시아와 평화협정을 맺고 동방 상황이 안정되자 군대는 서방으로 향했습니다. 서로마제국의 전 영토를 획득하지는 못했지만, 아프리카나 이탈리아와 같은 제국의 인근 지역을 획득함으로써 로마제국을 부활시키겠다는 꿈을 어느 정도 달성했습니다.

중동 지역에 새로이 등장한 이슬람 세력은 비잔틴제국이 이제까

로마제국의
영토를 되찾겠노라.

누구 맘대로?

지 보지 못한 거대한 장벽이었습니다. 처음에는 별로 대수롭지 않게 여긴 이슬람 세력이 비잔틴제국의 오랜 적인 페르시아를 멸망시키고, 아라비아 반도 전역을 차지한 후 무섭게 북상해 제국의 영토를 침입했습니다. 제국의 수도까지 위협하는 이슬람군과 이슬람에게 빼앗긴 영토를 재탈환하려는 비잔틴제국 간의 긴 싸움은 서로 밀리면 끝이라는 생각에 한 치의 양보도 없이 진행되었습니다. 오늘날까지 지속되는 그리스도 교권과 이슬람권의 치열한 전쟁이 이제 막 시작된 것입니다.

벨리사리우스의 아프리카 원정

유스티니아누스 1세 황제는, 다키아의 농부 출신으로 근위대에 들어가 승진을 거듭하면서 급기야 제위에 오른 유스티누스 1세 황제의 조카로서 황제가 되는 행운을 안았습니다. 치세 초기에 겪은 반란과 페르시아와의 전쟁으로 정신이 없었던 황제는, 반란이 진압되고 페르시아에 보상금을 주는 조건으로 불완전하지만 휴전협정을 맺은 후 서방으로 눈길을 돌렸습니다. 유스티니아누스 1세 황제의 서방 원정은 로마제국의 복구라는 거대한 목적을 가지고 있었지만, 전쟁을 수반해야 했기 때문에 단순히 욕심만으로 성공할 수 있는 사안은 아니었습니다. 원정이 성공한 것은 트라키아의 농부 출신이면서 전략적 감각이 뛰어났고, 황제의 충실한 신하이자 시기의 대상이기도 하던 벨리사리우스라는 군사령관이 있었기에 가능했습니다.

유스티누스 1세(재위 518~527)
농부 출신으로 군대의 낮은 직급부터 시작해 황제가 되었다.

벨리사리우스(505?~565)
비잔틴제국의 명장으로, 유스티니아누스 1세의 치하에서 크게 활약했다.

유스티니아누스 1세 황제가 첫 번째 전쟁 지역으로 선택한 곳은 왕위 분쟁을 겪고 있던 아프리카였습니다. 반달군의 총사령관인 겔리메르◦에게 왕위를 빼앗긴 국왕을 복위시키라는 구실로 시작된 아프리카 전쟁533~534에는 533년 6월에 약 600척의 함대와 35,000명의 병력이 우선 투입되었습니다. 아프리카 최대 도시 중의 하나인 카르타고를 향해 육군은 육로로 매일 약 20킬로미터씩 행군했고, 모든 함대는 해안가를 따라 항해하면서 항상 육군을 볼 수 있는 곳에 있었습니다. 반달군의 겔리메르는 두 동생과 함께 삼면에서 협공작전을 펼친다는 계획이었으나, 진군 속도와 연락 체계의 문제로 두 동생이 먼저 공격했다가 패배했습니다. 두 동생의 사망으로 이제 혼자 남게 된 겔리메르는 벨리사리우스의 공격을 이겨내지 못하고 패배하여 서쪽 사막으로 도망쳤습니다.

533년 9월에 아프리카의 해방군으로 카르타고를 함락한 비잔틴군은 카르타고에서 32킬로미터 떨어진 곳에서 재기를 노린 겔리메르 군대의 급습을 받았습니다. 반달군은 기병대 가운데 500명의 근위대와 함께 있던 벨리사리우스와 그 뒤에 있는 보병대를 향해 창을 던지고 활을 쏘면서 돌진했습니다. 세 번이나 전진과 후퇴를 거듭하던 기병대는 마침내 승기를 잡아 반달족 800명 정도를 학살했습니다. 전투의 규모가 크거나 사망자의 수가 많지도 않은 데다 지휘관인 겔리메르가 아직 생존해 있는 상황이었으므로, 승리를 완전히 확신하지 못한 벨리사리우스는 그날 저녁 곧바로 적군의 주둔지를 공격했습니다. 비잔틴군은 남녀노소 할 것 없이 보이는 사람들을 모두 학살했고, 사방을 돌아다니면서 미친 듯이 약탈했습니다.

겨우 목숨을 건져 스페인으로 가기 위해 해변으로 도주하던 겔리메르는 추격해 온 비잔틴군에게 퇴로가 차단되어 인근 산으로 도망쳤습니다. 산을 포위한 비잔틴군에게 완전히 갇혀 극심한 피로와 굶주림에 시달리던 겔리메르는 신변의 안전과 명예로운 대접을 보장해 준다는 벨리사리우스의 약속을 믿고 산에서 내려왔습니다. 겔리메르는 벨리사리우스와 함께 콘스탄티노플로 와서 개선식에 모습을 보인 후, 약속받은 대로 터키 동부의 한 속주에서 평화롭게 삶을 마감했습니다. 그러나 그가 속한 왕국, 한때 인구가 60만 명에 달하던 왕국의 주민들은 자신들의 특성, 종교, 언어를 점차 잊어버리면서 아프리카의 여타 주민들과 동화되어 갔습니다.

벨리사리우스의 1차 이탈리아 원정

아프리카를 장악한 유스티니아누스 1세 황제의 다음 목표는 이탈리아였습니다. 로마제국의 발상지이자 서유럽 교회의 중심지인 이탈리아를 수중에 넣지 않는 한, 고대 로마제국의 부활은 허울에 불과했기 때문입니다. 황제는 이탈리아를 장악하고 있던 동고트족과 전쟁할 구실을 찾고 있었습니다. 때마침 테오도리쿠스의 딸인 아말라순타(495?~535)가 사촌인 테오다하드 왕과 불화를 겪다가 유스티니아누스 1세 황제에게 은밀하게 도움을 요청함에 따라 황제는 이탈리아 왕국을 자신에게 완전히 양도한다면 구해 주겠다는 서한을 보냈습니다. 도움이 절실하던 그녀는 비잔틴 황제의 굴욕적인 서한에 어쩔 수 없이 서명했습니다. 하지만 황제가 그에 대한 조치

테오다하드(재위 531~536)
동고트 왕국의 3대 왕.

를 취하기도 전에 그녀가 이탈리아 왕에게 붙잡혀 감금된 채 질식 사하는 사건이 발생했습니다. 그녀의 죽음을 알게 된 유스티니아누스 1세 황제는 슬픔과 분노에 휩싸인 얼굴을 하고서 이탈리아를 향해 영원한 전쟁을 선포했습니다.

1차 이탈리아 원정535~540에서 벨리사리우스가 이끄는 기병 4,500명, 보병 3,000명으로 구성된 비잔틴 군대가 535년 로마의 곡창 지대인 시칠리아에 도착했습니다. 그러자 주민들은 그때까지 자신들을 지배하고 있던 동고트족을 배신하고 비잔틴 군대를 받아들였습니다. 시칠리아를 장악하고 이탈리아 본토에 상륙한 비잔틴 군대는 남부의 거대 도시인 나폴리로 진격하여 육해 양면에서 포위했습니다. 벨리사리우스는 안전을 최대한 보장해 주겠다고 약속했지만, 충성의 표시로 가족을 라벤나 궁정에 인질로 보낸 나폴리의 동고트군은 쉽게 포기하지 않았습니다. 20일이 지나자 벨리사리우스로 인내심에 한계를 드러내 나폴리 시로 흐르는 모든 수로를 차단하고, 야음을 틈타 물이 마른 수로를 통해 400명의 병사를 보냈습니다. 불시에 습격을 받은 나폴리는 어쩔 수 없이 도시의 성문을 열어 비잔틴군을 받아들였습니다.

나폴리가 함락된 후 로마 시민들은 벨리사리우스에게 유서 깊은 로마 시가 북쪽의 야만족 무리에게 계속 짓밟히게 할 수 없다고 하면서 로마 시로 입성해 달라고 부탁했습니다. 이 요청에 따라 비잔틴 군대가 536년 12월 로마 시에 입성함으로써 60년간 예속당하고 있던 야만족의 통치에서 벗어나게 되었습니다. 이탈리아를 장악하는 데 있어 로마 시를 놓칠 수 없던 동고트군 5만 명이 7개의 성문을 포위한 채 수시로 성벽을 공격해 왔고, 5,000명에 불과하던 비잔틴 군대는 시민들의 자발적인 봉사 덕택에 동고트군을 근근이 막아냈습니다. 문제는 동고트군이 로마 시로 향하는 모든 항구와 도로를 차단했기 때문에 식량이 부족했고, 갇혀 있는 상태에서 먹을 것이 없어서 아무것이나 먹은 탓에 전염병이 창궐했다는 데 있었습니다. 로마 시를 포기하자는 의견까지 나오자 벨리사리우스는 유스티니아누스 1세 황제에게 급하게 원군을 요청했습니다. 때마침 537년 4월에 1,600명의 이민족 병사, 이탈리아 남부에서 모집한 3,500의 병사, 포도주와 밀을 실은 마차가 도착했습니다. 팽팽한 균형 상태에서 원군이 도착했고, 흉작으로 동고트군에 기근과 역병이 발생하자 그들은 1년 동안의 포위를 풀고 퇴각했습니다.

539년에 비잔틴 군대는 계속 북진해서 밀라노를 함락시킨 후 동고트 왕국의 수도인 라벤나로 진격했습니다. 난공불락의 라벤나 시를 함락시키는 데 기근만 한 전략이 없다고 생각한 벨리사리우스는 바다와 육지의 모든 수로를 차단하는 동시에 주변의 곡물창고에 불을 질러 버렸습니다. 명예보다 음식이 더 간절했던 동고트군은 라벤나 요새와 자신들의 재산과 무기를 모두 바치겠다고 제의하면서 성문을 열었습니다.

라벤나 요새를 포위 공격하는 벨리사리우스

키가 크고 강인한 체력을 가지고 수적으로도 우세하고 인내심이 있다고 자부하던 야만족들(동고트족)은 자신들의 이미지에 타격을 받고 혼란스러워했다. 남성적인 고트족의 여성들도 아들과 남편의 얼굴에 침을 뱉으면서 수도 적고 체구도 작은 남쪽의 소인들(비잔틴인)에게 영토와 자유를 넘겨준 것을 신랄하게 비난했다.(41장 395쪽)

산 조반니 성당을 파괴하는 토틸라
동고트왕국의 왕 토틸라가 이탈리아 침략 당시 피렌체에 있는 성 조반니 성당을 파괴하고 있는 모습이다.

비잔틴군에게 어이없이 졌다는 동고트군의 분노를 뒤로 하고 시칠리아와 이탈리아를 장악한 비잔틴 군대의 명성은 벨리사리우스에 대한 유스티니아누스 1세 황제의 시기심과 동고트족의 뛰어난 왕 토틸라재위 541~552의 등극으로 희미해졌습니다. 아프리카와 이탈리아를 점령하고, 시리아를 공격하던 페르시아군을 저지하여 뛰어난 군사적 능력으로 인기가 높던 벨리사리우스에 대한 황제의 시기심은, 자신이 전염병에 걸려 사경을 헤맬 때 후계자 선정 문제를 논의한 주동자가 벨리사리우스라는 소문이 나돌면서 극에 달했습니다. 황후의 손자와 벨리사리우스의 딸이 약혼하는 것으로 두 사람은 화해했지만, 벨리사리우스를 충실한 신하가 아닌 제위를 찬탈할 가능성이 있는 자로 보는 황제의 시각은 바뀌지 않았습니다.

벨리사리우스의 2차 이탈리아 원정

유스티니아누스 1세 황제가 시기심을 드러내지 않고 벨리사리우스에게 다시 이탈리아 정복이라는 임무를 맡긴 것은 토틸라가 이탈리아 완전 정복을 코앞에 두고 있었기 때문입니다. 벨리사리우스의 후임으로 이탈리아를 지배한 11명의 장군들이 과도한 세금 징수와 횡령, 약탈 등 갖은 악행을 저지름으로써, 라벤나 시, 로마 시, 일부 해안 도시들을 제외한 대다수의 도시들이 관대하고 정중한 행동과 합리적인 세금 부과라는 미덕을 보여 준 토틸라를 환영하며 스스로 성문을 열어 주었습니다. 이탈리아를 완전히 잃을 가능성이 있던 황제는 재정복을 위해 벨리사리우스를 다시 파견했습니다. 다만 이전과 같은 전적인 총애도, 풍부한 전쟁 자금도, 뛰어난 병력도 없이 무기를 다루는 것이나 군대의 규율에도 익숙하지 않은 4,000여 명의 신병을 보냈을 뿐이었습니다.

2차 이탈리아 원정541~554에서 이탈리아 남동부 끝자락에 도착한 벨리사리우스는 직접적인 전투를 피하면서 서서히 북진하여, 546년에 동고트족에게 포위되어 있던 로마 시 구출 작전에 나섰습니다. 오랜 포위로 굶주림에 지친 비잔틴군이 성문을 열어 주는 바람에 동고트군이 잠시 로마 시를 점령했으나, 벨리사리우스가 다시 세 차례에 걸친 공격으로 로마 시를 탈환했습니다. 그러나 이후의 전투에서 뚜렷한 성과를 보이지 못한 벨리사리우스는 콘스탄티노플로 소환되었고, 그사이 동고트군이 다시 로마 시를 장악했습니다. 벨리사리우스의 뒤를 이어 파견된 환관 나르세스 는 황제의 절대적인 지지 덕택에 552년에 35,000명의 대규모 부대와 풍부한 자금을 가지고 이탈리아로 출항하여 해안을 따라 북진했습니다. 나르세스는 로마 시 인근에서 토틸라의 군대와 마주쳐 치열한 전투를 벌인 끝에 승리함으로써 로마 시를 탈환했고, 토틸라는 창에

나르세스(478~573)
유스티니아누스 때의 장군이자 환관. 동고트족을 무찌르고 이탈리아를 수복했다.

〈적선을 받는 벨리사리우스〉
벨리사리우스가 모함을 받아
유스티니아누스 1세 황제에게
내쳐졌을 때, 맹인이 되어 거리
에서 구걸하면서 지냈다는 설
을 토대로 그려진 작품이다. 다
비드, 1781, 프랑스 릴 미술관.

찔려 전사했습니다. 토틸라
의 뒤를 이은 동고트 왕국
의 마지막 왕과 나르세스의
일대 격전에서 왕이 투창에
옆구리가 찔려 전사했고,
대다수의 동고트군이 항복
하면서 이탈리아는 비로소
비잔틴제국의 수중에 떨어
졌습니다.

　유스티니아누스 1세 황제는 비잔틴제국의 황제이자 로마제국의
마지막 황제라는 칭송을 받았습니다. 그는 과거 로마제국의 영토
였던 브리타니아나 갈리아 같은 지역을 점령하지는 못했지만, 서
고트 왕국의 왕위 분쟁에 개입하여 스페인 남동부의 일부 지역을
장악했고 북부 아프리카, 이탈리아, 지중해의 섬들을 점령함으로
써 제국의 영토를 넓혔습니다. 평화협정을 깨고 시리아를 점령하
려던 페르시아에 맞서 진격을 차단하는 동시에, 보상금을 지급하
는 조건으로 휴전협정을 맺기도 했습니다. 황제가 이런 업적을 이
룬 것은 뛰어난 군사령관인 벨리사리우스가 있었기에 가능한 일이
었지만, 그를 시기하지 않고 전적으로 믿어 주었다면 더 빨리 이룩
했을 것입니다.

이슬람 세력의 영토 팽창

아라비아 반도의 메카 출신인 무함마드는 610년에 천사 가브리엘을 통해 신의 계시를 받아 포교를 시작했고, 622년에 새로운 종교를 꺼리는 메카 지배층의 박해를 피해 북쪽의 메디나로 이주했습니다. 메디나에서 실권을 장악한 그는 세 차례 전투를 치른 끝에 메카로 무혈 입성했습니다. 메카와 메디나를 중심으로 세력을 확장한 무함마드가 사망한 후, 반목적인 기질의 아랍인들을 이슬람교라는 종교 아래 통합시킨 칼리프 들이 시리아, 페르시아, 이집트, 아프리카, 스페인을 차례로 정복해 나갔습니다.

이슬람군은 먼저 비잔틴제국의 영토인 북서쪽의 시리아를 침입했습니다. 70일간 계속된 이슬람군의 다마스쿠스 포위 공격에 지친 시리아인들은 634년에 자발적으로 떠나면 재산을 가져갈 수 있게 해주고, 공납을 바치면 개인의 소유권을 인정해 줄 것이며, 종교적인 자유도 허용해 준다는 평화 조건을 받아들여 성문을 열었습니다. 다마스쿠스를 점령한 이슬람군이 인근의 여러 도시들을 공략하자, 636년에 비잔틴제국의 헤라클리우스 황제가 8만 명의 대군을 파견하여 6만 명의 이슬람군과 대적했으나 세 번의 전진과 퇴각을 거듭한 끝에 패배했습니다. 이듬해 이슬람군이 포위 공격으로 예루살렘과 안티오크를 차례로 점령하자, 늙고 병든 비잔틴 황제가 패배를 시인하고 수도 콘스탄티노플로 도주함으로써 시리아 전쟁은 이슬람의 승리로 종결되었습니다.

이슬람군이 아라비아 반도를 통일하고 북동쪽의 페르시아 영토

칼리프
아담이 알라의 대변인 역할을 했다는 의미에서 사용한 용어로서 후계자, 대변인이라는 뜻이다. 일반적으로 이슬람 국가의 지도자를 지칭하는 이 칭호는 1924년에 오스만튀르크제국의 해체와 함께 사라졌다.

다마스쿠스
시리아의 수도로서 시리아 남서부에 위치한 도시이다.

헤라클리우스(610~642)
페르시아 원정으로 팔레스티나, 시리아, 메소포타미아, 이집트, 아르메니아를 반환받았으나, 이슬람군에게 패해 도로 빼앗겼다.

* 호스로 2세(재위 590~628)
페르시아의 왕. 예술을 크게 장
려하고 문화적 · 경제적으로 많
은 영향을 미쳤다고 전해진다.

* 크테시폰
고대 파르티아와 사산조 페르
시아제국의 수도로서 오늘날
이라크 바그다드에서 남쪽으
로 35킬로미터 떨어진 지점에
당시의 유적이 남아 있다.

* 튀르크족
중앙아시아에서 만주에 이르
는 지역에 퍼져 있던 유목민이
다. 서쪽에 있던 오구즈튀르크
족 중 카스피 해와 아랄 해 지
역에서 출발해 이란, 이라크로
팽창한 부족이 셀주크튀르크
족이고, 셀주크튀르크가 쇠퇴
할 즈음 소아시아 서북쪽에서
출발해 발칸 반도와 중동 지역
을 장악한 부족이 오스만튀르
크족이다.

를 탐낼 동안, 페르시아는 왕위 분쟁에 휩싸여 있어서 적절하게 대
처할 수 없었습니다. 시리아와 이집트까지 정복한 호스로 2세 *가
반란에 의해 살해된 후 4년간 제위 분쟁이 치열했습니다. 이후 호
스로의 손자이자 페르시아의 마지막 왕인 야즈데게르드 3세재위
632~651가 즉위했으나 15세라는 어린 나이에다 군사적 경험도 없던
터라 이슬람 세력에 맞설 능력이 되지 못했습니다. 637년에 유프라
테스 강을 건너 동진해 오던 이슬람군에 맞서 페르시아의 수도인
크테시폰 *을 지키기 위해 싸운 전투에서 야즈데게르드 3세가 패배
하여 동부 사막 지역으로 도주함에 따라, 이란과 아프가니스탄의
수많은 통치자들은 어쩔 수 없이 항복해야 했습니다. 야즈데게르드
3세는 우즈베키스탄의 여러 지역으로 도주했으나, 튀르크족 *에게
붙잡혀 살해당했습니다. 중국에서 평화롭게 살다가 사망한 그의 아
들과 손자를 끝으로 남성 후계자의 대가 끊김으로써, 로마제국의
강력한 적이었던 사산조 페르시아는 이슬람군에게 제대로 된 대항
한번 해보지 못하고 멸망했습니다.

시리아와 페르시아 지역을 장악한 이슬람군은 638년에 이집트 공
략에 나섰습니다. 카이로 인근의 도시들을 점령한 이슬람군은 14개
월에 걸친 포위 공격 끝에 무조건적인 항복을 받아냈습니다. 647년
에 이집트를 거점으로 삼아 아프리카 리비아의 트리폴리 공략에 나
선 4만 명의 이슬람군은, 12만 명에 달하는 비잔틴군과 아프리카군
에 맞서 15개월에 걸쳐 전투를 한 끝에 수많은 포로와 전리품을 획
득하고 이집트로 물러났습니다. 또다시 665년부터 709년까지 지속
된 이슬람군의 아프리카 정복은 카르타고와 북서 아프리카의 서쪽

끝인 모로코의 탕헤르까지 점령하면서 완성되었습니다. 이후 710
년에 내분에 휩싸인 서고트 왕국이 구원을 요청하자 수년에 걸친
스페인 정복이 시작되었고, 이는 서고트 왕국을 멸망시키고 피레네
산맥 이남의 영토를 대부분 장악함으로써 성공으로 끝났습니다.

콘스탄티노플을 수성하다

이슬람 세력에게 많은 영토를 빼앗기기는 했지만 수도인 콘스탄
티노플을 굳건히 지켜 냄에 따라, 비잔틴제국은 이를 발판 삼아 재
도약할 기회를 엿볼 수 있었습니다.

짧은 시간 안에 인더스 강 유역에서 피레네 산맥에 이르는 넓은 지역을
장악한 이슬람군의 급속한 이동 경로를 따라가다 보면, 이들이 이슬람이
라는 피할 수 없는 위험에서 벗어날 수 있었던 이유를 설명해야 한다. 스
키타이와 사르마티아의 사막 지역(카스피 해 연안 지역)은 넓은 면적과 혹독
한 기후, 빈곤, 북방 유목민의 용맹함 때문에, 중국은 접근하기 어려울 정
도로 너무 먼 거리 때문에 이슬람군으로부터 공격을 받지 않았다. 온대
지역은 대부분 이슬람 정복자들에게 지배를 받았는데, 콘스탄티노플과
프랑크 왕국은 예외였다……. 유럽 대륙에서 콘스탄티노플로 접근하는
통로가 아주 좁아서 방어하기 쉽고 바다 쪽으로 굽이진 해협은 물살이 빨
라 접근하기 어렵다는 지형적인 이점과 높은 성벽, 수적으로나 규율 면에
서 우수한 병력, 그리고 기이하고도 놀라운 인공 불의 효과 덕분에 이슬
람군을 물리칠 수 있었다……. 또한 프랑크 왕국은 피핀 3세의 서자인 샤

를마뉴 한 사람의 천부적인 재능과 행운 덕택에 이슬람의 위험에서 벗어났다.(52장 1-3, 18쪽, 17장 163, 168쪽)

기이하고 놀라운 인공 불, 즉 '그리스의 불'은 668년부터 675년까지, 716년부터 718년까지 두 차례에 걸친 이슬람군의 콘스탄티노플 공략전을 견디게 해준 일등공신이었습니다. 강력한 함대 없이는 비잔틴제국을 무너뜨릴 수 없다고 판단한 무아위야* 칼리프가 649년에 최초로 함대를 결성해 바다로 나간 후 이슬람 함대는 계속 증가했고, 그 표적은 콘스탄티노플이었습니다. 1차 포위 공격에서 바다를 장악한 이슬람군은 4월부터 9월까지 6개월 동안 공격하다가 겨울이 되면 인근 섬으로 후퇴하는 전략을 반복했지만, 강력한 '그리스의 불' 앞에서 맥을 못추다가 결국 30년간 휴전한다는 협정을 체결했습니다. 2차 포위 공격에서는 12만 명의 병사와 말, 낙타를 이끌고 수도의 육지 쪽을 포위하는 동시에 함선 2,560척으로 바다를 장악하는 수륙 양면 공격을 감행했습니다. 이때 '그리스의 불'의 공격을 피해, 될 수 있으면 비잔틴 화공선과 일정한 거리를 유지하는 전략을 취했습니다. 그러나 이슬람군은 식량 부족과 전염병 확산으로 13개월 만에 포위를 풀고 철군했고, 후퇴하는 도중에 받은 비잔틴군의 공격과 심한 폭풍우로 인해 겨우 5척만 알렉산드리아 항구에 도착했을 뿐이었습니다.

이슬람군의 강력한 공격을 물리친 '그리스의 불'의 정확한 성분이나 혼합 비율은 군사기밀이었으므로 철저히 비밀에 부쳐졌습니다. 비잔틴제국의 행정 보고서에 따르면, 한 천사가 콘스탄티누스

*무아위야(재위 661~680)
우마이야 왕조를 창건한 이슬람 제일의 정치가이자 군략가.

1세 황제에게 '그리스의 불'의 합
성 방법을 계시해 주면서, 하늘이
내려 준 이 선물을 다른 나라에
전달해서는 안 되며 어느 누구든
이를 어기면 모두 반역죄와 신성
모독죄로 처벌받는 동시에 신이
내리는 초자연적인 천벌까지 받

을 것이라 했다고 전해집니다. 그러나 실제로는 시리아 출신의 화
학자이자 기술자인 칼리니쿠스가 이슬람에 대한 충성을 저버리고
비잔틴 황제에게 제조 기술을 전해주었다고 합니다.

그리스의 불
비잔틴제국 시대에 그리스인
들이 사용한 해전용 화약으로,
674년의 1차 콘스탄티노플 공
성전에서 최초로 사용되었다.
이후 8세기 전반에 걸쳐 이슬
람 함대가 공격할 때마다 큰
위력을 발휘했다.

　'그리스의 불'은 액체 상태이고, 발사할 때 천둥 같은 소리와 거
대한 연기가 발생하며, 물로는 끌 수 없고 모래나 소변, 강한 식초
로만 끌 수 있다는 특징을 가지고 있었습니다. 이를 가지고 유추해
서 초석이 주요 성분이라거나 물과 생석회를 섞어 만든다거나 소나
무와 상록수의 수지를 유황과 결합시켜 만든다는 등 여러 이론이
제기되었지만, 주요 성분은 나프타라고 불리는 액체 역청이었을 가
능성이 많습니다. 나프타로 추정되는 물질에 폭발력을 증가시키는
유황과 수지를 혼합하여 커다란 그릇에 담아 놓았다가 망루에서 적
의 함선으로 쏟아 붓는 방식, 구리나 청동으로 만든 공 모양의 용기
에 담아 던지거나 구리로 된 관을 통해 발사하는 방식, 천을 가연성
기름에 적셔 화살이나 창에 둥글게 감아 쏘거나 던지는 방식 등으
로 사용되었습니다. 우레와 같은 포성을 내며 번개처럼 **빠르게** 발
사되었다는 '그리스의 불'은 14세기에 화약이 전파되기 전까지 각

종 해전에서 활약했습니다.

콘스탄티노플을 수성한 것 외에 7세기는 비잔틴제국에게 혹독한 시기였습니다. 지중해를 중심으로 북쪽에 있던 발칸 지역과 다뉴브 강 남부 지역은 슬라브족*과 불가르족에게 정복당했고, 남쪽은 강력한 이슬람군에게 밀렸습니다. 부유하고 인구가 많아 제국의 재정과 군사력에 큰 도움이 되어 온 아프리카, 이집트, 시리아를 잃었고, 제해권을 장악하는 데 중요한 키프로스*와 로도스* 같은 지중해의 섬들까지 이슬람군에게 넘겨주었습니다. 8세기 초 제국의 영토로는 시칠리아, 이탈리아 남부, 콘스탄티노플 인근 지역, 터키 지역만 꼽을 수 있을 정도로 허약한 모습을 드러냈습니다.

이슬람 세력이 빠르게 비잔틴제국의 영토를 획득할 수 있었던 것은 이슬람교라는 하나의 종교로 통합되었다는 이유도 있었지만, 전리품 분배라는 현실적인 보상이 뒤따랐기 때문이기도 합니다. 이슬람군이 다마스쿠스를 포위 공격했을 때 비잔틴제국이 제안한 평화안은 병사 1인당 터번과 옷 1벌, 금화 1냥, 지휘관에게는 옷 10벌과 금화 100냥, 칼리프에게는 옷 100벌과 금화 1,000냥을 주는 것이었지만, 이슬람의 지휘관은 성난 얼굴로 거절했습니다. 비잔틴제국은 돈으로 평화를 사려고 했지만, 그 액수가 터무니없이 적었기 때문입니다. 한 예로 아프리카의 한 도시를 점령하고 얻은 전리품 중 통상 칼리프 몫으로 배당되는 전리품의 5분의 1을 제외하고 나머지는 병사들에게 배분되었는데, 당시 보병 1인당 금화 1,000냥, 기병은 3,000냥씩 나누어 가졌습니다.

종교와 보상 문제 외에 비잔틴제국의 횡포도 이슬람 세력을 확장

*슬라브족
6세기부터 중부 유럽과 동부 유럽에 거주하는 인도유럽어족으로서 7~8세기경 러시아의 동슬라브족, 폴란드와 체코의 서슬라브족, 불가리아의 남슬라브족으로 분파되었다.

*키프로스
동부 지중해에 있는 섬으로서 이슬람군에게 빼앗겼으나, 965년에 비잔틴제국이 재정복했다.

*로도스
동부 지중해에 있는 섬으로서 현재 그리스에 속해 있다.

시킨 원인이었습니다. 제국의 영토가 축소되면서 국가의 재정을 뒷받침해 줄 속주가 줄어들자 기존에 있던 속주에 엄청난 세금을 매겼는데, 이는 비잔틴제국에 대한 반감을 증폭시키는 결과를 가져왔습니다. 특히 아프리카는 안전을 보장받는 조건으로 이슬람군에게 조공을 바치고 있었는데, 황제들은 이를 알면서도 세금을 올리거나 여러 가지 명목으로 벌금과 보상금을 책정했습니다. 여기에 총독까지 착취에 나서자, 아프리카인들은 비잔틴제국의 영토로 있으면 이슬람군을 막지도 못하고 이중으로 세금만 바쳐야 하니 차라리 이슬람권으로 들어가 비잔틴제국의 횡포에서 벗어나기를 바랐습니다. 비잔틴제국의 영토를 지키기 위해 목숨을 바칠 생각이 전혀 없던 주민들은, 조공만 바치면 생명, 재산, 종교적 자유를 보장해 주는 이슬람군에게 기꺼이 성문을 열어 준 것입니다.

영토 재탈환을 위한 노력

발칸 반도를 장악한 불가리아와 820년대에 크레타 와 시칠리아까지 빼앗은 이슬람 세력에 대해 비잔틴제국이 일대 반격에 나서 일부 지역을 되찾아온 것은, 니케포루스 2세 포카스 황제, 요한네스 1세 치미스케스 황제, 바실리우스 2세 황제가 치세하던 때였습니다. 유능한 장군인 두 황제와 제국을 50년 가까이 통치한 황제가 연이어 등극한 것입니다. 이에 제국은 다뉴브 강 이남의 발칸 반도 전체, 지중해의 섬인 크레타와 키프로스, 그리고 안티오크와 에메사 를 포함한 시리아의 일부 지역을 재탈환할 수 있었습니다.

크레타
그리스 영토 중 가장 큰 섬으로서 비잔틴제국, 이슬람, 베네치아, 오스만튀르크가 차례로 정복했다.

요한네스 1세 치미스케스
(재위 969~976)
테오파노와 공모하여 니케포루스 2세를 암살하고 황제가 되었다.

에메사
시리아 서부에 있는 도시로서 오늘날에는 힘스라고 불린다.

니케포루스 2세 포카스
비잔틴의 총사령관 출신으로
제위에 올라 황후 테오파노와
결혼했으나 그녀에게 살해되
었다.

정복 활동을 군사령관들에게 전적으로 위임하여 그들의 세력을 키운 로마누스 2세 황제가 사망한 후, 황후인 테오파노는 6세, 3세 밖에 되지 않은 두 아들의 후견인이자 크레타를 점령한 장군 니케포루스와 결혼하여 그를 제위에 앉혔습니다. 이슬람 지역인 터키의 킬리키아와 키프로스 섬을 함락시킨 니케포루스 2세 황제는 969년에 3세기 이상 이슬람의 영역이어서 영원히 잃어버린 도시로 여겨지던 안티오크를 점령하여 10일 동안 약탈한 후 주변의 도시 수십 개를 복속시켰습니다. 황제가 동부의 이슬람에 대해 일으킨 정복 전쟁은 성공적이었으나, 발칸 반도와 다뉴브 강 지역을 장악한 불가리아에 대해서는 서툰 외교술을 드러냈습니다. 조공을 바친다는 약속을 지키라며 보내온 불가리아의 사신을 매질하고 모욕을 주어 돌려보낸 황제는, 8~9세기 강력한 세력으로 부상한 키예프의 스뱌토슬라프 대공재위 945~972에게 상당한 돈을 주는 대신 불가리아를 침공해 달라고 부탁했습니다. 다뉴브 강까지 영토를 넓힐 수 있는 절호의 기회를 포착한 대공은 불가리아를 점령하고 스스로 군주가 되었음을 선언했습니다. 사실 불가리아는 러시아의 남하를 막을 수 있는 절충 지대였을 뿐 아니라 요구한 조공의 액수도 많지 않았으므로, 우호 세력으로 남겨두는 것이 제국에 유리했습니다. 그러나 황제의 미숙한 상황 판단으로 인해 완충 지대도 잃고, 오히려 더 강력한 세력을 끌어들이는 결과를 가져왔습니다.

안티오크를 점령한 지 6주가 지난 후 황후 테오파노는 젊고 잘생긴 애인인 요한네스와 결탁하여 니케포루스 2세 황제를 암살하고, 요한네스를 제위에 앉혔습니다. 요한네스 1세 황제가 971년에 불가리아의 심장부로 돌격하여 수도를 점령하자, 키예프의 스뱌토슬라프 대공은 다뉴브 강의 한 항구도시로 도피했습니다. 비잔틴군이 수개월에 걸쳐 도시를 포위하자 굶주림에 지친 대공은 모든 포로를 풀어 주는 동시에 불가리아 전역에서 물러나고, 비잔틴 영토를 침입하지 않는 것은 물론 비잔틴제국을 방어하는 일에 협조하겠다는 약속을 한 후에야 생필품을 조달받을 수 있었습니다. 이로써 불가리아는 다시 제국의 영토로 편입되었습니다.

불가리아 문제를 해결한 요한네스 1세 황제는, 이집트의 이슬람 세력이 팔레스타인과 시리아로 들어와 안티오크를 공격하고 있던 동방으로 눈을 돌렸습니다. 975년에 반격에 나선 황제군은 안티오크와 다마스쿠스를 점령하여 조공을 지급할 것을 약속받은 후, 진격을 계속하여 팔레스타인과 레바논의 해안 지대를 장악했습니다. 니케포루스 2세 황제의 점령지를 확실히 하는 동시에 영토를 더 확장한 요한네스 황제는 콘스탄티노플로 돌아온 지 얼마 되지 않아 질병으로 사망했습니다.

황제 바실리우스 2세의 영토 팽창

요한네스 1세가 죽었을 당시 로마누스 2세의 두 아들은 각각 18세와 16세로서 통치할 수 있는 연령에 도달해 있었습니다. 장남인 바실리우스 2세가 제위에 올랐으나, 초반 10년 동안은 실권을 장악한 환관으로 인해 제대로 된 통치력을 보여 주지 못했습니다. 환관을 추방하면서 실질적인 통치권을 장악하게 된 황제가 제일 먼저

한 일은 986년의 발칸 원정이었습니다. 불가리아에서 황제를 자칭하는 사무엘이 발칸 반도의 대부분을 장악하면서 강력한 제국을 건설하자, 바실리우스 2세 황제는 반격에 나섰으나 패배했습니다. 게다가 황제의 실패에 고무된 두 명의 장군이 황제를 자칭하면서 반란을 일으키자, 바실리우스 2세 황제는 외부의 도움에 호소할 수밖에 없었습니다.

황제의 요청에 응한 사람은 스뱌토슬라프의 아들로서 키예프의 대공이 된 블라디미르재위 980~1015였습니다. 6,000명의 병력을 보내주는 조건으로 블라디미르가 요구한 것은 황제의 누이동생과 결혼하는 것이었습니다. 비잔틴제국의 정통 공주가 외국인과 결혼한 전례가 없는 데다, 블라디미르는 이미 4명의 아내와 800명의 후궁을 거느린 이교도였으므로 탐탁지 않은 조건이었습니다. 그러나 병력이 급했던 황제는 블라디미르가 그리스정교로 개종하면 결혼을 허락하겠다고 했습니다. 그러겠다고 약속한 블라디미르는 반란군을 진압하는 데 큰 도움을 주었지만, 황제가 결혼식을 미루자 989년에

흑해 연안의 한 도시를 무력으로 장악했습니다. 키예프를 적으로 돌리고 싶지 않던 황제는 결국 누이동생과 블라디미르의 결혼

식을 승인했고, 결혼식 직전에 블라디미르가 그리스정교로 개종함으로써 러시아는 그리스도 교권으로 편입되었습니다.

블라디미르의 도움으로 내전을 진압한 황제가 제일 먼저 한 일은 불가리아제국의 사무엘에 대한 복수와 응징이었습니다. 991년에 발칸 반도로 떠난 황제가 대규모 전투를 벌이지도 나아가 큰 승리를 얻지도 못한 채 몇 년을 보내고 있는 상황에서, 이집트의 이슬람 세력이 다시 시리아를 공격해 오면서 안티오크가 위험에 빠졌습니다. 급히 수도로 돌아온 황제는 4만 명의 군대를 모아 995년에 시리아로 가서 위기에 처한 알레포 시를 구하고 에메사를 점령했습니다. 황제가 시리아의 상황을 안정시키는 동안, 사무엘은 발칸 반도 전 지역을 장악하면서 세력을 확장하고 있었습니다.

· 알레포
시리아 북부의 도시로서 비잔틴제국의 영토였다가 7세기 초반에 이슬람에게 빼앗겼다. 10세기 후반 일시적으로 다시 점령했으나, 이후 영구히 이슬람권으로 포함되었다.

시리아를 점령한 황제는 1001년부터 1014년까지 전쟁을 하여 발칸 지역 전체를 다시 비잔틴제국의 영토로 만들었습니다. 당시 황제는 14,000명이 넘는 전쟁 포로들을 100명씩 묶어 99명을 실명시키고 단 한 명만 한쪽 눈을 남겨 놓은 다음, 실명한 99명을 사무엘에게 데려갈 수 있게 함으로써 '불가르족의 학살자'라는 별명을 얻었습니다. 아드리아 해에서 아르메니아에 이르기까지, 다뉴브 강에서 유프라테스 강에 이르기까지 거대한 영토를 지배하게 된 바실리우스 2세 황제는 이슬람권인 시칠리아를 장악하려고 대규모 원정 계획을 준비하던 중에 사망했습니다.

비잔틴 군대의 발 아래 엎드린 불가르족을 묘사한 그림

군사적 성공의 원인

이슬람 세계의 분열

10세기에 들어와서 비잔틴제국이 이슬람에게 반격을 가할 수 있었던 원인은 이슬람 세력의 분열과 비잔틴제국의 새로운 군사제도에 있었습니다. 스페인에서 인도에 이르기는 거대한 영토를 자랑하던 이슬람은 9세기에서 10세기를 거치면서 각 지역에 독립적인 왕조들을 성립하게 되었습니다. 스페인의 우마이야 왕조756~1031, 아프리카 북서부의 이드리스 왕조788~985, 아프리카 북중부의 아글라브 왕조800~909, 이집트의 파티마 왕조909~1171, 이란 지역의 타히르 왕조821~873와 사파르 왕조867~903, 부와이 왕조932~1062, 아프가니스탄 지역의 사만 왕조874~999, 시리아의 하마단 왕조890~1004 등으로 나뉘어 분쟁을 일삼았습니다. 이슬람 세력이 동요하면서, 무기력에 빠져 있던 비잔틴제국은 이슬람을 정복하여 복수할 수 있을지도 모른다는 희망을 갖게 되었습니다.

이슬람 세계가 분열되었다고 해도, 전술적인 측면에서 이슬람군과 비교할 때 비잔틴군은 기동력이 약하다는 치명적인 문제점을 가지고 있었습니다.

비잔틴군은 투구, 방패, 갑옷 등 특별한 장애물들을 행군 행렬을 뒤따르는 가벼운 마차에 실어 놓았다가, 적이 접근하면 내키지 않는 듯 서둘러 착용했다……. 이슬람군의 공격용 무기와 방어용 무기는 세기나 품질 면에서 로마인(비잔틴인)의 무기와 비슷했지만, 말과 활을 다루는 솜씨는 로마인보다 훨씬 뛰어났다. 그들은 마차 대신 낙타, 노새, 당나귀에 짐을 실은 긴 행렬을 이끌고 다녔다.(53장 102, 105쪽)

비잔틴군과 이슬람군 모두 대형을 보호하거나 적의 측면과 후방을 공격하는 데 기병을 활용하는 비슷한 전술을 취했으나, 기동력 면에서는 현저한 차이를 보였습니다. 비잔틴군은 페르시아와 이슬람군과 싸우면서 기병과 기마 궁수를 강화하여 보병 중심의 전술에서 벗어났으나, 이동할 때나 전투할 때는 적에 비해 현저히 느렸습니다. 말이나 당나귀, 노새가 끄는 마차로 군수품을 옮기려면 도로가 잘 닦여 있고, 동물의 먹이와 물이 충분히 공급되는 지역으로 가야 했습니다. 자연히 강을 끼고 있는 지역이나 도시와 마을을 거점으로 움직여야 했고, 사막은 될 수 있으면 피했습니다. 그러나 이슬람군은 주로 낙타에 의존했으므로, 도로나 물이 없어도 충분히 빨리 이동할 수 있었습니다. 그들은 될 수 있으면 사막으로 적을 끌어들여 전투를 벌이려고 했습니다. 이유는 뜨거운 열기가 가득한 사막이 무거운 군장을 갖춘 비잔틴군에게 익숙하지 않았을 뿐 아니라, 도주하거나 낙타를 타고 빠르게 움직여 적을 제압하는 데 최적의 장소였기 때문입니다.

기동력 문제를 극복하고자 하는 비잔틴제국의 바람은 테마라는 군사적, 행정적 체제가 완성되면서 실현될 가능성이 많아졌습니다. 7세기에 제국을 행정적·군사적 단위인 7개의 테마로 나누어

비잔틴 군대의 모습

통치했는데, 10세기에는 29개의 테마 중 12개는 유럽 지역에, 17개는 소아시아 지역에 있었습니다. 테마 제도가 확립되면서 토지를 받고 군에 복무하는 농민군이 제도화되었습니다. 각 지역에 거주하는 사람들에게 토지를 주고, 그 토지에서 나오는 수익으로 생계와 무장을 동시에 해결할 수 있게 했습니다. 이로써 병력의 규모가 증가했을 뿐 아니라, 해당 지역에 쳐들어온 적을 전보다 신속하게 막을 수 있게 되었습니다. 전장과 가까이 있는 지역에서 동원되는 농민군은 경기병 부대를 형성해서 신속하게 전쟁에 참여할 수 있을 뿐 아니라, 자신의 가족과 토지를 지키기 위해 싸우므로 더욱 효율적이었습니다.

비잔틴제국의 테마 구역을 나타낸 지도

고대 로마제국의 탄생 이래 고질적인 문제가 된 기동력 약화 문제를 타개하기 위해서는 적과 가까운 지역에 주둔하면서 언제든 적과 맞설 수 있는 병력이 있어야 했습니다. 고대 로마제국은 국경 지역에 군대를 주둔시키는 방법을 택했으나, 이는 많은 병력과 돈을 필요로 했을 뿐 아니라 황제의 명령과 군수품이 국경 지역의 군대에 전달되기까지 많은 시간이 걸렸습니다. 속주를 잘게 자르고 대부분 이민족 부대에게 변경을 맡긴 4세기의 체제와 달리 비교적 큰 규모로 지역을 나눈 테마 제도는, 테마를 지휘하는 군사령관들이 반란을 주도하는 경향이 늘어난다는 단점이 있었습니다. 하지만 군사적인 측면에서 보면 현지의 농민군에게 방어를 맡김으로써 적에게 좀더 빨리 대응할 수 있다는 이점도 있었습니다. 또 군에 복무하는 대가로 토지를 주고 경작하게 함으로써 군대 유지비가 훨씬 적게 들었습니다. 군사적 능력을 갖춘 황제들의 등장, 이슬람 세계의 분열, 새로운 군사 제도의 정착은 10세기 비잔틴제국이 이슬람 세력에 대해 반격을 가할 수 있는 원동력이 되었습니다.

✤ 이슬람교의 종파 분열

632년에 무함마드가 아들이나 후계자 없이 사망하자 연륜이 높고 덕망이 있는 사람을 후계자로 선출하는 아랍 부족의 관습에 따라 아부 바크르재위632~634가 통치하게 되었다. 이어 우마르재위634~644와 오스만재위644~656이 통치하는 동안 무함마드의 사위이자 하심 가문의 수장인 알리를 추종하는 사람들은 시아(분파, 추종자) 파로 불렸다. 그들은 무함마드가 신의 사도라면 알리는 신의 대리인이라면서 알리의 권리를 찬탈한 앞의 세 명의 칼리프를 비난했다. 이슬람교의 전통을 중시하는 수니(전통, 관습) 파는 앞의 세 칼리프에 대해 모두 신성한 예언자의 정당한 후계자로서 추모했다. 655년에 무함마드의 아내이자 아부 바크르의 딸인 이예샤와 그 남동생이 오스만을 암살하자, 알리재위655~661는 즉각 칼리프로 즉위하여 이예샤 세력과 전쟁해 승리했다. 그러나 곧바로 우마이야 가문의 무아위야가 칼리프를 자처하며 반란을 일으킴에 따라 657년에 시핀 평야에서 두 경쟁자가 맞붙게 되었다. 110일 동안 벌어진 산발적인 전투에서 45,000명을 잃은 무아위야에 비해 25,000명을 잃은 알리가 승리를 잡았으나, 신앙심에 호소하는 무아위야의 책략과 군인들의 불복종으로 무아위야에게 칼리프로서의 지위를 인정하는 불명예스러운 휴전에 굴복했다. 휴전에 반대한 사람들은 알리와 무아위야를 모두 죽여야 종교적인 평화와 통합을 복원할 수 있다고 생각하고 암살자들을 파견했다. 알리는 661년 암살자들의 손에 63세를 일기로 사망했다. 반면 무아위야는 심각한 상처를 입었으나 생명에는 지장이 없어 이후 약 20년간 통치하고 아들에게 세습함으로써 전기 우마이야 왕조661~750를 이어나갔다. 오늘날 전체 이슬람교도 중 10퍼센트를 차지하는 시아파는 알리와 그의 아들인 후세인의 무덤이 있는 이라크 남부와 이란에 널리 퍼져 있고, 이집트, 사우디아라비아 등에 있는 대다수의 이슬람교도는 수니파이다.

더 읽어보기

벨리사리우스 부인의
희대의 스캔들

유스티니아누스 1세 황제와 군사령관인 벨리사리우스가 대외 전쟁을 통해 비잔틴제국의 위업을 이루는 동안, 벨리사리우스의 부인인 안토니나는 스캔들로 한 시대를 풍미하였습니다. 극장에서 일하는 창녀와 비천한 전차 기수의 딸인 안토니나는 벨리사리우스와 결혼하기 전에 이미 남편과 많은 연인들을 거느리고 있었습니다. 특히 결혼한 뒤에도 계속된 트라키아 출신의 젊은 애인 테오도시우스와의 애정 행각은 너무 유명해서 벨리사리우스만 빼고 수도의 모든 사람들이 알고 있을 정도였습니다. 병사 출신인 테오도시우스의 대부였던 벨리사리우스는 아프리카 원정 때 안토니나와 테오도시우스가 지하실에서 단둘이 나체로 있는 모습을 보았습니다. 안토니나는 순간적인 재치로 유스티니아누스 1세 황제 몰래 재산을 숨기고 있는 중이라고 둘러댔고, 아내의 정숙함을 의심하지 않던 벨리사리우스는 그대로 믿기로 했습니다. 이를 보다 못한 시녀가 증인 두 명과 함께 벨리사리우스에게 안토니나의 간통을 폭로했고, 화가 난 벨리사리우스가 아내에게 다그치자 테오도시우스의 꾐에 빠져 어쩔 수 없었다고 눈물로 호소해 용서를 받았습니다. 남편의 의심과 애인의 도망에 분노한 안토니나는 고자질한 시녀와 증인 두 명의 혀를 자르고 시체를 토막 내는 것으로 복수했습니다.

도망간 테오도시우스는 자신을 끈질기게 추적하는 안토니나의 집착에 두려움을 느껴 수도원으로 피했다가, 그녀의 간곡한 요청에 벨리사리우스가 페르시아로 출정을 간 틈을 타다시 수도로 돌아왔습니다. 이번에는 안토니나가 전 남편과의 사이에서 낳은 아들인 포티우스가 쾌락에 빠진 두 사람을 도저히 보다 못해 의붓아버지인 벨리사리우스에게 어머니

218

와 아내로서의 의무를 모두 저버린 안토니나의 비열함과 추문을 고해 바쳤습니다. 분노한 벨리사리우스가 페르시아에서 돌아오자마자 아내와 그 애인을 감금하자, 안토니나는 황후 테오도라에게 구원을 요청했습니다. 안토니나를 아끼던 황후는 벨리사리우스를 궁정으로 불러 용서를 강요했고, 충성스러운 그는 아내를 용서할 수밖에 없었습니다. 황후의 마음이 안토니나에게 있음을 안 부지런한 환관들이 감금되어 있던 안토니나와 그의 애인을 구출해 서로 만나게 해주었습니다. 황후 덕택에 애인을 만나게 된 안토니나는 놀라움과 기쁨 속에서 그와 사치스럽고 탐욕적인 생활을 계속했습니다.

안토니나의 끈질긴 애정 행각은 애인인 테오도시우스가 과로사하면서 끝이 났습니다. 그녀는 애인을 잃은 슬픔을 감금 상태까지 가도록 고자질한 아들 포티우스에게 복수하는 것으로 달랬습니다. 그녀는 아들에게 채찍질과 각종 고문을 가하여 극심한 고통을 맛보게 한 후 비밀 지하 감옥에 가두어 버렸습니다. 안토니나가 황후와 어울려 즐겁게 지내는 동안 지하 감옥에서 밤낮을 구별할 수 없었던 아들은, 두 번이나 탈옥해서 성당으로 피신했으나 두 번 다 붙잡혀 다시 감옥에 갇혔습니다. 3년이 지난 후 세 번째 탈옥에 성공한 아들은 예루살렘으로 도피해 수도사가 되어 조용히 생을 마감했다고 합니다.

안토니나는 벨리사리우스의 험난한 원정길에 동행했고, 유스티니아누스 1세 황제의 시기로 남편이 어려움에 처할 때 발 벗고 나선 공적이 있었습니다. 이는 벨리사리우스가 반란 주동자라는 죄목으로 재산이 압수되고 죽음을 기다리고 있을 때 '안토니나의 탄원과 그녀의 높은 덕을 생각해서 목숨을 살려 주기로 했다' 라는 황후의 편지로 증명됩니다. 벨리사리우스는 아내의 유순한 노예가 되어 감사하는 마음으로 살겠다고 약속할 정도로 아내에게 의지했고, 안토니나는 황후의 총애를 등에 업고 남편을 더 비참한 상태로 몰아넣을 수 있었지만 그렇게 하지 않았습니다. 두 사람 사이에 쌓인 신뢰가 어느 정도였는지는 충분히 짐작이 가지만, 안토니나의 화려한 애정 행각만은 벨리사리우스의 군사적 업적마저도 퇴색시킬 정도로 악명이 높았던 것이 사실입니다.

02 재정의 건전성 키우기

● ● ● 비잔틴제국의 경제는 6세기 유스티니아누스 1세 황제 시절에 인구, 농업, 상업, 제조업에서 최고의 정점에 도달한 후, 7~8세기에 슬라브, 아바르, 페르시아, 아랍의 침입으로 인한 군사적 위기, 전쟁으로 인한 인구 감소와 생산량 감소, 영토 축소 등으로 위기를 겪었습니다. 747년에 발생한 흑사병으로 인해 심각한 인구 감소와 무역 감소를 겪은 후, 9세기부터 11세기까지 팽창과 번영의 시대를 맞이했습니다. 인구가 증가하고 경작지가 확대되었으며, 귀리, 호밀, 봄밀을 재배하기 시작함과 동시에 물레방아와 쟁기가 발달하여 농업 생산성이 증가했습니다. 또 비단 생산과 무역이 확대되면서 속주에서도 비단 산업이 활성화되었고, 누에 재배지역, 비단 생산지역, 염료 생산지역이 하나의 경제권으로 묶

◦흑사병
흑사병은 중앙아시아 지역에서 발생한 예르시니아 페스티스라는 박테리아에 감염된 벼룩에 물려 발병한다. 1348년부터 1350년 사이에 유럽 인구의 30퍼센트를 사망에 이르게 한 전염병으로, 1400년에는 세계인구 중 1억 명 가량이 흑사병으로 사망했다.

여 생산성이 증대되었습니다. 12세기부터 15세기까지는 쇠퇴의 시기로서 자신의 영지에 대한 징세권과 사법권을 가진 대토지 소유자들이 증가하고, 베네치아나 제노바와 같은 이탈리아의 상인들이 지중해 무역을 장악하는 등 비잔틴제국은 농업과 상공업에 대한 통제권을 상실했습니다. 이로 인해 제국은 재정적 위기를 겪게 되었고, 재정의 악화는 군사력의 약화로 이어졌습니다.

영토의 팽창과 국가의 번영에는 정치적 안정, 군사령관들의 뛰어난 작전 능력, 강력한 군대가 있어야 하는데, 그 밑바탕에는 전쟁을 수행할 수 있는 재정적 능력이 깔려 있어야 합니다. 9세기 들어 비잔틴제국이 불가르족이나 이슬람군에게 반격을 가할 수 있었던 요인으로는 농업과 상공업의 발달로 세수가 확대된 점, 일부 상품을 국가가 독점함으로써 국가의 수입이 증대된 점, 용병을 억제함으로써 용병 사용으로 인한 재정 지출이 줄어든 점을 꼽을 수 있습니다.

유스티니아누스 1세 황제의 재정 지출

영토적인 측면에서 보면 유스티니아누스 1세 황제의 치세 기간은 아프리카와 이탈리아를 장악하고 페르시아와는 평화조약을 체결하는 등 번영을 누린 시기였지만, 이를 뒷받침하기 위한 돈을 세금에서 충당함으로써 제국 주민들의 부담감은 더 커졌습니다.

아나스타시우스 1세(재위 491~518)
궁정의 의전관 출신으로 제위에 올랐다.

27년간의 긴 치세 기간 동안 아나스타시우스 1세 황제는 인색한 재정 운영으로 매년 들어오는 세수로만 총 32만 파운드의 금을 비축해 놓았다.

부유한 도시인 에데사에서 1만 명의 숙련공에게 4년 동안 징수한 금액이 금 140파운드뿐이었다는 것과 비교하면, 아나스타시우스 1세 황제가 얼마나 절약했는지를 짐작할 수 있다. 그러나 유스티니아누스 황제는 자선을 베풀고, 건물을 짓고, 야심찬 전쟁과 굴욕적인 조약을 맺는 데 돈을 마구 씀으로써 국고를 빠르게 탕진해 버렸다.(40장 277-278쪽)

성 소피아 성당과 아시아와 유럽 지역의 국경 지대에 수많은 요새를 건설하는 데 든 비용, 페르시아와 서방 원정에 든 전쟁 비용, 페르시아와 영구 평화를 조건으로 지급한 조공, 페르시아가 평화조약을 깨자 5년 휴전, 다시 50년 평화를 조건으로 번번이 액수를 높임으로써 늘어난 조공 비용 등은 아나스타시우스 1세 황제가 물려준 돈을 탕진하게 만들었습니다. 그러나 유스티니아누스 1세 황제는 궁정 사람들과 군인들의 봉급 삭감, 군인의 상여금 폐지, 콘스탄티노플을 출입하는 모든 배와 교역 물품에 대한 무거운 관세 부과, 필수품과 사치품에 대한 독점, 관직과 서훈 매매, 유언의 정당성을 인정받기 위해 황제를 상속인으로 지정한 사망자로부터의 재산 상속, 이단과 이교도의 재산 몰수 등을 통해 부족한 수입을 충당할 수 있었습니다. 수입이 줄어들고 황제가 부과한 세금을 내야 하는 주민들의 입장에서는 조세 부담이 가혹했지만, 그로 인해 국가 재정이 완전히 고갈되지는 않았습니다.

자영농 증가와 세수 확대 정책

지출이 심한 유스티니아누스 1세 황제가 재정적으로 힘들어진 제국을 후계자들에게 물려주었기 때문에 7세기의 제국은 폐허 상태가 되었습니다. 용병에 기반한 군사조직은 용병을 조달할 돈이 없어 와해되었고, 발칸 반도에는 아바르족과 슬라브족이, 소아시아 지역에는 페르시아에 이어서 이슬람군이 침입해 들어왔습니다. 군사조직을 재건하는 동시에 제국 주민의 경제력을 높여 그들을 세금의 원천이자 군사력으로 활용하는 방안은 바로 농민이 군에 복무해서 국토를 방어하는 방식, 즉 자신의 땅을 가지게 된 농민군에게 세금을 거두는 방식이었습니다. 평상시 농사를 짓다가 전쟁이 일어나면 징집 명령에 따르기 때문에 농민들이 군인으로서의 역할을 충분히 수행할 수 있었고, 그럼으로써 용병 사용에 따른 비용을 절약할 수 있었던 것입니다.

토지와 군 복무에 대한 의무는 보통 장남이 이어받았고, 그 밖의 후손들은 경작되지 않은 토지나 일정 가치 이상이 되는 토지의 잉여분을 양도받았습니다. 967년에 공포된 니케포루스 2세 포카스 황제의 칙령에 따르면, 군인의 토지일 경우 금 4파운드, 농민의 토지일 경우 금 12파운드 이하의 가치를 가진 토지는 절대 양도할 수 없고, 양도할 경우 일체의 보상 없이 원래 소유자에게 돌려주어야 했습니다. 기준 이상의 가치를 가진 토지는 그 기준 이상의 부분만 양도할 수 있었는데, 이 잉여분을 군 복무에 대한 의무가 없는 다른 자식들이 양도받을 수 있었습니다.

● 아바르족
5세기 중앙아시아 지역에 있다가 6세기 중반 동부 유럽까지 진출한 유목민족이다. 6세기 후반 발칸 지역을 공격했고, 7세기 초 다뉴브 강 중부 지역을 차지할 정도로 세력이 확대되었다. 7~8세기 슬라브족과 프랑크 왕국과의 전쟁을 거치면서 영토가 축소되었고, 804년에 불가르족과 벌인 전쟁에서 패배함으로써 대다수의 아바르족이 불가리아 제국에 편입되었다.

비잔틴제국의 자영농 육성
비잔틴제국은 대토지 소유를
점차적으로 제한하고 자영농
을 육성함으로써 세금을 부과
하여 재정의 기반을 다졌다.

자영농을 육성하여 군사력과 세금의 원천으로 사용하기 위해 국가는 숲이나 경작되지 않고 버려진 토지를 주었고, 농민들은 독립 자영농으로서 국가에 납세할 의무를 지게 되었습니다. 국가는 세금을 확실하게 거두기 위해 새로이 형성된 마을 공동체를 하나의 징세 단위로 삼고 통합적으로 세금을 매겼습니다. 따라서 지급 능력이 없는 농민이 세금을 내지 못해서 국가가 부과한 세금 총액을 맞추지 못할 경우, 그 농민의 세금은 이웃들이 공동으로 책임져야 했습니다. 토지를 받은 데 대한 토지세와 9세기 초 가정을 단위로 징수한 인두세인 화덕세 역시 마을 전체에 연대 책임이 있었습니다. 연대 책임을 지는 대가로 마을 공동체의 사람들은 세금을 내지 못한 농민의 땅을 이용할 권리를 가지는 동시에, 토지를 양도할 때 마을 사람들이 우선적으로 양도받을 수 있는 권리를 가졌습니다.

국가가 마을 사람들에게 이웃 토지에 대한 우선권을 준 이유는 대토지 소유를 억제하기 위해서였습니다. 대토지 소유자가 증가하면 농민이 소작농으로 전락하여 지주에게 지대를 납부하게 될 것이고, 그러면 농민이 곧 납세자이자 군인인 구조가 무너지기 때문입니다. 922년에 로마누스 1세 황제는 농민의 토지가 양도되는 경우 우선순위를 토지의 공동 소유자인 친척, 여타 공동 소유자, 양도 예정 토지와 혼재되어 있는 토지 소유자, 토지를 양도하는 농민과 공동으로 조세

∘로마누스 1세(재위 920~944)
비잔틴제국의 해군 출신으로 승진을 거듭하여 권력을 장악했다.

를 납부한 이웃, 기타 이웃 순으로 지정했습니다. 만약 이들이 모두 토지를 양도받기를 거부하면 외부인에게 양도할 수 있었습니다. 대토지 소유자들은 이 우선순위에 포함되지 않으면 토지를 사거나 빌릴 수 없었습니다. 이 규정을 어기면 취득한 토지를 아무 보상 없이 원래의 소유자에게 돌려주고 국고에 벌금을 납부해야 했습니다. 단 취득한 자의 토지 소유권을 인정해 주는 시효기간을 두었는데, 처음에는 토지를 취득한 지 10년 이내, 나중에는 40년 이내면 돌려주어야 했습니다. 그러나 10세기 말에는 시효기간 자체를 폐지해 버려 농민에게서 취득한 토지는 언제든 바로 돌려주어야 했습니다.

964년에 제정된 법령은 기부와 유증을 통해 끊임없이 불어나는 교회와 수도원의 토지가 더 이상 증가하지 못하도록 제재를 가한 것이었습니다. 성직자 개인에게 기부나 유증하는 것은 물론 교회와 수도원에 토지를 기부하거나 유증하는 것을 금지하고, 새로 교회와 수도원을 건립하는 것도 금지했습니다. 다만 다른 사람들이 경작하기를 거부하는 황량한 땅에 수도원을 짓는 것은 허용되었습니다. 또 신앙심에서 굳이 기부하고 싶다면, 토지를 그대로 기부하는 것은 안 되고 소유자가 토지를 팔아서 그 돈을 건네주는 것은 무방했습니다.

대토지 소유자의 증가로 인한 재정 악화

대토지 소유를 억제하는 정책은 12세기를 거치면서 허약한 황제들이 제위를 계승하자 더 이상 유지되지 못했습니다. 관료 귀족층

비잔틴의 용병, 바랑기안 친위대
비잔틴제국의 최정예 보병들로, 노르웨이, 덴마크를 비롯한 바이킹 출신과 앵글로색슨족, 러시아인 등 다양한 나라의 용병들로 구성되었다.

의 압력으로 인해 대토지 소유자들이 농민 토지와 군인 토지를 획득하지 못하도록 한 과거의 법들이 공식적으로 폐지되지는 않았지만 엄격하게 실행되지 못함으로써, 자영농의 토지가 대토지 소유자들의 수중으로 넘어갔습니다. 세금을 납부하지 못하거나 경작이 형편없어 살기 어려워진 자영농들이 토지를 이웃이 아닌 대토지 소유자들에게 값싸게 팔아넘긴 것입니다. 게다가 정치적 영향력을 갖고 있는 대토지 소유자들은 일부 조세를, 강력한 권력가들은 모든 조세를 면제받는 특권을 누리고 있었습니다. 이제 예속 소작인들의 조세나 여타 부과금이 국고가 아니라 지주의 수중으로 흘러들어 감으로써, 자영농을 근간으로 하는 국가의 조세 징수 능력이 약화되었습니다. 토착 군사력이 지속적으로 약화되고 농민군이 멀리 떨어진 전장으로 파병되는 것을 꺼리면서 다시 용병의 중요성이 대두되었으나, 국가 경제력이 약해 필요한 만큼의 용병을 조달할 수 없었고 이는 또다시 군사력의 약화라는 악순환을 유발했습니다.

재정 압박으로 국가가 금에 다른 금속을 섞은 금화를 발행하면서, 화폐의 가치는 갈수록 떨어지고 물가는 상승했습니다. 화폐로 징수되던 세금은 화폐 가치가 떨어지면서 현물로 바뀌었고, 현물 세금 외에 선박, 요새, 다리, 도로를 건설하는 데 동원되는 부역도 추가되었습니다. 또 중앙 관료들을 대신해 특정 지역의 징세를 도급받아 국가에 선납한 후 주민들에게 세금을 징수하는 세금 청부업자들이 자리를 잡게 되었습니다. 이로써 국가는 안정적으로 세금을 확보할 수 있었으나, 중간에서 세금 청부업자들이 착복하기 위해 정해진 금액 이상의 세금을 징수함으로써 주민들의 고통은 갈수록 더해 갔습니다.

13세기와 14세기를 거치면서 면세의 특권을 누리는 대토지 소유자들이 증가함에 따라 국가의 세입이 갈수록 적어졌습니다. 이를 타개하기 위해 국가가 세금 청부업자들에게 더 많은 징수액을 요구함에 따라 세금 청부업자들의 착취는 더욱 심해져 자영농들의 생활은 더 궁핍해져 갔습니다. 게다가 궁정의 사치와 이민족에게 지급하는 조공의 증대, 군사력을 책임지는 이민족 용병의 증대로 국가의 재정은 파탄 지경에 이르렀습니다. 또한 국가에서 수많은 용병을 유지할 재력이 되지 않자 군대를 감축하기 시작하여 큰 비용이 드는 함대와 육군의 수도 줄였기 때문에 13세기 말 이후에는 1만 명 이상의 병력을 동원하기가 어려울 정도였습니다. 비잔틴제국이 재정적으로, 또 군사적으로 쇠퇴하는 징후가 여실히 드러난 것입니다.

상공업의 발달

유스티니아누스 1세 황제가 상공업을 장려하면서 상업 경제가 활성화되었습니다. 콘스탄티노플은 아시아와 유럽을 잇는 무역의 중심지가 되었고, 그리스와 시리아 상인들이 지중해를 장악했습니다. 당시 무역은 중국이나 인도에서 오는 상아, 호박, 사향, 생강, 비단을 수입하고 옷감이나 그릇을 동양에 수출하는 형태였습니다. 그런데 비단에 대한 비잔틴인의 수요가 커서 수출보다 수입이 많았고, 이로 인해 금은의 유출이 갈수록 늘어났습니다. 또 중국으로 가는 육로나 인도양을 거치는 해로를 모두 페르시아가 장악하고 있어

대상들이 묵던 숙소, 케르반 사라이
'케르반'은 낙타를 이용한 대상을 의미하며, '사라이'는 궁정이나 숙소를 말한다. 케르반 사라이는 실크로드를 다니던 대상들이 제국의 영토를 지나며 묵던 숙소이다.

서 페르시아와 전쟁을 하면 동방 산물을 수입하는 것 자체가 어려워지는 상황에 처했습니다. 유스티니아누스 1세 황제는 중앙아시아를 통과하는 육로를 거쳐 중국과 직접 교역하거나, 홍해를 거쳐 인도양으로 가는 해로를 확보하고자 노력했습니다. 그러나 육로는 거리가 멀었고, 중간에 만나는 유목민들과 우호관계를 형성하기도 어려웠습니다. 인도양을 장악한 페르시아와의 해전은 거리 면에서 여의치 않았고, 페르시아의 영역을 벗어난 새로운 항로를 개발하기도 어려웠습니다.

유스티니아누스 1세 황제 때는 뽕나무 잎을 먹고 사는 누에를 중국에서만 찾아볼 수 있었습니다. 물론 소나무, 떡갈나무, 물푸레나무의 잎을 먹는 누에는 아시아와 유럽의 산림에서도 찾아볼 수 있었지만, 이런 누에는 키우기가 더 까다롭고 생산되는 비단의 질도 보장할 수 없어서 다른 곳에서는 키우지 않았습니다.

페르시아의 수도사 두 명이 중국에서, 아마도 수도인 난징으로 추정되는 곳에서 오랫동안 머물렀다. 호기심 어린 눈으로 누에고치를 살펴보던 수도사들은 수명이 짧은 누에를 본국까지 산 채로 가져갈 수는 없지만, 알을 가져가면 수많은 애벌레가 양산될 것이고 중국과 다른 기후에서도 번식할 수 있다는 사실을 알았다. 그들은 속이 빈 막대기 안에 누에알을 숨겨서 의기양양하게 돌아왔다. 수도사들의 지시에 따라 가지고 온 누에알에 인공적인 열을 쬐어 주니 적절한 시기에 부화되었고, 부화된 애벌레는 뽕나무 잎을 먹고 자라 누에고치가 되었다. 누에고치는 나비가 되어 다시 알을 낳았고, 이들을 키우기 위해 뽕나무도 심었다.(40장 275~276쪽)

이로써 1세기에는 중국인들이 나무에 빗질해서 만든다고까지 오해하던 비단을 자체 생산하게 된 것입니다.

비단 생산은 비잔틴제국의 산업에서 국가가 생산과 유통을 엄격하게 통제하는 가장 중요한 분야이자, 가장 큰 수입원 중의 하나였습니다. 전문화된 비단 산업은 생산자와 상인이 엄격하게 분리되어 있었습니다. 그리하여 비단실 직공, 비단 직조공, 자주색 염색업자, 생사 상인, 시리아 비단 상인, 비단옷 상인이 독자적으로 조합을 형성했습니다. 조합에 가입하는 것은 해당 직업에 종사한다는 사실이 인정된다는 의미였고, 조합 전체의 활동은 국가로부터 세심하게 감시받았습니다. 국가가 생필품을 안정적으로 조달하기 위해 상품의 양, 질, 매매가격까지 정했고, 조합을 통해 도시 경제 전체를 통제했습니다.

그랜드 바자르
터키 이스탄불에 있는 대형 시장. 아치형 돔 지붕 아래 5,000여 개의 점포가 들어서 있어, 과거 무역과 상공업의 중심지 역할을 한 콘스탄티노플의 자취를 느껴볼 수 있다.

상공업의 위축

6세기에 번성하던 비잔틴제국의 상공업은 7~8세기를 거치면서 상당히 위축되었습니다. 곡물, 포도주, 올리브유의 주요 생산지인 이집트와 팔레스타인에 이어 동방 상품의 주요 집결지인 시리아뿐만 아니라 크레타까지 이슬람이 잇달아 정복하자, 해상 무역은 쇠

●테살로니카
마케도니아의 수도로서 비잔
틴제국 제2의 도시이다. 4차
십자군 때 테살로니카 왕국으
로 분리되었으나, 에피루스와
불가리아의 지배를 차례로 받
다가 1246년에 다시 비잔틴제
국의 영토가 되었다. 15세기
초반에 오스만튀르크의 영토
로 편입되었다.

●테살리아
그리스 중동부에 있는 지역으
로서 비잔틴제국의 영토였으나
4차 십자군 때 테살로니카 왕
국에 편입되었고, 1393년에 오
스만튀르크의 영토가 되었다.

●테베
그리스 남부의 도시로서 비단
산업의 중심지였다.

●아테네
그리스 남부에 있는 수도로서
고대 그리스에서 민주정과 상공
업이 발달한 곳으로 유명했다.

퇴하고 약탈의 위험성도 높아졌습니다. 또 아바르족과 슬라브족이 발칸 반도를 점령하자 콘스탄티노플과 테살로니카, 테살리아 같은 지방간의 육로 교통도 단절되었습니다. 물론 무역이 완전히 중단된 것은 아니었습니다. 비잔틴제국 내의 유대 상인들이 콘스탄티노플과 카르타고, 스페인, 갈리아와 거래했습니다. 아직 비잔틴제국의 일부이던 베네치아도 콘스탄티노플에서 구입한 소금, 나무, 철, 동부의 사치품을 이탈리아, 프랑크 지역과 꾸준히 거래했습니다. 또 812년에 맺은 조약에 따라 불가리아가 비단, 염료와 같은 비잔틴제국의 사치품을 금 30~50파운드까지 사는 정도의 거래는 여전히 있었습니다. 다만 영토 상실, 인구 감소, 생산성 저하로 인해 거래량이나 거래 지역, 거래 물품의 종류가 현저히 줄었으며, 이슬람과 불가리아에 평화와 포로 반환을 조건으로 지급하는 조공까지 겹쳐 국가의 경제력 역시 약화되었습니다.

9세기부터 11세기까지, 늦어도 12세기까지는 비잔틴제국의 상공업이 다시 활기를 띠었습니다. 니케포루스 2세 포카스, 요한네스 1세 치미스케스, 바실리우스 2세 황제의 군사적 성공으로 전리품과 조공이 축적되었고, 이슬람인들의 해적 행위가 빈번하던 동부 지중해 지역은 크레타를 재점령하면서 해상무역의 위험성이 감소되었습니다. 또 바실리우스 2세 황제가 발칸 반도를 점령하면서 테살로니카, 테베, 아테네 등 여러 도시들과의 육로 교역도 부활되었습니다. 인구 증가에 따른 노동력 증가, 생산량 증가, 자본의 축적 역시 상공업이 발달하는 데 일조했습니다.

상공업 발달의 중심에는 당시 최대의 교역지인 콘스탄티노플이 자리 잡고 있었습니다. 마르마라 해˚와 보스포루스 해협˚ 서안에 위치한 제국의 수도는, 동양과 지중해 사이의 해상로와 유럽과 아시아 사이의 육상로가 교차하는 지역이었습니다. 북쪽으로는 러시아 배들이 흑해를 가로질러 곡물, 모피, 캐비어, 소금, 꿀, 금, 납, 노예 등을 실어 왔고, 남쪽으로는 소아시아와 중동 지역의 배들이 곡물, 포도주, 올리브유, 생선, 소, 비단을 실어 왔습니다. 서쪽에서는 테살로니카, 아테네, 테베, 코린트˚ 같은 발칸 반도의 도시들이 비단 염료, 비단 생사, 유리, 비누 등을 수도로 가져왔고, 동쪽에서는 이슬람 상인들이 인도에서 가져온 귀금속, 명주 천, 천연수지인 발삼, 알로에 등을 수도에 팔았습니다. 60~70만 명으로 추정되는 주민들이 생활하던 콘스탄티노플은 말 그대로 인종박람회장 같아서 저 멀리 스페인과 갈리아에서 온 사람, 이탈리아의 제노바와 베네치아 상인, 소아시아에서 온 원주민, 머리를 짧게 깎은 불가르족, 터번을 두른 이슬람교도, 팔레스타인에서 온 유대인, 시리아 상인과 선원 등이 거리를 활보했습니다.

상공업이 발달하기는 했지만, 비잔틴 경제는 여전히 엄격하게 통제되었습니다. 주요 상품인 최상품 비단, 밀, 무기, 철, 포도주, 올리브유, 금, 소금은 제국의 영토 바깥으로 수출하는 것이 금지되었습니다. 특히 907년에 맺은 조약에 의해 러시아 주민들은 수도의 단 한 개의 문으로만, 그것도 한 번에 50명 이하로만 통행할 수 있었고, 비단을 사려면 제국 관리에게 허락을 받아 금 50파운드 이하

동서를 잇는 무역의 중심지, 콘스탄티노플

●마르마라 해
흑해와 에게 해를 연결하는 바다로서, 대리석이 풍부하여 그리스어 '마르마론(대리석)'에서 이름이 유래되었다.

●보스포루스 해협
터키 해협으로도 불리는 곳으로서, 유럽과 아시아를 가르고 흑해와 마르마라 해를 연결하는 해협이다.

●코린트
그리스 남부 펠로폰네소스 반도로 들어가는 곳에 위치한 도시로서 비잔틴제국, 십자군, 다시 비잔틴제국, 오스만튀르크제국, 베네치아, 다시 오스만튀르크제국의 지배를 받다가 19세기에 그리스 영토로 편입되었다.

로만 살 수 있었습니다. 또 이슬람권인 시리아와 이집트의 상인들은, 선박을 제조해 비잔틴제국의 영토를 침입할 가능성이 있었으므로 목재를 살 수 없었습니다. 조합 회원들만이 상품을 거래할 수 있었고, 가격 역시 국가가 정했기 때문에 공급이 부족하다고 해서 마음대로 올릴 수 없었습니다. 비단 상인의 마진율이 8.33퍼센트를 넘지 않았던 것처럼, 가격 규제는 비잔틴제국에서 상당한 성공을 거두었습니다. 그러나 이런 가격 규제는 소비자에게는 좋지만, 토지에서 부를 얻는 귀족들로 하여금 마진율이 적은 상업에 투자하는 것을 꺼리게 만듦으로써 상공업 발달에 악영향을 미쳤습니다.

상공업의 쇠퇴

12세기 후반에서 15세기까지 비잔틴의 상공업은 쇠퇴일로에 있었습니다. 비잔틴제국은 재정 부족으로 함대를 유지하는 것이 어려워지자 베네치아나 제노바 같은 이탈리아 도시들에 의존했습니다. 그 대가로 준 관세 혜택이 비잔틴 상인들과의 경쟁에서 우위를 점하게 하는 결과를 가져왔습니다.

특히 1204년의 4차 십자군 원정1202~1204 이후 이탈리아 도시의 상인들이 크레타, 테살로니카, 금각만˙ 지역, 흑해 지역을 장악하면서 제국 전역을 왕래했습니다. 자연히 세계무역을 지배하던 비잔틴제국의 금화는 이미 13세기 중반부터 이탈리아 도시의 금화에 그 자리를 내주게 되었습니다.

11세기 중반부터 하락하던 화폐의 금 함유량은 12세기에 와서

˙금각만
보스포루스 해협에서 콘스탄티노플로 들어가는 길이 7.5킬로미터, 넓이 750미터의 바다로서, 그 이름의 유래는 분명치 않다. 비잔틴제국의 함대 기지로 사용된 금각만에는 마르마라 해의 공격에 대비해 해안을 따라 성벽이 세워져 있고, 수도에서 갈라타 탑까지 거대한 쇠사슬이 쳐져 있었다. 이 쇠사슬을 끊고 침입한 적은 10세기 슬라브족, 1204년 베네치아인, 1453년 오스만튀르크족이었다.

가치가 어느 정도 회복되어 명목가치의 약 90퍼센트를 유지했지만, 14세기에는 액면가의 절반에 불과할 정도의 악화를 주조해야 했습니다. 이런 악화를 대신해 이탈리아 도시의 양질의 금화가 기본 화폐로 거래된 것입니다.

왠지 내자신이 하찮게 느껴지네...

비잔틴제국은 이탈리아 상인들의 영향력이 커지자, 서유럽 지역의 배들이 제국 영내로 출입하는 것을 제한하거나 서유럽 상인들을 제국의 영토 바깥으로 추방하는 조치를 취했습니다. 그러나 시골 마을 깊숙한 곳까지 가서 직물을 팔고 농산물과 생사를 사 가는 이탈리아 상인들의 조직망을 완전히 제압할 수는 없었습니다. 또 베네치아와 제노바의 경쟁심을 이용하여 영토를 팽창하거나 수성하려던 비잔틴제국의 정책은, 양국에 번갈아가면서 관세 특혜를 주거나 콘스탄티노플 입구에 위치한 갈라타 를 제노바인에게 준 것처럼 영토를 내주는 결과를 가져왔습니다.

* 갈라타
유럽 쪽에 있는 터키의 영토로서 금각만 입구에 있다. 제노바인들이 1267년에 미카일 8세로부터 갈라타를 거점으로 사용할 수 있다는 허락을 받았고, 1273년부터 1453년까지 제노바의 식민지로 있었다.

그 결과 비잔틴제국의 원거리 무역은 더욱 축소되어 연안 지역과 내륙 지방의 소규모 거래에 국한되었습니다. 또 내전과 이슬람군과의 전쟁으로 동부 지중해, 근동 지역, 이집트를 연결하는 상업적인 연대도 약화되면서 동부 지중해 무역에서 소외되었습니다. 한마디로 비잔틴제국의 경제력은 이탈리아의 상업도시들에 급속하고도 완전하게 추월당했고, 마지막에는 완전히 무기력해진 것입니다.

베네치아 항
이슬람을 비롯한 이민족과의 잦은 전쟁으로 비잔틴제국의 세력이 약화되면서, 지중해 연안이라는 지리적 특성과 시리아 항구에 대한 독점 등을 이용한 베네치아가 무역의 거점으로 자리 잡았다.

03 다양한 문화의 발전

● ● ● 비잔틴 문화는 정치적 안정, 경제적 번영과 궤를 같이하면서 발전과 쇠퇴를 반복했고, 정치와 종교의 지도자인 황제의 권력이 강했기 때문에 모든 것이 황제를 중심으로 이루어졌습니다. 또 단순히 고대 문화를 계승하는 데 그친 것이 아니라, 그리스도교적인 색채를 가미하여 교리 논쟁, 종교 생활, 교회 건축, 종교 관련 예술품에 이르기까지 폭넓게 발전했습니다. 비잔틴제국의 각종 예술품과 필사본은 서유럽과 이슬람 세계, 발칸 반도와 동유럽에 전해져 각국의 문화가 발전하는 데 기초가 되어 주었을 뿐아니라, 근대 문화를 태동시키는 데 중요한 역할을 했습니다. 따라서 서유럽 중심의 역사관에서 벗어나 비잔틴 문화가 가지는 독창성과 창의성, 융합성도 상당했음을 염두에 둘 필요가 있습니다.

비잔틴의 문화 중 로마법을 계승하면서 더욱 발전시켜 유럽 근대 법의 모태가 된 비잔틴의 법은, 변화해 가는 시대상을 반영하려는 노력의 산물이었습니다. 성상과 성령을 둘러싼 교리 논쟁은 비잔틴 문화의 종교와 예술을 보여 주는 동시에 프랑크 왕국, 교황, 비잔틴 제국 간의 정치적 관계를 설명해 줍니다. 또 서유럽과 동유럽으로 수출되거나 예술가들이 순회하면서 직접 제작한 교회, 모자이크 화, 벽화, 금과 칠보 작품들은, 비잔틴 예술이 매우 수준 높은 데다 다양한 기술이 발전했었음을 알 수 있게 해줍니다.

고대 로마제국의 법

초기 로마의 왕정기에는 왕만이 법안을 발의할 수 있었고, 제안된 법률은 원로원의 토의를 거쳐 다수결로 가부가 결정되었습니다. 1대 왕인 로물루스 는 결혼, 자녀 교육, 부모의 권위에 대한 법을, 2대 왕인 누마는 법과 종교 숭배에 관한 법을, 6대 왕인 세르비우스 는 계약 준수와 범죄에 대한 처벌을 규정했습니다. 그러나 그 시대에는 신이 법을 만들어 준다는 관념을 가지고 있어서 법과 종교가 밀접하게 관련되어 있었습니다.

법을 종교, 도덕, 관습과 같은 다른 사회규범과 구별하려는 태도는 《12표 법》을 제정하면서 나타났습니다. 사제와 귀족 들이 평민들의 이익에 반하여

° 로물루스
팔라티노 언덕에 로마 시를 건국한 왕으로서, 군대를 조직하여 로마의 영토를 팽창시켰다. 38년간 로마 시를 통치한 후 갑자기 불어닥친 폭풍우 속으로 사라져서 퀴리누스 신으로 추앙되었다고 전해진다.

° 세르비우스
에트루리아 혈통의 왕으로서 로마 시민들을 재산에 따라 7개의 등급으로 나누어 선거 체제 겸 군사 체제로 활용한 인물이다.

전설적인 왕, 누마
로물루스 왕의 뒤를 이은 왕으로서 축제, 희생제, 사제직, 전쟁과 평화의 지시자인 야누스의 신전 건립 등 종교제도를 확립한 업적들로 칭송받았다.

비밀스럽게 선례에 근거해서 법을 해석하자, 평민의 요구에 따라 기원전 450년에 10인 위원회가 결성되었습니다. 이들이 만든 《12 표법》은 청동, 나무, 상아에 새겨져 모든 시민들에게 적용되었습니다. 법정에서 소환하면 가야 하는 시민으로서의 의무, 부채, 가부장권, 상속, 재산, 불법 행위, 장례, 결혼, 범죄 등에 대해 규정한 《12 표법》은, 기존의 관습법을 성문화한 것이었습니다. 《12표법》은 일정한 형식을 밟아 의사가 표시된 경우에만 법적인 효력이 있었고, 재판 절차 형식에서 사소한 실수나 과실을 저지르면 그 청구 내용이 아무리 정당해도 무효화되는 형식주의에 얽매였습니다. 예를 들어 민사 재판에서 원고는 증인의 귀를 만졌고 달갑지 않은 증인이라면 상대편의 목을 잡고 탄식한 후 동료 시민들에게 도움을 청해야 했습니다. 또 다른 예로, 법무관이 분쟁의 대상을 내놓으라고 하면 둘은 물러갔다가 정해진 발걸음으로 되돌아오면서 서로 다투고 있던 땅을 상징하는 흙 한 덩어리를 법무관 앞에 던져야 했습니다. 뒷날 귀족과 평민의 결혼 금지 조항이 폐지되기는 했지만, 대체로 농업 사회와 가족 중심 사회를 반영했고 이후 시대에 맞게 재해석되었습니다.

시간이 지나면서 다양한 시대상을 반영할 만한 법 조항이 없거나 모호해짐에 따라 정무관의 포고령이 그 단점을 보완했습니다.

민법은 최고 재판관인 로마 시 법무관의 연례 고시로 개선되었다. 법무관은 취임하자마자 의심스러운 사건을 판결할 때 지켜야 할 규칙과 고대 법령의 엄격함을 없애려는 자신의 의지를 크게 외친 후 흰 벽에 새겼다.

그러나 이런 모호하고 자의적인 법체계는 오용될 위험성이 매우 많았다. 미덕에 대한 선입관, 애정에 대한 편견, 이해관계나 분노에 대한 유혹 때문에 법의 형식과 내용이 호도되었다. 각 법무관의 실수와 악덕은 1년이라는 관직의 임기와 함께 종결되었다.(44장 533쪽)

법무관 고시에 자의적인 해석이나 진부한 규칙과 모순이 내포되어 있다는 점을 파악한 하드리아누스 황제는, 130년에 뛰어난 법률가인 율리아누스에게 앞으로 어떤 법무관의 수정이나 첨가도 허용하지 않는 《영구고시록》을 작성하게 했습니다. 잘 요약된 이 법전은 《12표법》 대신 민법 체계의 불변하는 기준으로 자리 잡았고, 이후 고시가 법으로 발전하는 일은 없어졌습니다.

황제의 의지는 법적 구속력과 효력을 가지고 있어서 황제의 칙서, 인가와 포고, 칙령, 조칙은 각 속주에 일반법이나 특별법으로 전달되었고, 정무관들은 이 법을 집행하고 주민들은 따라야 했습니다. 그러나 그 수가 지속적으로 증가하다 보니 어떻게 해석해야 할지 의심스럽고 모호한 점이 한두 가지가 아니었습니다. 290년대에 실용과 교육을 목적으로 그레고리아누스와 헤르모게니아누스가 각각 법전을 만들었으나, 현재는 그 단편만 남아 있습니다. 438년에 테오도시우스 2세재위 408~450 황제는 콘스탄티누스 1세 황제 때부터 자신이 치세할 때까지 공포된 황제들의 칙령을 수집한 《테오

율리아누스(100~170)
게르마니아와 스페인의 총독과 집정관을 지낸 인물로서 민법과 형법에 정통했다.

《영구고시록》
하드리아누스 황제 때 종래의 고시를 망라하여 편찬한 책.

《그레고리아누스 법전》
130년대부터 290년대까지 법률과 연관된 역대 황제들의 포고령을 수집한 법전으로서, 개개 청원자들에 대한 답변이나 황제가 정무관들에게 보낸 편지를 주제별로 나누어 연대기식으로 편찬한 것이다.

《헤르모게니아누스 법전》
293년과 294년 사이에 만들어진 법전으로서, 개개 청원자들에 대한 답변을 주제별로 엮은 것이다.

《테오도시우스 법전》을 든
아타나시우스
《테오도시우스 법전》은 콘스
탄티누스 1세 이후의 로마법
을 갈음하여 9년여에 걸친 작
업을 통해 완성되었다. 이 법
전은 아타나시우스가 주장하
는 삼위일체설을 법령으로 다
루어 그의 입지를 공고히 다지
게 해주었다.

•트리보니아누스(500?~552)
집정관과 총독을 지낸 인물로
서 그리스 문헌에 정통하고 라
틴어도 쓸 줄 알아 유스티니아
누스 1세 황제를 찬양하는 글,
행복의 본성과 정부의 의무, 행
성 등에 관한 저서를 편찬했다.

도시우스 법전)을 편찬했습니다. 테오도시우스 2세와 발렌티니아
누스 3세 황제의 이름으로 동서로마제국에 공포된 이 법전은 법정
에서 권위를 가졌으며, 여기에 수록되어 있지 않은 법령은 근거가
없거나 진부한 것으로 치부되었습니다.

유스티니아누스 1세 황제의 《로마법대전》

유스티니아누스 1세 황제는 《12표법》이 제정된 시대부터 자신의
치세 기간까지 10세기 동안 만들어진 다양한 법률과 법학 이론이
수만 권에 달함으로써, 아무리 재산이 많아도 다 살 수 없고 아무리
능력이 뛰어나도 다 이해할 수 없는 분량에 이르렀다는 것을 깨닫
고 개혁에 나섰습니다.

재위 첫 해에 유스티니아누스 1세 황제는 신뢰하는 트리보니아누스•와
9명의 박식한 동료들에게 하드리아누스 황제 이후 그레고리아누스, 헤르
모게니아누스, 테오도시우스 2세의 법전에 내포된 역대 황제들의 칙령을
수정하라고 지시했다. 오류와 모순, 진부하거나 불필요한 조항들은 삭제
하고, 재판관과 주민의 실무와 사용에 적합한 현명하고 유익한 법률만 가
려내게 했다. 새로운 10인 위원회가 14개월 만에 만든 12권의 책은 황제
의 서명으로 완성되었다.(44장 549쪽)

이 법령집은 529년에 《칙법휘찬》으로 출판되었습니다. 여러 권
의 필사본이 유럽, 아시아, 아프리카에도 전달되었지만, 직접 전해

내려오는 것은 없고 그 일부가 단편적으로 남아 있을 뿐입니다.

역대 법령을 정리한 《칙법휘찬》과 달리 실제 생활에 적용하기 위해 편찬한 《학설휘찬》은 완전히 새로운 것이었습니다. 트리보니아누스와 17명의 법률가들이 이전 시대의 가장 뛰어난 법학자 40명을 골라낸 다음 2,000권에 달하는 글을 요약해서 50권으로 만든 것입니다. 《칙법휘찬》과 《학설휘찬》, 법학 공부를 위한 입문서로서 인권과 물권, 소송법과 형법에 관해 서술한 《법학제요》, 유스티니아누스 1세 황제가 내린 각종 칙령을 모은 《신칙법》을 총괄하여 《로마법대전》이라고 불렀습니다.

《로마법대전》
그림으로 표현한 《로마법대전》의 첫 장. 이 법전은 유스티니아누스 1세 황제가 기존의 법전과 칙령들을 모두 집대성하여 편찬한 법령집이다.

고대법을 부활시키려는 의도에서 시작된 법전 편찬 작업은 어느 것이 고대법이고 어느 것이 수정된 것인지를 가늠하기 어려울 정도로 중복되는 문장은 피하고, 당시의 실정에 적합하지 않는 칙법이나 학설은 필요에 따라 삽입·삭제·변경했습니다. 이 방대한 작업을 완성함으로써 공적·사적인 생활, 국가와 개인, 가족의 생활, 시민들 상호 간의 관계, 상거래와 소유관계가 통일된 법의 토대 위에서 이루어지게 되었습니다. 유스티니아누스 1세 황제는 자신의 법전이 완벽하다고 믿었으므로, 혼란을 일으키지 않도록 주해를 붙이는 것을 금했습니다. 그러나 일상생활에서 법전에 쓰인 라틴어보다 그리스어가 더 널리 사용되고 사회가 변함에 따라, 6세기 말에서 7세기 사이에 《칙법휘찬》과 《학설휘찬》에 대한 주해서가 많이 나오게 되었습니다.

유스티니아누스 1세 황제 이후 편찬된 법전

●레오 3세(재위 717~741)
아크로이온 전투에서 이슬람 세력을 격퇴했으며, 우상숭배 금지령을 통해 동서 교회의 분열을 초래했다.

●바실리우스 1세(재위 867~886)
비잔틴제국의 전성기를 이룬 마케도니아 왕조의 시조.

●레오 6세(재위 886~912)
비잔틴제국의 번영을 이룬 황제로 '철학자 황제'라는 별칭을 얻었다.

726년 레오 3세˚ 황제는 유스티니아누스 1세 황제의 법전을 발췌, 보충하려는 목적에서 그리스어로 된 《에클로가 법전》을 편찬했습니다. 이혼이나 불법적인 임신 중절을 허용하는 범위를 줄였고, 많은 범죄에 대한 형벌을 처형에서 수족 절단으로 낮추었지만 동성애적인 행위에 대한 형벌은 수족 절단에서 사형으로 강화했습니다. 로마법의 열렬한 숭배자인 바실리우스 1세˚ 황제가 유스티니아누스 1세 황제의 법을 개정하기 위해 착수한 이 작업은 그의 아들인 레오 6세˚ 황제의 손을 빌려 892년에 《바실리카 법전》으로 완성되었습니다.

비잔틴제국의 가장 큰 법전인 《바실리카 법전》은, 라틴어 원전을 참조하지 않고 6~7세기의 그리스어 번역본과 주석을 이용해서 만들어졌습니다. 교회법, 사법, 공법을 집대성한 이 법전은 동일한 대상을 여러 다른 지면에서 다룬 유스티니아누스 1세 황제의 《로마법대전》의 결함을 비난하고, 동일한 대상을 한 곳에 체계적으로 정리했습니다. 이 법전은 시대에 뒤떨어진 이전 시대의 법 규정들을 그대로 실었다는 점에서 당대의 현실을 거의 반영하지 못했다는 비난을 받기는 하지만, 수많은 주석을 통해 현존하지 않는 책의 내용을 전해 준다는 점에 그 의의가 있습니다. 《바실리카 법전》에서 시대상황을 반영한 부분은 레오 6세 황제가 내린 113개의 칙령을 모은 《신칙법》으로서, 여러 문제들을 특정한 체계 없이 나열한 것이었습니다. 비잔틴제국의 마지막 법전은 1345년에 법관인 콘스탄티누스

1320~1385가 편찬한 《6권》으로, 배열 방식이 편리하고 내용이 풍부하며 각 규정의 출처를 분명히 밝혀 후대에 많은 영향을 끼쳤습니다.

로마법은 오늘날까지 여러 나라에 실제로 적용되어 각국의 법을 발달시켰는데, 민법의 경우에는 정도의 차이는 있지만 로마법의 영향을 거의 모두 받고 있습니다. 이탈리아에서 로마법은 게르만법과 충돌하거나 조화를 이루면서 발달했고, 현대 각국 민법전의 선구인 1804년의 《프랑스 민법전》은 성문법인 로마법과 관습법인 고유의 법을 자료로 하여 편찬되었습니다. 로마법 연구보다 로마법의 실용화에 초점을 맞춘 독일의 민법 역시 그 근저에는 로마법이 깔려 있습니다. 우리나라의 민법전은 구민법을 토대로 독일, 프랑스, 스위스의 민법을 주요 자료로 하여 제정되었으므로, 간접적으로나마 로마법의 영향권 아래에 있습니다.

성상 숭배를 둘러싼 교리 논쟁

성상 논쟁은 동서교회가 상당히 피상적으로 통합을 유지해 왔고 정치 체제, 지역적 상황, 언어 등에서 서로 다른 길을 걸어왔음을 여실히 보여 주는 사건이었습니다. 성상이라는 하나의 문제에서 촉발되었지만, 종교 문제를 넘어 서유럽에서 종교적 절대권을 행사하려는 교황과 동서교회의 통합을 유지한 채 여전히 영향력을 행사하려는 황제 사이에서 힘의 대결과 같은 양상을 띠었습니다. 성상 문제는 종교 회의를 통해 통일적인 결론을 내렸으나, 그 과정에서 겪은 갈등이 치유되지 못한 채 남아 있다가 결국 동서교회의 분열로 이어졌습니다.

그리스도, 마리아, 성인을 그린 그림이나 조각상, 십자가상을 지칭하는 성상 앞에서 기도하거나 무릎을 꿇거나 등불이나 향을 피우는 의식이 우상 숭배냐 아니냐 하는 것에 대한 논쟁이 촉발되었습니다. 신의 형상을 만드는 것을 금지한 모세의 율법에서 볼 수 있듯이 유대교도나 성상의 사용 또는 오용을 혐오한 초기 그리스도교도 모두 교회를 매우 단순하고 소박하게 꾸미고 일체의 성상을 두지 않았습니다. 인간의 손으로 만든 물건에 절하는 것은 어리석은 우상 숭배 행위라는 생각에서였습니다. 그러나 교회가 차츰 화려해지면서 예배와 장식적인 측면에서, 또 눈에 보이는 성인의 유물과 그림, 조각상이 무지한 자들과 이교도 개종자들을 교화하는 데 도움이 된다는 현실적인 측면에서 성상을 활용했고, 6세기경에는 성상이 이미 보편적으로 사용되었습니다.

유대교도와 이슬람교도에게 우상 숭배자라는 공격까지 받고 있던 그리스도교에 개혁의 칼날을 드리운 사람은 유대교도나 이슬람교도와 교제하면서 성상에 대한 혐오감을 가지게 된 레오 3세 황제였습니다.

레오 3세가 실시한 종교 개혁의 첫 단계는 온건하고 조심스럽게 진행되었다. 그는 원로원 의원들과 주교들로 구성된 자문회의 동의를 받아 성소와 제단에 있던 모든 성상들을 교회의 높은 곳으로 옮겨, 눈에는 보이지만 접근할 수는 없게 했다. 그러나 높은 곳에 있는 성상들이 여전히 숭배되자, 황제는 종교적인 그림을 사용하는 것뿐만 아니라 그 존재 자체를 금지하는 두 번째 칙령을 발표했다. 칙령에 따라 콘스탄티노플과 속주의 모든 교회에서 우상 숭배가 금지되었고, 그리스도, 마리아, 성인들의 성상들이 파괴되었으며, 벽화는 회반죽으로 발라져 버렸다.(49장 294-295쪽)

성상을 파괴하는 사람들
레오 3세에 의해 성화나 성상이 금지되면서 성상 파괴 운동이 일어났다. 이 운동은 비잔틴 황제의 영향에서 벗어나려던 교황청에 좋은 명분을 제공했으며, 결국 동서로마 교회의 분열을 초래했다.

726년에 레오 3세가 내린 칙령에 대해 교황 그레고리오 2세˚는 고대의 우상은 유령이나 악마를 상상하여 꾸며 낸 것이지만, 성상은 그리스도, 마리아, 성인들의 진실한 모습일 뿐만 아니라 사도 시대부터 성상을 사용해 왔다고 하면서 그리스도교도를 우상 숭배자라고 비난하는 황제의 무지를 개탄했습니다. 교황이 이처럼 저항하는데도 성상 파괴가 여전하자, 급기야 다음 교황인 그레고리오 3세˚는 731년에 로마 시에서 공의회를 소집해 그리스도와 성인들의 성상들을 파괴하거나 훼손하는 모든 자들을 파문˚에 처한다고 공포했습니다. 서방교회는 교황의 뜻을 받들어 성상 사용 여부는 황제가 아니라 교회에서 결정해야 할 문제이고, 황제는 교회의 일에 간섭할 권한이 없다고 주장했습니다.

서방교회의 반발에도 불구하고 레오 3세의 아들인 콘스탄티누스 5세재위 741~775 황제는 754년에 338명의 주교들을 모아 종교 회의를 한 결과, 그리스도의 신성을 표현하는 것은 불가능하므로 그의 성상을 사용하는 것은 정통 교리가 아니라는 결론을 만장일치로 선언했습니다. 이후 성상 파괴는 더욱 극심해졌고, 성상을 숭배하는 개인에 대한 탄압을 넘어 교회와 수도원 철폐가 강행되었습니다. 교

˚그레고리오 2세(재임 715~731)
독일을 복음화하게 하고, 레오 3세 황제의 우상 숭배 금지령과 성상 파괴주의자들에 맞섰다.

˚그레고리오 3세(재임 731~741)
그레고리오 2세에 이어 성화와 성상에 대한 파괴 압력을 거부하고, 프랑크 왕국과 동맹을 체결하는 등 로마 내외정책에 지도력을 발휘했다.

˚파문
공동체에서 추방한다는 의미의 종교적인 처벌이다. 모두가 그리스도교를 믿고 있던 당시 사회에서 미사와 성사에 참여할 수 없는 파문의 위력은 대단했다.

회와 수도원의 건물은 무기고나 병영으로 사용했고, 토지, 동산, 가축을 모두 몰수했으며, 수도사라는 신분과 그들의 복장 착용을 금지했습니다. 그리스도의 신성을 근거로 성상을 금지하는 황제의 입장에 대해, 서방교회는 그리스도의 인성을 근거로 인간의 모습으로 나타난 그리스도를 실제로 표현하는 것은 가능하다고 반박했습니다. 성상 숭배자와 성상 파괴자 사이의 갈등은 콘스탄티누스 5세 황제의 긴 치세를 소요, 선동, 음모, 증오, 복수로 얼룩지게 만들었습니다.

성상 파괴에서 숭배 쪽으로 방향을 전환시킨 사람은 로마 역사상 최초로 여제가 된 이레네였습니다. 여제는 성상을 숭배하는 서방교회와 관계를 회복하기 위해, 교황에게 종교 회의를 소집해서 콘스탄티누스 5세 황제의 법령을 취소하고 다시 성상을 숭배하는 쪽으로 결론을 내려 달라고 부탁했습니다. 787년에 약 350명의 주교들이 모인 니케아 공의회에서는 성상 자체가 아니라 성상으로 모사된 신을 숭배하는 것이므로 성상 숭배는 타당하며, 성상 파괴자들은 이단이라고 결론을 내렸습니다. 그러나 종교 회의만으로는 성상 문제로 반목하는 사람들을 통합시키기에 역부족이었고, 이런 갈등은 제위 문제와 맞물려 더욱 깊어졌습니다. 이레네 여제는 5세에 즉위한 어린 아들 콘스탄티누스 6세재위 780~797 황제의 섭정으로 제국을 통치했는데, 황제가 성인이 되면서 어머니의 굴레를 벗어나려고 했습니다. 성상 숭배자인 여제에게 반감을 가지고 있던 아르메니아 군대는 여제에 대한 충성을 거부하고 콘스탄티누스 6세 황제만이 합법적인 황제라고 선포했습니다. 군대의 지지를 받은 황제는 여제

이레네 여제(재위 797~802) 비잔틴제국의 여제로, 성상 파괴령을 철회하여 그리스정교에서 성인으로 인정받았다. 반란으로 제위에서 쫓겨나 유배지인 레스보스 섬에서 죽었다.

를 추방하고 단독으로 실권을 장악하는 듯했으나, 그의 독단성과 엄격함으로 인해 지지자들이 떠나 버렸습니다. 이레네는 이를 기회로 황제를 실명시켜 폐위하고 비로소 섭정 통치자에서 여제가 되었습니다. 성상 숭배자들과 성상 파괴자들이 각각 이레네와 콘스탄티누스 6세 황제를 등에 업고 서로 실권을 장악하기 위해 싸움으로써, 성상은 종교 분쟁을 넘어 권력 투쟁의 근원이 되었습니다.

이레네 여제 이후 황제들의 대체적인 입장은 니케아 공의회의 결과를 거부하고 성상 파괴 쪽으로 기울었지만, 과거처럼 강경한 것이 아니라 판단을 유보하거나 공공장소에서 성상을 사용해서는 안 된다는 정도였습니다. 즉 개인적으로 성상을 간직하고 이용하는 것을 허락한 미카일 2세 황제의 정책처럼, 온건한 형태의 성상 파괴론을 펼쳤습니다. 성상을 다시 허용하여 성상 논쟁 자체를 종결지은 사람은 5세 때 제위에 오른 미카일 3세 의 어머니이자 섭정 통치자인 테오도라였습니다. 성상 숭배자인 테오도라는 성상 문제로 촉발된 정치적 갈등을 종결짓고, 국민 대다수가 원하는 대로 성상을 용인함으로써 교회의 평화를 되찾아 주고 싶었습니다. 843년에 열린 니케아 공의회에서는 성상에 경배와 존경을 표현할 수는 있지만 오직 하느님에게만 속하는 완전한 의미의 경배와 존경을 표해서는 안 된다는 단서를 단 후, 성상을 사용하는 것은 올바르고 정당하며 예배를 위해 필요하다고 결론을 내렸습니다. 이로써 성상 숭배 문제를 둘러싸고 저항, 비난, 반목으로 점철된 지난 120년간의 분쟁이 종결되었습니다.

교황은 성상을 둘러싸고 비잔틴제국과 불화를 겪으면서 프랑크

미카일 2세(재위 820~829) 온건한 성상파괴주의자로, 관용적인 정책을 펼쳤다.

미카일 3세(재위 842~867) 어린 나이에 제위에 올랐으며, 성상옹호론자인 어머니 테오도라의 섭정을 받았다.

성상 문제를 해결해야 나라에 안정이 오겠구나.

왕국을 자신의 입지를 굳건히 해줄 후원 세력으로 생각하게 되었습니다. 당시 프랑크 왕국에는 메로빙거 왕조 클로비스의 마지막 자손인 허약한 힐데리히 3세_{재위 743~751}가 왕으로 있었으나, 실질적인 권력은 카롤링거 가문의 피핀 3세가 장악하고 있었습니다. 새로운 왕조를 개창하고 싶던 피핀 3세는 메로빙거 왕조의 혈통을 순수하고 신성한 것으로 보는 전통을 깨기 위해 교황에게 자문을 요청했습니다. 비잔틴제국과의 대립 때문에 피핀 3세의 도움이 필요하던 교황은, 국민이 원하는 대로 왕의 칭호와 권력을 적법한 다른 사람에게 주어도 좋으며, 힐데리히 3세의 지위를 박탈하고 강제로 머리를 깎게 한 뒤 수도원에서 여생을 보내게 하라고 선언했습니다. 피핀 3세의 바람에 아주 잘 맞아떨어진 이 화답으로 메로빙거 왕조는 사라지고 대신 카롤링거 왕조가 개창되었습니다. 교황의 도움을 받은 피핀 3세는 롬바르드족이 라벤나와 그 인근 지역을 공격했을 때 직접 군대를 이끌고 가서, 롬바르드족으로부터 로마 교회의 재산을 되돌려주고 그 신성함을 존중하는 맹세를 하겠다는 확답을 받았습니다.

강제로 쫓겨나는 힐데리히 3세
프랑크 메로빙거 왕조의 마지막 왕. 힐데리히 3세. 피핀 3세에 의해 옥좌에서 강제로 물러났다.

로마 교회와 프랑크 왕국의 우호관계는 800년 크리스마스 미사에서 피핀 3세의 뒤를 이은 샤를마뉴가 교황 레오 3세_{재위 795~816}의 주도 아래 황제로 즉위한 사건에서 절정에 이르렀습니다. 미사가 끝난 후 교황은 갑자기 샤를마뉴의 머리 위에 황제의 관을 씌워 주면서 "가장 신앙심 깊은 황제, 신에게 제위를 받은 황제, 로마인들의 위대하고 평화로운 황제에게 장수와 승리를 주

샤를마뉴에게 황제의 관을
씌워 주는 교황 레오 3세

소서"라고 외쳤고, 샤를마뉴는 교회의 신앙과 특권을 유지하게 해
주겠다고 화답했습니다. 샤를마뉴는 이날 대관식으로 인해 진정한
로마제국의 계승자, 교황이 인정하는 서유럽의 지배자라는 상징적
인 존재가 되었고, 교황은 강력한 정치적 보호자를 얻게 된 셈이었
습니다. 결국 성상 논쟁은 교황이 프랑크 왕국과 상호 우호적인 관
계를 맺도록 만든 동시에, 종교 문제에 관한 비잔틴제국의 일방적
인 명령에 반발하여 서방교회의 독립성을 주장하게 만들었습니다.

성령의 발현을 둘러싼 교리 논쟁

성상 논쟁은 종결되었지만 그 과정에서 동서교회의 갈등은 깊어
졌고, 급기야 필리오퀘 논쟁을 통해 동서교회가 분리되었습니다.

성령은 성자를 통해 성부 혼자에게서만 발현되는가, 아니면 성부와 성
자에게서 발현되는가? 이 문제에서 그리스인들은 전자를, 라틴인들은 후
자를 지지했다. 니케아 신조에 필리오퀘라는 단어 하나를 추가함으로써

동방교회와 서방교회 사이에 불화가 일어났다.(60장 396쪽)

초기 그리스도교에서는 성령이 성부로부터 나온다고 믿었으나, 6세기 말에 이르러 필리오쿼라는 말이 생겨났습니다. 9세기경에는 미사 도중에 콘스탄티누스 1세 황제 때 채택된, 성령이 성부에게서 나온다고 하는 니케아 신조를 암송하는 것이 관례였습니다. 그러나 서방교회는 여기에 필리오쿼, 즉 '~와 성자' 라는 말을 첨가해서 성령이 '성부와 성자로부터 발현된다' 라는 문구를 널리 사용했습니다. 정통 교리를 자처하던 동방교회는, 니케아 신조에 없는 필리오쿼라는 말을 첨가해서 사용하는 서방교회의 가르침은 이단이라고 비난했습니다.

성상 문제처럼 필리오쿼 논쟁 역시 단순한 종교 문제를 넘어서 동서교회의 힘의 대결로 이어졌습니다. 동방교회는 서방교회가 불가리아, 슬라브와 같이 그리스도교를 새로 받아들인 지역을 자신들의 관할 아래 두려 한다고 분노했습니다. 서방교회 역시 동방교회가 교황의 지배권을 인정해 주지 않고 콘스탄티노플 총대주교처럼 황제의 지배를 받기를 원한다고 비난했습니다. 이런 동서교회의 갈등을 급기야 분열까지 이어지게 만든 장본인은 교황 레오 9세와 콘스탄티노플 총대주교 미카일이었습니다. 총대주교의 지위를 교황과 동급으로, 더 나아가 교황보다 우위에 두고 싶던 미카일은 니케아 신조를 수정한 서방교회를 이단이라고 선포했습니다. 그러자 1054년 7월 16일 이단 선포에 항의하기 위해 추기경 훔베르트가 이끄는 교황 사절단이 콘스탄티노플에 도착했습니다. 훔베르트는

교황 레오 9세(재임 1049~1054)
교세 확장 과정에서 동방교회와 갈등을 빚으면서 본격적인 동서 교회의 분열이 시작되었다.

서방교회의 교리가 옳다는 자신의 주장이 관철되지 않자 미카일 총대주교를 파문에 처하고, 성 소피아 성당 제단에 '미카일과 그의 추종자들에게 모든 이단들과 함께 저주가 있을지어다. 아멘' 이라는 내용의 저주문을 붙였습니다. 4일 후 성 소피아 성당에서 미카일이 교황과 그의 추종자들을 파문함으로써 동서교회의 갈등은 공식적인 분열로 굳어졌습니다.

총대주교 미카일(재임 1043~1058)
콘스탄티노플 동방 교회의 수장으로, 동서교회 분열의 원인이 되었다.

　서유럽의 로마 가톨릭교는 오류를 범하지 않는 교황을 수장으로 하여 통합되었고, 이후 성직자의 결혼을 금지하고, 성상을 숭배하고, 앉아서 미사를 보며, 성호를 이마(성부)와 가슴(성자)을 짚은 후 어깨 왼쪽에서 오른쪽으로(성령) 긋습니다. 반면 동유럽의 그리스정교는 황제를 수장으로 하지만 콘스탄티노플, 알렉산드리아, 예루살렘, 안티오크, 모스크바에 있는 5명의 총대주교가 동일한 서열에 있고, 이들 총대주교가 오류를 범할 수 있음을 인정하며, 고위 성직자를 제외한 일반 사제의 결혼을 인정하고, 성화를 숭배하지만 성상은 금지하고, 서서 미사를 보며, 성호를 이마와 가슴을 짚은 후 어깨 오른쪽에서 왼쪽으로 긋습니다.

독특한 예술 양식의 발전

　비잔틴제국의 예술이 유스티니아누스 1세 황제 때 정점에 달할 수 있었던 이유는 영토 팽창과 경제 발전으로 축적된 막대한 부가 황실과 귀족, 교회의 권위를 상징하는 공예품, 장식품, 종교 용품의 제작으로 이어졌기 때문입니다. 유스티니아누스 1세 황제의 대표적인 예술품으로는 콘스탄티노플에 지어진 성 소피아 성당과 라벤나 산 비탈레 교회에 있는 모자이크인 〈유스티니아누스 1세 황제와 함께 교회에 들어서는 막시미아누스 주교〉가 있습니다.

성 소피아 성당
콘스탄티누스 1세 황제가 처음 기독교 성당으로 건축한 것을 유스티니아누스 황제가 다시 재건했다. 오늘날 터키에서는 이슬람 사원으로 사용되고 있다.

요한네스 크리소스토무스(349~407)
'황금의 입'이라는 뜻의 크리소스토무스라는 별명을 가진 요한네스는 콘스탄티노플의 총대주교로서 성직 매매와 성직자의 부도덕을 비난하다 체포되어 추방되었다. 그를 따르던 수많은 성직자들과 시민들이 수도에서 폭동을 일으켰다가 군인들에게 거리에서 무자비하게 학살당했다. 아르메니아로 추방된 그는 3년 후 사망했지만, 후에 결백과 공로가 인정되어 사망한 지 30년 후 유해가 수도에 안치되었다.

'영원한 지혜'라는 뜻을 가진 성 소피아 성당은 콘스탄티노플의 창건자(콘스탄티누스 1세 황제)가 주요 교회로 봉헌했지만, 요한네스 크리소스토무스*의 추방 직후404와 청색파와 녹색파가 대립한 니카의 반란532 때 일어난 두 번의 화재로 소실되었다. 40일간의 반란이 끝났을 때 신앙심 깊은 유스티니아누스 1세 황제는 새로운 성당 건축을 착공했다. 안테미우스가 설계한 새로운 성당은 착공한 지 5년 11개월 10일째 되는 날 봉헌되었다. 그러나 20년도 채 지나기 전에 지진으로 돔의 동쪽 부분이 무너져 내려 다시 건축했으며, 성 소피아 성당은 유스티니아누스 1세 황제의 치세 36년째 되는 해에 다시 봉헌되었다.(40장 289-290쪽)

532년부터 557년에 걸쳐 건축된 성 소피아 성당은 공중에 떠 있는 듯한 거대한 돔과 24개의 창문에서 나오는 빛으로 더욱 화려해 보였습니다. 돔의 지름이 35미터, 중앙 천장의 높이가 바닥에서 약 55미터인 성당은 출입문 외에는 목재를 일체 사용하지 않았고, 각 부분에 필요한 강도, 경도, 미적 정도에 따라 여러 가지 건축 자재가 선택되었습니다. 특히 둥근 천장은 무게를 줄이기 위해 가벼운 재료를 사용해야 하므로, 물에 뜨는 부석, 곧 로도스 섬에서 생산되는 것으로서 일반 돌보다 5배 가벼운 돌로 만들었습니다. 제국 전역에서 가져온 돌과 내부를 장식한 금은보화로 인해 총 건축 비용이 32만 파운드에 달했습니다. 어느 궁정 시인이 로마 시보다 성소피아 성당이 있는 콘스탄티노플이 더 낫다는 의미에서 '어머니를 능가하는 딸'이라고 했을 정도로 화려했습니다.

성 소피아 성당과 함께 유스티니아누스 1세 황제의 시대를 대표하는 또 다른 예술품인 〈유스티니아누스 1세 황제와 함께 교회에 들어서는 막시미아누스 주교〉라는 모자이크는 성찬식을 묘사한 것입니다. 부제 한 명이 맨 앞에서 복음서를 들고 있고, 또 다른 부제는 향로를 흔들면서 복음서를 호위합니다. 그 뒤에 주교인 막시미아누스가 뒤따르는데, 교회에 특권이 있다고 생각한 그는 자신의 이름을 머리 위에 대문자로 새겨 넣도록 했습니다.

주교 다음으로 모자이크 중심에 배치된 자주색 옷을 입은 유스티니아누스 1세 황제가 금 쟁반을 봉헌하고자 들어오고, 그 뒤로 금 목걸이를 한 군인들이 따릅니다. 라벤나를 방문한 적도, 산 비탈레 교회를 후원한 적도 없는 유스티니아누스 1세 황제를 모자이크에 포함한 것은 황제와 동맹 관계를 맺고 있음을 표시하려는 것이었습니다.

〈유스티니아누스 1세 황제와 함께 교회에 들어서는 막시미아누스 주교〉

황후인 테오도라와 황실의 여인들은 반대편에 따로 모자이크를 만들어 놓았는데, 이는 남자와 여자가 성찬식에 따로 참석했음을 말해줍니다. 이들 모자이크에서 인물들을 정면으로 병렬 배치하고, 눈을 과장해서

〈테오도라 황후와 그녀의 시종들〉

재료를 아끼지 말고 팍팍 써

표현한 것은 유스티니아누스 1세 황제 시대의 전형적인 특징이었습니다.

빛이 잘 반사되는 작은 색유리 조각이나 돌조각으로 만드는 모자이크는 내구력이 높아 오래 보존할 수 있으므로, 5세기부터 13세기까지 비잔틴 예술의 가장 특징적인 장르였습니다. 고대 로마에서 알렉산드리아를 중심으로 바닥이나 벽면을 장식하는 데 사용하던 모자이크를 비잔틴제국에서는 벽면, 바닥, 기둥에도 사용했을 뿐 아니라, 멀리서도 잘 보이도록 파란색, 녹색, 금색 등 다양한 색채를 사용했습니다. 반사된 빛을 보는 사람과의 거리와 각도에 따라 다양한 색의 배합과 울림을 드러내 주는 모자이크는, 많은 비용을 필요로 하는 대규모 공사였으므로 국가적인 차원에서 경비를 조달하지 않고는 불가능했습니다. 재정이 풍부한 유스티니아누스 1세 황제 때는 모자이크에 표현된 인물의 두상에 금박을 사용한 후광이 본격적으로 등장해 초월성을 강조했습니다. 그러나 이후 모자이크의 난립을 막고 교권을 강화하기 위해 모자이크로 표현되는 대상은 주로 그리스도교와 관련된 주제에 국한되었습니다.

성상 논쟁이 치열하던 8~9세기는 비잔틴 예술이 정체 내지는 퇴보하던 시기였습니다. 영토 상실과 경제 쇠퇴로 건축 붐이 사라져 이전에 지은 교회를 재건축하거나 보수하는 일이 대부분이었고, 비용이 많이 드는 모자이크 장식도 현저하게 줄어들었습니다. 성상 파괴자들은 예술 자체를 배척한 것이 아니라 단지 종교적인 예술과 그 숭배를 배척했을 뿐이므로, 이 시기 예술의 또 다른 특징으로 성상 대신 세속화가 성행했습니다. 동물과 식물을 소재로 하는 장식품도 등장했고, 특히 황제의 초상들과 그의 전쟁, 사냥 장면, 전차 경주, 연극 등을 묘사하여 황제를 기리는 그림들이 건물뿐 아니라 교회도 장식했습니다.

성상 논쟁이 끝난 9세기 중반부터 늦어도 12세기까지는 비잔틴 예술이 괄목할 만한 성장을 이룬 황금기로서 교회 건축, 모자이크, 성상, 각종 보석으로 치장한 장식 예술이 발전했습니다. 교회 건축은 6세기에 직사각형의 바실리카 형식에서 교회 내부의 중심 공간에 초점을 맞춘 중앙 집중식으로 바뀌었습니다. 바실리카 형식의 교회에서는 긴 신도 좌석을 따라 죽 걸어가면서 교회를 살펴보아야 합니다. 그러나 중앙 집중식 교회에서는 십자가 형태로서 교회 내부를 한눈에 볼 수 있도록 중심이 되는 공간이 있고, 그 위에 가장 큰 돔을 얹고 나머지 네 귀퉁이 공간 위에 각각 작은 돔을 얹었습니다. 교회를 중심으로 부활한 비잔틴 예술은 대부분의 신도들이 문맹인 점을 감안하여 그리스 교부들의 설교 내용이나 성경의 주제를 표현했고, 길드를 조직한 모자이크 장인들이 교회 용품들을 만들었습니다. 또 신권의 대리자로서 황제의 절대권이 강화되면서 궁정 예술품이 더욱 화려하고 장식적인 경향을 보여 상아, 금, 은 등을 이용한 장신구, 십자가, 보석함, 성물 보관함이 제작되었습니다.

10세기경 성상 논쟁으로 파

〈블라디미르의 성모〉
비잔틴 양식의 전형적인 초상화로, 러시아 모스크바의 트레티야코프 미술관에 전시되어 있다.

• 바실리카
로마의 건축 양식을 지칭하는 말로서 법정, 의사당, 상거래 장소 등 다목적으로 사용하는 거대한 공공 회당을 의미한다. 길이가 짧은 쪽에 출입구를 두는 직사각형 구조로서 열주식 회랑이 둘러싸고 있다.

• 길드
사회적, 종교적 공동체를 의미하는 말이었으나, 11세기 이후부터는 상공업자들이 조직한 동일한 직업인의 조합을 지칭한다. 경쟁을 금지하는 배타성을 가지고 도시에서 경제적·정치적 실권을 장악했다.

비잔틴 양식의 걸작, 산 마르코 대성당
이탈리아 베네치아 시의 중심에 있는 산 마르코 광장에 위치하고 있다. 그리스 십자형의 바실리카 형식으로 5개의 돔을 받치고 있으며 모자이크 벽화로 장식되어 있다.

괴된 교회의 내부 장식을 복원하면서 비용이 많이 드는 모자이크 대신 고전풍의 스타일인 프레스코 벽화가 종종 이용되었습니다. '젖어 있다'라는 의미의 프레스코는 벽면이나 천장에 석회와 모래를 섞은 모르타르를 바르고, 이 석회 모르타르가 마르기 전에 물감을 채색해서 말리는 기법이었습니다. 모자이크에 비해 작업 시간이 상대적으로 짧고 물감이 마르면서 석회 모르타르가 벽의 일부처럼 되어 그림과 벽의 일체감이 뛰어나다는 게 장점이지만, 물과 습기에 약해 장기간 보존하기 어렵다는 단점도 있었습니다.

비잔틴 예술이 쇠퇴기에 접어든 13세기에서부터 15세기 사이에는 전쟁으로 인한 불안정, 재정 부족, 흑사병의 확산 등으로 교회 건축과 모자이크, 성상 분야에서 새로운 양식이 만들어지기보다 과거의 양식이 부활하는 정도에 그쳤습니다. 총대주교의 관할 구역이 황제의 관할 구역보다 넓었을 정도로 그리스정교가 확산된 반면 황제의 권한은 약화되면서, 자그마한 가족 예배당에서부터 지배 계층을 위한 거대한 교회에 이르기까지 수백 개의 교회들이 그리스와 크레타의 여러 지역, 세르비아, 불가리아, 러시아 등지에 세워졌습니다. 콘스탄티노플에서 활약하던 건축가, 수도사, 미술가 들이 일

아시노우 수도원에 그려진 프레스코 벽화
아시노우 수도원은 비잔틴 시대에 그려진 아름다운 프레스코 벽화들이 많이 남아 있어 비잔틴 양식을 잘 보여 주는 대표적인 건축물로 손꼽힌다.

거리를 찾기 위해, 혹은 교회와 수도원 건립을 의뢰받아 대거 이주하면서 비잔틴 예술이 확산되는 계기가 되었습니다.

그리스정교는 러시아에서 크레타까지 미술이나 건축에

서 비잔틴 전통을 이어받았고, 이탈리아의 르네상스 또한 베네치아를 경유하여 퍼져 나간 비잔틴 미술의 영향을 적지 않게 받았습니다. 이탈리아 르네상스 시대에 중요하게 여기던 패널화는 성경의 내용을 나무 패널에 그려 가정의 예배소를 장식하던 비잔틴 풍습에서 유래하여 재사용되었고, 여기에 황금색 배경과 후광을 없애고 유화 물감을 도입하는 형태로 변형되었습니다. 르네상스 시대 교회 건축에서 선호하던 구조 역시 비잔틴 건축 양식에서 유래한 것으로서 비잔틴 양식보다 좀 더 단순한 형태의 돔을 얹는 십자가 형태였습니다. 따라서 비잔틴제국의 몰락은 비잔틴 예술의 종말이 아니라, 유럽 예술의 또 다른 시작이 되었던 것입니다.

유럽 예술은
비잔틴으로부터!

이슬람교 교리

그리스도교에 이어 두 번째로 신도가 많지만 제일 늦게 나온 종교인 이슬람교는 유대교, 그리스도교와 동일한 신, 즉 '하느님=알라'를 믿고 있습니다. 믿음의 조상인 아브라함의 본처인 사라와 그의 아들 이삭 쪽의 혈통은 유대교와 그리스도교이고, 창세기에만 언급되어 있는 후처 하갈과 그의 아들 이스마엘 쪽의 혈통은 이슬람교입니다. 유대교, 그리스도교와 같은 듯 다른 이슬람교는 믿어야 할 것 다섯 가지, 행해야 할 것 다섯 가지를 기본 교리로 삼고 있습니다. 먼저 믿어야 할 것 다섯 가지는 다음과 같습니다.

① 유일신 알라를 믿어라. 절대자요, 초월자인 신은 낳지도 낳아지지도 않는다고 하여 그리스도교의 삼위일체설과 예수의 신성을 부정했습니다.

② 천사를 믿어라. 빛으로 창조되고 신성을 가지지 않는 천사는 신이 아담을 창조한 후 아담에게 절하라고 명령했을 때 모두 순종한 존재이고, 거부한 존재는 사탄입니다.

③ 예언자들을 믿어라. 신이 12만 4,000명의 선택받은 사람들에게 예언을 전수했고, 그 중에서도 아담, 노아, 아브라함, 모세, 예수, 무함마드에게 정확한 계시를 해주었습니다. 무함마드와 예수 모두 신의 사도이자 인간에 불과하지만, 신의 가장 위대한 마지막 사도는 무함마드입니다.

④ 꾸란을 믿어라. 천사 가브리엘이 구술해 준 것을 무함마드가 외웠고, 무함마드와 함께 낭송했던 그의 제자들이 종려나무 잎과 양의 뼈에 기록했습니다. 이를 30년 만에 책으로 묶어 출간했으므로, 인간의 생각이 들어가지 않은 온전한 신의 말씀이 꾸란입니다.

⑤ 최후의 심판을 믿어라. 인류는 순백하게 태어나므로 자기 믿음의 정도와 저지른 죄의

경중에 따라 최후의 심판 때 천당과 지옥으로 갈립니다.

이 다섯 가지에 덧붙여 수니파는 인간의 운명은 정해져 있다는 정명관도 믿습니다.

행해야 하는 다섯 가지는 다음과 같습니다.

① 신앙증언을 하라. "알라 이외의 신은 없고, 무함마드는 알라의 사자다"라는 말을 예배 나 기도 때 되뇌었습니다. 무함마드는 신의 사자이므로 초상화나 조각상을 만들거나 절을 하는 경배의 대상으로 삼아서는 안 되었습니다.

② 예배를 하라. 손과 발, 얼굴을 깨끗이 씻고 일출, 정오, 오후, 일몰, 잠자리에 들기 전에 하루 다섯 번 메카를 향해 개인적으로 절을 해야 합니다. 금요일 정오에는 사원에서 드리는 집단 예배에 참가해야 합니다.

③ 자선하라. "가진 자의 재산 중에는 못 가진 자의 몫도 있다"라고 하여 자발적인 자선 과 의무적인 종교세를 만들었습니다. 선한 행동을 하라는 종교적 의미뿐 아니라 빈민 구제를 위해 자선을 강요했다는 점이 이슬람의 사회적 평등과 세력 확장에 큰 역할을 했습니다.

④ 금식하라. 이슬람력으로 9월에 해당하는 라마단 기간 동안 해가 들 때부터 질 때까지 먹 거나 마시지 않습니다. 금식은 신앙심을 고양하기 위한 영적인 훈련이기도 하지만, 배고 파 보면 가난한 자의 고통을 알 수 있어 자선하기가 쉽다는 사회적인 의미도 있습니다.

⑤ 성지를 순례하라. 교도들은 생애 한번은 메카로 성지 순례를 해야 하는데, 개별적으로 순례 여행을 가기도 하지만 이슬람력 12월의 대순례 기간을 선호합니다. 이때 흰색 천 두 개로 상하를 가리는 복장으로 통일하는데, 이는 신 앞에 모든 사람이 평등하다는 이념과 행색으로 빈부를 차별하지 말라는 의미도 담겨 있습니다.

이 다섯 가지에 덧붙여 시아파는 이슬람권을 확장하기 위해 노력하라는 지하드도 행합 니다.

영토 분쟁이 빈번한 시기에 자국의 안전을 타국에 의존하면 어떤 결과를 가져오는지를 잘 보여 주는 역사적 사례가 쇠퇴기에 접어든 비잔틴제국입니다. 게다가 사방이 적인 상황에서 제위를 차지하기 위해 끊임없이 내전을 벌이는 제위 경쟁자들, 가급적 세금을 내지 않으려는 대토지 소유자들, 착취를 일삼는 관료들, 몰락하여 병사나 납세자로서의 능력을 잃은 소농들이 쇠퇴기 비잔틴제국의 등장인물들입니다. 쇠퇴기 비잔틴제국 역사의 국내 정치와 외교 정책을 《로마제국 쇠망사》의 57~71장을 통해 살펴보고자 합니다.

5부

쇠퇴하는 비잔틴제국
[11~15세기]

국가이기주의에 휘둘린 국가의 말로

    영토 분쟁이 빈번한 시기에 자국의 안전을 타국에 의존하면 어떤 결과를 가져오는지를 잘 보여 주는 역사적 사례가 쇠퇴기에 접어든 비잔틴제국입니다. 급한 대로 결혼 동맹이나 조공 납부를 통해 적국의 침략 야욕을 막고 그래도 공격해 온다면 다른 나라의 원군을 통해 막으려던 비잔틴제국은, 결국 자국의 일에 다른 나라를 끌어들인 꼴이 되었습니다. 그렇게 들어온 다른 나라가 비잔틴제국의 이익을 얼마나 대변해 줄지에 대해 의구심을 가지지 않은 것은 아니지만, 자국의 힘이 없는 상황이라 그렇게 해서라도 나라를 유지하고 싶었던 것입니다. 그러나 자국의 이익을 최우선으로 하는 시대에 자생력을 높이기보다 타국에 의존한 비잔틴제국의 안이한 태도는 결국 몰락을 더욱 가속화시켰습니다.

    빼앗긴 영토를 되찾기 위해 불러들인 십자군은 비잔틴 황제에게 복종을 선서하고 획득한 영토를 비잔틴제국에 준다는 서약을 했으면서도, 자신들이 그 땅을 차지하기 바빴습니다. 특히 제위를 되찾기 위해 불러들인 4차 십자군은 오히려 콘스탄티노플을 공격하여 자신들의 왕국으로 삼았습니다. 철저히 자국의 이익을 위해 움직이는 십자군을 경험했으면서도, 비잔틴제국은 또다시 제노바와 베네치아를 이용하여 위험에서 벗어나고자 했습니다. 자국의 상업적 이익을 최우선시하는 두 나라의 경쟁심을 이용해 제노바 측과 베네치아 측을 오가면서 살아남으려다가, 제국의 영토가 두 나라의 전쟁터로 전락하는 수모를 당했습니다. 적을 물리치려고 또 다른 적을 불러들인 정책은, 오히려 적의 수만 늘려 놓았습니다.

　서방 국가의 종교 지도자인 교황에게도 구원을 요청한 비잔틴제국은 이기주의와 무관심만 경험했을 뿐입니다. 같은 그리스도 교권에서도 도움을 받지 못하는 상황에서 도움을 받을 수 있는 나라를 가릴 처지가 아니던 비잔틴제국은 이슬람 교권인 오스만튀르크족에게도 원군을 요청했습니다. 서방 국가의 행태를 볼 때 오스만튀르크가 비잔틴제국의 이익을 대변해 줄 것이라고는 기대하지 않았지만, 결혼 동맹, 조공 납부, 종군 약속 등 해줄 수 있는 것을 다 해주면 동맹국으로 묶어 둘 수 있을 것으로 여겼습니다. 그러나 그것은 약소국이 자기 편한 대로 판단한 위험천만한 생각이었습니다. 팽창의 구실을 찾고 있던 오스만튀르크에게 비잔틴제국의 요청은 유럽으로 진출할 절호의 기회였고, 결국 그 기회를 잘 살려 수도인 콘스탄티노플까지 장악했습니다. 오스만튀르크 역시 자국의 이익을 우선으로 한다는 사실을 간과한 채 당장의 위기를 극복하고자 더 위험한 적을 불러들인 것입니다.

　외교 정책도 자국이 강한 상태에서 통용되는 것이지, 그렇지 않으면 굴욕적인 대우와 타국의 무한이기주의만 경험하게 된다는 사실을 비잔틴제국이 몰랐다고는 생각하지 않습니다. 다만 그런 경험을 통해 비잔틴제국이 얼마나 자성의 목소리를 냈는지, 강해지기 위해 얼마나 노력했는지에 관해서는 의구심이 듭니다. 사방이 적인 상황에서 제위를 차지하기 위해 끊임없이 내전을 벌이는 제위 경쟁자들, 가급적 세금을 내지 않으려는 대토지 소유자들, 착취를 일삼는 관료들, 몰락하여 병사나 납세자로서의 능력을 잃은 소농들이 쇠퇴기 비잔틴제국 역사의 등장인물들입니다. 쇠퇴기 비잔틴제국의 국내 정치와 외교 정책을 《로마제국 쇠망사》의 57~71장을 통해 살펴보고자 합니다.

01 아군에서 적군으로 변한 십자군

● ● ● 1096년 1차 십자군 원정1096~1099에서부터 1261년 비잔틴제국이 라틴인들에게 빼앗긴 콘스탄티노플을 탈환할 때까지의 과정은 신앙심 밑에 깔린 인간의 욕심을 적나라하게 드러내 주었습니다. 현실적인 혜택이 있어야 신앙심이 더욱 깊어지기라도 하는 것처럼, 성지 예루살렘을 회복한다는 거대한 목표를 가지고 출발한 십자군은 현실적인 보상을 찾으러 나서기 시작했습니다. 그러나 총 8차에 걸쳐 이루어진 십자군 원정은 1차 십자군을 제외하고는 성지 회복이라는 목표를 이루지 못했고, 그마저도 곧바로 이슬람 세력에게 빼앗겼으며, 급기야 십자군의 발원지인 비잔틴제국을 치는 형국이 되었습니다.

십자군이 실패한 이유는 제대로 무장하지 못한 데다 훈련도 받

천국은 용기 있는 자만 받는다!!

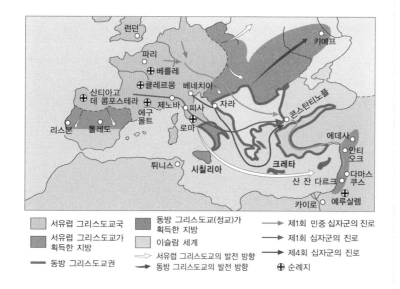

십자군의 원정로

지 않은 병사들이 다수였다는 점, 역사적으로 볼 때 중동 지역과의 전쟁은 군수품과 병사들을 끊임없이 보충한다는 전제를 깔고 시작 해야 한다는 사실을 무시한 채 장거리 원정에 나선 점, 국왕과 귀 족 들이 영토에 대한 욕심으로 통일적인 지휘 체계를 형성하지 못 한 점, 교황이 성지 회복을 통해 영향력을 확대하려는 사심이 있었 다는 점, 이탈리아 상인들이 상업적 이익을 얻으려는 욕심에서 십 자군을 이용했다는 점 등이 있습니다. 성지 회복이라는 종교적 목 표 아래 각자 나름대로의 손익을 계산한 십자군은 실패할 수밖에 없었고, 오히려 이슬람 세력과의 갈등을 부추기는 결과를 가져왔 습니다.

셀주크튀르크족의 성장과 십자군 결성

카스피 해 너머에 있는 아프가니스탄 지역의 유목민인 튀르크족은 이슬람교로 개종한 후 제비뽑기를 통해 셀주크의 손자인 토그릴 베그˚를 왕으로 선출했습니다. 이라크의 바그다드를 점령한 셀주크튀르크족은 1065년 알프 아르슬란_{재위 1063~1072}의 지도 아래 아르메니아를 침공했습니다. 비잔틴제국의 황제인 로마누스 4세_{재위 1068~1071}는 1071년에 병력을 둘로 나누어 부하 장군에게 북쪽을 맡긴 후 자신은 아르메니아 남동부의 만지케르트 시˚로 출발했습니다. 그러나 부하 장군의 부대가 튀르크군에 제대로 대응하지 못하여 패배하고 도주한 데다, 황제가 지휘하던 용병들마저 누가 먼저랄 것도 없이 탈영하기 시작했습니다. 때마침 술탄˚ 알프가 강화를 제의했으나, 황제는 평화를 원한다면 점령한 땅과 왕궁을 내놓으라면서 제의를 거절했습니다. 결과론적인 말이지만 이때 황제가 강화 제의를 수용했다면 비참한 운명을 막을 수 있었을 텐데, 황제의 섣부른 자만심이 대재앙을 부른 셈입니다.

술탄 알프는 느슨한 초승달 대형으로 배치한 튀르크 기병대의 화살 공격에 희망을 가지고 있었다. 로마누스 4세 황제의 군대는 여러 대열로 서고 예비대를 두는 비잔틴의 전통적인 전술을 대신하여 단 하나의 견고한 밀집 대형을 짜서 야만족들의 교활하면서도 유연한 저항을 압박했다. 뜨거운 여름날 종일 벌어진 산만하고도 성과 없는 전투로 지친 황제는 군대와 함께 주둔지로 돌아갈 수밖에 없었다.(57장 256-257쪽)

˚토그릴 베그(재위 1037~1063)
셀주크 왕조의 초대 술탄으로, 단다나칸에서 가즈니 왕조의 군대와 싸워 이기면서 왕조의 기틀을 세웠다. 이라크 북부 지역을 정복하고 '동서의 왕'이라는 칭호를 받았다.

˚만지케르트 시
오늘날의 터키 중동부에 있던 도시이다.

˚술탄
힘, 권위, 지배력을 의미하는 아랍어로서, 이슬람 국가의 지배자인 칼리프 휘하의 속주 총독을 지칭하는 의미로 사용했으나, 후에는 하나의 독립적인 국가의 지배자를 의미하게 되었다. 술탄이라는 칭호는 가즈니 왕조의 마흐무드(재위 998~1030) 지배 아래에 있던 한 튀르크족 족장이 처음 사용했으나, 후에는 셀주크튀르크, 오스만튀르크, 이집트에서 지배자를 지칭하게 되었다.

후퇴하면서 생긴 무질서와 혼란을 포착한 술탄이 즉각적으로 공격하라는 명령을 내리자 비잔틴 군대는 순식간에 궤멸되었고,

포로로 잡힌 로마누스 4세 황제는 몸값과 조공을 주는 조건으로 풀려났습니다. 파르티아, 사산조 페르시아, 이슬람군, 튀르크군 등 중동 지역의 전통적인 전술이 게릴라전인 데다 될 수 있으면 전면전을 하지 않는다는 기본적이고도 중요한 사실을 간과한 결과, 비잔틴제국은 소아시아 지역을 상실했습니다.

만지케르트 전투로 잃어버린 소아시아를 회복하고자 한 알렉시우스 1세 콤네누스 황제는 서방의 도움을 받아 내분에 휩싸인 튀르크군을 공격하면 훨씬 수월하게 목적을 이룰 수 있으리라고 생각했습니다. 1095년 3월에 피아첸자에서 열린 공의회에 파견된 비잔틴 사절단은 1076년부터 튀르크군이 예루살렘을 장악한 뒤로 성지 순례자들이 겪는 고통과 압박을 비탄에 빠진 어조로 말했습니다. 비잔틴제국의 영토 회복에 대한 욕구나 소아시아와 중동 지역을 차지하여 얻는 경제적 이익에 대해서는 일절 언급하지 않은 채 서방 세계의 신앙심에만 호소한 것입니다. 사절단의 연설에 감명을 받은 교황 우르바노 2세재임 1088~1099는 1095년 11월에 클레르몽에서 다시 공의회를 열어 성지 회복을 요구했고, 다음 해 8월 15일 성모 승천일에 십자군을 출발시키기로 결정했습니다. 회의에 참석한

클레르몽 회의에서 십자군 파견을 주장하는 교황 우르바노 2세

400명의 성직자들은 귀국한 뒤 돌아다니면서 지상에서의 잘못에 대한 면죄 약속과 함께 전리품이나 약탈과 같은 현실적인 보상을 약속했습니다.

성직자, 특히 은둔자 피에르1050?~1115가 전한 튀르크군의 만행과 현실적·내세적 보상 약속에 감명을 받아 가장 먼저 출발한 부대는 민중 십자군이었습니다. 원래 출발하기로 한 날까지 기다릴 수 없던 가난한 민중들은 프랑스와 라인 강변의 도시에 살고 있던 부유한 유대인들을 공격한 후, 오스트리아와 헝가리를 지나는 육로를 통해 콘스탄티노플로 향했습니다. 6만 명에 달하던 민중 십자군은 헝가리에서 약탈과 방화를 일삼다가, 헝가리군의 공격을 받아 산악 지역으로 뿔뿔이 흩어졌습니다.

겨우 살아남아 8월 1일 콘스탄티노플에 도착한 민중 십자군을 본 알렉시우스 1세 황제는 한숨을 내쉴 수밖에 없었습니다. 1만 명 정도 되는 소수의 정예부대를 원하던 황제가 마주한 것은, 전투 준비나 전략은 고사하고 전투를 제대로 해보기나 한 것인지 의심스러워 보일 정도로 단순한 불량배나 무자비한 약탈자들뿐이었습니다. 그들을 제국 내에 한시라도 더 두었다가는 약탈과 폭력, 방화를 넘어 살인까지도 서슴지 않을 것이라 생각한 황제는, 제국과 자신의 안

예루살렘으로 가는 방향을 가리키는 은둔자 피에르

전을 위해 재빨리 배에 태워 소아시아로 보냈습니다. 공격할 적이 아니라 약탈할 도시와 물건들을 찾아 사방으로 헤매던 민중 십자군은 튀르크군의 화살 공격에 궤멸되었고, 운 좋게 살아남아 도망간 사람은 소수에 불과했습니다.

1차 십자군의 예루살렘 정복

1096년 9월에야 제대로 된 1차 십자군이 출발했는데, 로렌° 공작인 고드프루아 1060~1100와 그의 동생이자 불로뉴° 백작인 보두앵 1세 1058~1118, 툴루즈° 백작인 레몽 4세 1052~1105, 타란토° 왕인 보에몽 1세 1058~1111를 포함한 여러 명의 왕족과 귀족들이 동참했습니다. 툴루즈 백작인 레몽 4세를 제외한 모든 십자군들은 비잔틴 황제에 대한 충성을 맹세하고 정복한 영토를 비잔틴제국에 준다는 서약을 한 후 소아시아로 출항했습니다. 1097년 6월에 파성추, 공격탑, 투석기 등 각종 공격 무기를 동원해 소아시아 서북부의 니케아를 점령한 십자군은 점령지를 황제에게 주었고, 황제군이 인근 도시들을 점령하면서 소아시아는 다시 비잔틴제국의 영토로 편입되었습니다. 십자군은 내친 김에 더 진군해서 에데사와 안티오크를 점령했습니다. 에데사는 불로뉴의 백작인 보두앵이, 안티오크는 타란토의 왕인 보에몽이 각각 차지함으로써 점령한 영토를 황제에게 주겠다는 협약은 깨졌습니다.

시리아의 해안 도시들을 점령한 십자군은 원래 목표인 예루살렘으로 향했습니다.

°로렌
프랑스 북동부 지역으로 벨기에, 룩셈부르크, 독일과 맞닿아 있다.

°불로뉴
프랑스 북서부의 도시로서 고대 로마제국 시대 브리타니아 정복의 발판이 되었고, 영국과 프랑스의 영토 분쟁 지역이었다.

°툴루즈
프랑스 남서부의 도시로서 9세기 중반에 레몽 1세 백작이 장악한 후 13세기 중반 레몽 7세 백작이 후손 없이 죽으면서 프랑스 왕령지로 편입되었다.

°타란토
이탈리아 남부 지역으로, 1060년대 남부 이탈리아와 시칠리아를 장악하고 1081년에 비잔틴제국까지 침입한 로베르 기스카르의 장자인 보에몽이 차지했다.

1차 십자군 지도자 고드프루아
프랑스 귀족 출신이었던 고드
프루아는 1차 십자군을 이끌
고 예루살렘을 공략하여 '성
묘의 수호자'라는 칭호를 받
았다.

(성벽을 포위한 지) 5일째 되던 날, 십자군은 공성 장비로 성벽을 공격하지 않고 단지 사다리만으로도 올라갈 수 있을 거라는 희망으로 총공격을 감행했다. 그들은 야수와 같이 맹렬한 기세로 첫 번째 관문을 파괴했지만, 무자비하게 살육당하여 치욕을 느끼며 자신의 진영으로 후퇴할 수밖에 없었다. 비참함과 고통 속에서 포위한 지 40일이 지나가자, 반복되는 기근과 돌이 많은 예루살렘의 토양으로 인한 식수 부족이 큰 문제로 다가왔다. 십자군은 근처의 숲에서 가져온 목재들을 가지고 제노바인 기술자들이 만든 두 대의 이동식 공성탑을 적의 수비가 허술한 지점에 배치했다. 첫 번째 공성탑은 성벽 안에서 날아온 불에 타 버렸지만, 두 번째 공성탑에 있던 궁수들은 무사히 적의 망루까지 올라가 적을 격퇴한 후 다리를 놓아 성벽 안으로 들어갔다. 예수의 수난일과 같은 날 같은 시간인 금요일 오후 3시1099년 7월 15일, 로렌의 공작 고드프루아는 승리에 겨운 표정으로 예루살렘의 성벽 위에 의기양양하게 서 있을 수 있었다.(58장 335–336쪽)

고드프루아가 예루살렘을 장악하고, 베네치아, 제노바, 피사, 플랑드르˙ 같은 여러 나라의 함대가 해안을 강력하게 보호함으로써, 이집트 해안 지대에서부터 유프라테스 강 너머까지 십자군의 영토가 되었습니다. 1차 십자군은 예루살렘 정복이라는 원래의 목적을 처음이자 마지막으로 달성한 십자군이었고, 발칸 지역의 불가리아와 중동 지역의 튀르크 세력으로 인해 영토가 점점 축소되어 가던 비잔틴제국의 쇠퇴를 일시적으로 저지시킨 십자군이었습니다.

˙플랑드르
벨기에의 동플랑드르와 서플랑드르를 합친 지역으로, 모직물 공업이 유명했다. 남부의 가톨릭과 북부의 개신교 사이에 갈등이 심했고, 1556년에 스페인령 네덜란드에 속했다가 1830년에 벨기에 혁명을 통해 네덜란드에서 분리되었다.

고전하는 2, 3차 십자군

1144년 에데사 백작령이 튀르크군에게 넘어가자, 독일의 콘라드 3세재위 1125~1152 와 프랑스의 루이 7세재위 1137~1180가 동참한 2차 십자군1147~1149이 촉발되었습니다. 1147년에 콘스탄티노플

콘스탄티노플에 도착한 콘라드 3세와 루이 7세

에 도착한 십자군이 약탈과 살인을 저지르자, 비잔틴 황제인 마누엘 1세 콤네누스 는 과거 알렉시우스 1세 황제가 한 것처럼 튀르크보다 더 골치 아픈 십자군을 빨리 소아시아로 보냈습니다. 콘라드 3세의 군대는 갈등과 굶주림에 지친 상태에서 소아시아에서 튀르크군에게 궤멸당했습니다. 루이 7세의 군대 역시 시리아의 다마스쿠스를 공략했으나, 튀르크군의 확고한 수비 전략에 별 소득 없이 철수해야 했습니다. 통일된 지도력도, 뛰어난 전략도, 명확한 공격 목표도 없던 2차 십자군은 다마스쿠스를 점령하기도 전에 누가 이 지역을 통치할지를 놓고 격론을 벌였을 정도로 영토 야욕만 잔뜩 드러낸 채 완벽하게 실패했습니다.

독일의 프리드리히 1세 바르바로사재위 1152~1190, 프랑스의 필립 2세재위 1180~1223, 잉글랜드의 리처드 1세재위 1189~1199가 참여한 3차 십자군1189~1192은 이집트와 시리아를 장악한 살라딘 이 성지인 예루살렘을 탈환함으로써 촉발되었습니다. 헝가리를 거쳐 소아시아에

마누엘 1세 콤네누스(재위 1143~1180)
강력한 군사 정책과 대외 정책을 통해 비잔틴제국의 영광을 찾으려고 노력했다.

살라딘(1137~1193)
이집트, 시리아, 팔레스타인, 메소포타미아 지역을 장악한 쿠르드족 출신의 지도자였다. 3차 십자군을 성공적으로 막아냈으나, 사우디아라비아의 메카에서 돌아오는 순례 행렬을 맞이하기 위해 다마스쿠스로 갔다가 오는 길에 중병에 걸려 사망했다.

살라딘의 예루살렘 탈환
1187년 7월 살라딘은 이스라엘 북부의 하틴 전투에서 기병대의 맹공으로 무더위와 갈증에 지친 그리스도교도들 수백 명을 사상시키고 포로로 잡은 후 예루살렘으로 진격했다. 이슬람군의 공격으로 성벽에 차츰 균열이 생기자, 예루살렘에 남아 있던 귀족 발리앙은 살라딘과 협상하여 몸값을 받고 예루살렘 시민들을 풀어 주는 조건으로 성문을 개방했다.

● 셀레우키아
이라크 중부에 있는 도시로서
알렉산드로스 대왕의 부하인
셀레우쿠스가 통치한 지역이다.

● 아크레, 카이사레아, 야파
이스라엘 북부에 있는 도시들
로서 비잔틴제국의 영토였으
나, 7세기 초반 이슬람군에게
점령되었다.

제일 먼저 도착한 프리드리히 1세가 셀레우키아로 향하던 중 강에 빠져 죽자, 지휘관을 잃은 대부분의 독일 군대는 고국으로 돌아갔습니다. 해로로 뒤늦게 팔레스타인에 도착한 필립 2세와 리처드 1세는 1차 십자군이 점령했다가 살라딘이 재점령한 아크레를 집중 공격했습니다. 아크레의 수비대는 계속 싸우라는 살라딘의 명령에도 불구하고 성문을 열었습니다. 아크레를 점령한 후 필립 2세가 고국으로 돌아가자, 리처드 1세는 살라딘과 치열한 전투를 벌여 카이사레아, 야파 같은 해안 도시들을 점령했습니다.

빈번한 전투로 건강이 급격히 악화된 리처드 1세와 살라딘은 예루살렘을 그리스도교도들에게 개방하고, 야파와 같은 해안 도시들을 공동으로 소유하며, 3년 3개월 동안 모든 적대 행위를 중지한다는 내용의 휴전협정을 체결했습니다. 살라딘의 영향력에 제동을 걸기 위해 나선 3차 십자군은 아크레를 점령하는 소득을 얻었지만, 예루살렘을 재점령하는 데는 실패했습니다. 살라딘에게 예루살렘을 빼앗긴 선례에서 알 수 있듯이, 예루살렘 주변 도시에 대한 장악과 끊임없는 병력 보강이 이루어지지 않는다면 예루살렘 점령은 일시적인 것에 불과하다는 사실을 여실히 확인한 3차 십자군이었습니다.

약 100년에 걸쳐 세 차례의 십자군이 파견되는 동안 비잔틴제국의 역할은 크지 않았습니다. 십자군

살라딘에게 항복하는 십자군

은 마누엘 1세 황제가 십자군의 이동
경로를 튀르크 측에 알려 2차 십자군
이 실패할 수밖에 없었다거나, 살라
딘이 예루살렘을 점령했을 때 이사키
우스 2세재위 1185~1195, 1203~1204 황제가
축하해 주었다고 주장하면서 비잔틴
제국을 불신했습니다.

십자군의 약탈

　그러나 비잔틴제국의 입장에서도 1차 십자군이 소아시아 지역을
재점령하게 해준 것은 고마운 일이지만, 수도의 부를 보고 약탈과
폭동을 일삼는 병사들과 점령한 영토를 반환한다는 약속을 어기고
자신의 통치 지역으로 삼으려던 서유럽의 귀족들이 반갑지만은 않
았습니다. 제국의 안전을 위해 살라딘과 동맹을 맺으려던 비잔틴제
국을 비난하면서 콘스탄티노플로 진군한 프리드리히 1세를 달래기
위해 소아시아로 가는 수송선, 군수품, 인질까지 내줘야 했던 상황
은 십자군을 완전한 아군으로 볼 수 없게 만들었습니다.

　게다가 수시로 발칸 반도를 탐내면서 비단 산업의 중심지인 코
린트와 테베를 점령하려는 시칠리아의 노르만 왕국, 발칸 반도까
지 장악하려는 헝가리와 세르비아, 제해권을 위해 비잔틴제국의
해안을 공격하는 베네치아 등 서부의 적들을 상대해야 하는 비잔
틴제국으로서는 동부로 가는 십자군 원정에 적극 동참할 수가 없
었습니다.

그리스도교 도시를 공격한 4차 십자군

왜곡된 십자군, 타락한 십자군, 추악한 십자군으로 불리는 4차 십자군은 교황권 확립에 열성적이던 인노첸시오 3세 가 촉발했습니다. 프랑스인이 주축이 된 4차 십자군은 이집트를 침공하여 우회적으로 팔레스타인의 해방을 도모하고자 했습니다. 그 이유는 해로가 안전하고 빠를 뿐만 아니라, 이집트가 살라딘이 사망한 뒤로 굶주림과 내란으로 인해 거의 파멸 상태에 이르렀기 때문입니다. 해로로 가기 위한 방법은 선박을 많이 보유하고 항해 기술도 뛰어난 베네치아로부터 도움을 받기로 했습니다. 1201년 초 베네치아에 도착한 프랑스인 대표단 6명이 베네치아의 총독인 단돌로재임 1193?~1205에게 극진하게 환대를 받으면서 합의한 사항은 다음과 같았습니다.

베네치아는 4,500마리의 말, 9,000명의 종자, 4,500명의 기사와 2만 명의 보병을 수송할 충분한 배와 이들이 9개월 동안 먹을 식량을 준비할 것, 신과 그리스도 교회가 필요한 곳이라면 어느 해안이든 수송해 줄 것, 50척의 갤리선 으로 십자군 원정에 동참할 것 등을 이행해야 했다. 십자군은 다음 해 성 요한 축일1202년 6월 24일까지 베네치아에 집결할 것, 출발 전에 은화 85,000마르크를 베네치아에 지급할 것, 바다든 육지든 정복한 지역은 모두 양측에 똑같이 분배할 것 등을 이행해야 했다. 상호 합의된 이 협정은 양피지에 필사되어 서약과 날인으로 확정되었다.(60장 416-417쪽)

•인노첸시오 3세(재임 1198~1216)
로마냐·마르크안코나 등지의 황제령을 교황령에 편입시키는 등 교황권을 신장하는 데 크게 공헌했다.

•종자
14세 전후의 젊은이들로서 기사 아래 단계이다. 기사의 갑옷이나 무기, 군기를 들고 다니면서 기사를 수행하는 일을 했다.

•갤리선
기원전 8세기부터 15~16세기 대서양 항해가 이루어질 때까지 지중해 지역에서 함대와 상선으로 쓰인 배이다. 갤리선이 동원된 마지막 대규모 전투는 1571년에 베네치아, 스페인, 교황 군대와 오스만튀르크군이 싸운 레판토 해전이었다. 노를 주동력으로 움직이는 갤리선의 무게는 기원전 3세기에 120톤 정도였으나, 레판토 해전 때는 140~180톤 정도 나갔다.

협정을 충실히 이행한 베네치아와 달리, 십자군은 예상한 병력의 3분의 1도 안 되는 사람들만 모였고 돈도 마련하지 못한 상태였습니다. 플랑드르인은 자신들의 배로 출항해 버렸고, 프랑스인은 마르세유에서, 이탈리아인은 아풀리아에서 각각 출항한 상태였으니, 베네치아에 모인 병력이 적을 수밖에 없었습니다. 베네치아에 모인 사람들은 이미 자신들의 비용을 다 냈으면서도 오지 않은 사람들의 비용까지 부담해야 했는데, 그럴 만한 돈이 없었습니다. 오지 않은 사람들이야 어쩔 수 없다 해도 약속을 이행한 만큼 계약된 돈을 내라는 베네치아의 성화에, 십자군은 자발적인 기부금과 개인 비상금까지 톡톡 털었지만 여전히 은화 34,000마르크가 모자랐습니다.

십자군에게서 더는 돈이 나올 것 같지 않자 단돌로 총독은 얼마 전 헝가리에 귀속된 자라 시를 공격해 베네치아 영토로 만들어 주면, 십자군이 향후 부유한 지방을 정복하여 채무 변제가 가능해질 때까지 지급을 연기해 주겠다고 제안했습니다. 돈이 없어 인질처럼 잡혀 있던 십자군은 단돌로의 제안에 솔깃해졌고, 그가 원하는 대로 아드리아 해를 건너 자라를 포위한 지 5일 만에 항복을 받아냈습니다. 이교도가 아닌 같은 그리스도교 도시를 쳐서 약탈한 십자군에게 분노한 교황은 십자군을 모두 파문에 처했습니다.

마르세유
프랑스 남부의 항구도시로서 고대에는 마살리아로 불렸다. 서로마제국이 몰락한 후 서고트족이 장악했으나, 6세기 중반 프랑크 왕국의 영토가 되었다.

아풀리아
이탈리아 남동부의 아드리아 해에 면해 있는 지역으로 서로마제국이 몰락한 후 고트족, 롬바르드족의 지배를 받았다. 6세기 이후 비잔틴제국의 영토였다가, 1059년에 노르만 영주 로베르의 지배를 받게 되었다.

자라
크로아티아 서쪽의 아드리아 해에 있는 항구 도시로서, 서로마제국이 몰락한 후 동고트족의 지배를 받다가 6세기 비잔틴제국의 영토가 되었다. 10세기 크로아티아 왕국이 건립되었고, 12세기 내내 베네치아로부터 공격을 받다가 1183년에 반란을 일으켜 크로아티아-헝가리 국왕에게 보호를 요청했다.

십자군을 선동하는 단돌로
클레르, 1521, 베네치아 두칼레 궁전.

콘스탄티노플을 공격한 4차 십자군

파문을 당해 서유럽으로도 갈 수 없게 된 십자군에게 또 하나의 달콤한 제안이 전달되었습니다. 게으르고 탐욕스러운 비잔틴제국의 이사키우스 2세 황제가 형인 알렉시우스 3세_{재위 1195~1203}에게 제위를 찬탈당해 장님이 된 채로 감옥에 갇혔는데, 다행히 그의 아들 알렉시우스 4세는 시칠리아에 피신해 있었습니다. 제위를 되찾기 위한 군대가 필요하던 알렉시우스 4세는 베네치아와 십자군에 다음과 같이 제안했습니다.

알렉시우스 4세(재위 1203~1204)
4차 십자군과 협약을 맺고 아버지의 제위를 되찾아 공동 황제가 되었다.

그는 자신과 아버지의 이름으로, 콘스탄티노플의 제위에 복귀하자마자 그리스인들의 오랜 종교 갈등을 종식시켜 자신과 국민들이 로마 교회의 합법적인 우위권에 복종할 것, 십자군의 노고와 공적에 대한 보상으로 은화 20만 마르크를 즉시 지급할 것, 자신이 몸소 이집트 원정에 동참할 것, 혹시 또 다른 이익을 원한다면 성지 탈환에 종사하는 1만 명의 병사는 1년 동안, 500명의 기사는 자신이 살아 있는 동안 부양할 것임을 제안했다. 베네치아는 이런 매혹적인 제안을 단숨에 받아들였다.(60장 421쪽)

자라 시를 공격하여 파문당한 시점에서 또다시 그리스도교 도시를 칠 수는 없다고 반대하는 목소리도 있었지만, 베네치아와 십자군은 말을 수송하는 120척, 병사와 무기를 실은 240척, 군수품을 실은 70척, 해전에 대비한 50척의 갤리선과 함께 콘스탄티노플로 출항했습니다.

1203년 7월에 십자군이 갈라타 탑*을 공격하여 장악하는 동안, 베네치아군은 입구에 쳐놓은 쇠사슬을 끊고 금각만으로 들어갔습니다. 금각만에서 해상 공격을 담당한 베네치아군은 줄사다리를 성벽에 걸어 접안하는 데 성공하여 적의 탑 25개를 신속하게 점령했습니다. 이후 북서쪽의 육지와 면해 있는 성벽을 집중 공격하는 한편, 비잔틴군의 저항으로 고전하고 있던 십자군을 도왔습니다. 적의 견고한 전투 대형을 깰 수 없던 비잔틴군이 사기가 떨어진 상황에서, 알렉시우스 3세는 가족도 버리고 재물만 챙겨 어둠을 틈타 도망갔습니다. 비잔틴 귀족들은 황제가 도망간 사실을 확인하자, 감옥에 있던 이사키우스 2세에게 제위를 돌려주고 아들인 알렉시우스 4세를 공동 황제로 삼았습니다.

십자군과 베네치아 덕택에 복위된 이사키우스 2세와 알렉시우스 4세가 우선적으로 해야 할 일은 약속을 이행하는 것이었습니다. 십자군 기사 3명과 베네치아 대표 3명이 궁정으로 밀고 들어와서 약속을 이행하지 않으면 황제로도, 친구로도 인정하지 않겠다고 협박했습니다. 그러나 알렉시우스 4세는 안하무인이 된 외국군을 칠 수도 없었고, 텅 빈 국고로 인해 약속을 지킬 수도 없었습니다. 황제가 어정쩡한 태도를 보이고 있는 사이에 무거운 과세, 가톨릭 의식에 대한 강요, 십자군의 난폭함과 방화 등에 분노한 시민들이 3일 동안 폭동을 일으켜 귀족인 니콜라우스를 황제로 옹립했습니다. 니콜라우스가 제위에 오르기를 거부하자, 무르주플루스라는 황족이 알렉시우스 5세재위 1204로 스스로 제위에 올라 니콜라우스를 감금하고 두 명의 전임 황제들을 살해했습니다.

*갈라타 탑
금각만 북쪽에 있는 갈라타 성안에 설치된 탑으로서 평상시에는 콘스탄티노플까지 쳐놓은 쇠사슬을 올려놓았다가 아군일 경우 쇠사슬을 내려 주었다. 현재의 갈라타 탑은 1348년 제노바인이 북쪽으로 더 들어가 높은 곳에 지은 것으로, 바닷가에 면해 있던 4차 십자군 때의 갈라타 탑과 다르다.

〈콘스탄티노플에 입성한 십자군〉
1204년 4월 12일 콘스탄티노플을 함락하고 약탈을 자행하는 십자군을 묘사한 역사화이다. 들라크루아, 1840, 파리 루브르 박물관.

그 뒤 약속한 재정적 지원을 받지 못한 십자군과 베네치아는 콘스탄티노플에 채무와 벌금 명목으로 금 5만 파운드를 요구했으나, 황제가 된 알렉시우스 5세가 이를 거절하자 또다시 수도를 공격했습니다. 십자군과 베네치아군은 비잔틴군과 일진일퇴를 거듭하다가, 세 번째 공격에서 때마침 강한 북풍이 불자 해안가로 접안하여 4개의 탑에 줄사다리를 걸고 세 곳의 성문을 파괴하여 수도로 입성했습니다. 알렉시우스 5세가 도망가고, 그 틈에 궁정까지 접수한 십자군과 베네치아군은 승리에 대한 보상으로 3일 동안 마음껏 콘스탄티노플을 약탈했습니다. 약탈품은 창고에 일괄 보관했다가 보병에게 1배, 기사의 종자에게는 2배, 기사에게는 4배로 배분했습니다. 당시 베네치아와 십자군이 차지한 몫은 잉글랜드 국왕이 거두는 연간 세입의 7배에 달할 정도로 엄청났습니다.

십자군을 구성했던 프랑스와 베네치아는 각각 6명씩, 총 12명의 선거인단을 구성해 다수결로 비잔틴제국의 황제를 선출하고, 황제를 내지 않은 측이 콘스탄티노플의 총대주교를 맡으며, 황제는 제국의 4분의 1을 맡고, 나머지 4분의 3은 베네치아와 프랑스가 평등하게 분할하기로 합의했습니다. 만장일치로 단돌로 총독이 황제로 선출되었으나, 그가 사양한 탓에 플랑드르 백작인 보두앵 1세재위 1204~1205가 제위에 올랐습니다. 이렇게 형성된 라틴제국1204~1261은 비잔틴제국 영토의 4분의 1밖에 장악하지 못한 허약한 제국이었지만, 콘스탄티노플을 수도로 정한 덕택에 비잔틴제국을 계승했다는 자부심을 가지고 있었습니다.

4차 십자군 원정의 최대 수혜자는 베네치아였습니다. 크레타와 낙소스 같은 에게 해 대부분의 섬들, 갈리폴리스 와 같은 마르마라 해의 주요 항구 도시들, 아드리아노플과 같은 내륙의 도시들이 모두 베네치아의 소유가 되었고, 수도 역시 8분의 3이 베네치아의 관할 구역으로 통합되었습니다. 베네치아가 장악한 비잔틴제국의 8분의 3은 주로 내륙이 아닌 연안 지역의 도시들로서, 아드리아 해에서부터 에게 해까지 상공업을 장악하는 데 중요한 전초 기지 역할을 했습니다. 물론 상거래 활성화를 위해 장악한 지역에서 반란이나 전쟁의 위험을 억제하는 데 소요한 군사 비용이나 콘스탄티노플의 쇠퇴를 고려할 때, 베네치아가 이익보다 손해를 보았다는 주장도 있습니다. 하지만 베네치아를 제외한 다른 십자군이나 비잔틴제국과 비교하여 영토나 상업적 측면에서 더 많은 혜택을 누린 것은 사실입니다.

낙소스
에게 해 남부에 있는 섬으로서 16세기 중반 오스만튀르크의 지배를 받기 전까지 베네치아 공화국령이었다.

에게 해
그리스와 터키 사이에 있는 바다로서 그리스, 페르시아, 로마, 비잔틴제국, 셀주크튀르크, 오스만튀르크 등이 차례로 에게 해의 제해권을 장악하려고 노력했다.

갈리폴리스
터키의 유럽 쪽에 있는 도시로서 현재는 겔리볼루로 불린다.

라틴제국의 붕괴

4차 십자군 원정을 전후로 하여 비잔틴제국의 영토는 여러 왕국으로 분열되었습니다. 콘스탄티노플이 십자군에 함락되기 전, 흑해 남동부에는 이미 트레비존드 왕국1204~1461이 건설되었습니다. 비잔틴제국의 공동 황제인 알렉시우스 2세재위

4차 십자군의 콘스탄티노플 점령

1180~1183를 살해하고 단독 황제가 된 안드로니쿠스 1세 콤네누스재위 1183~1185 황제는 시칠리아의 침입에 대응하지 못하고 방탕한 생활에 빠졌다가 살해되었습니다. 안드로니쿠스 1세의 아들도 장님이 되는 처벌을 받았으나, 다행히 손자들인 알렉시우스 1세재위 1204~1185와 다비디스재위 1204~1212가 어머니의 나라인 그루지야에서 무사히 성장해서 할아버지의 왕조를 잇기 위해 트레비존드를 점령하고 왕국을 건설했습니다. 지중해를 둘러싼 영토 분쟁에서 지리적으로 떨어져 있던 트레비존드 왕국은 13세기 초 셀주크튀르크의 공격을 받아 패배함으로써 튀르크의 작은 가신 국가로 전락했습니다. 그 뒤 13세기 중반에 침입한 몽골에 또다시 패배하여, 이번에는 몽골의 가신 국가가 되었습니다. 트레비존드 왕국은 소국으로 전락하기는 했지만, 고립적이고 독자적으로 살아온 덕에 비잔틴제국이 몰락한 이후에도 살아남았습니다.

라틴제국이 설립된 후 생겨난 나라는 테살로니카 왕국1204~1224과 에피루스 왕국1205~1479 그리고 니케아제국1204~1261입니다. 4차 십자군의 지도자인 몽페라의 보니파스재위 1204~1207는 라틴제국의 황제가 되려는 야심을 가졌으나, 베네치아가 통제하기 쉽고 유순한 보두앵을 황제로 옹립하자 테살로니카 지역을 장악했습니다. 또 에피루스 왕국은 비잔틴제국의 이사키우스 2세와 알렉시우스 3세 형제의 사촌인 미카일 1세 콤네누스 두카스가 그리스 북서부에 세운 국가입니다. 그리고 콘스탄티노플을 라틴제국에 내어 준 알렉시우스 5세는 도망치다가 한 십자군 병사에게 잡혀 공개 재판을 받은 다음 처형되었습니다. 그를 대신해 알렉시우스 3세의 사위인 테오

• 그루지야
흑해 동부에 있는 지역으로 북쪽으로는 러시아, 남쪽으로는 터키, 아르메니아와 면해 있다. 중세 초기 여러 지역으로 분할되었지만 11세기에 통합되었고, 12~13세기에 번영기를 누렸다.

• 몽페라
이탈리아의 북부에 있는 지역이다.

• 미카일 1세 콤네누스 두카스(재위 1205~1215)
콘스탄티노플이 함락된 후 테살로니카 왕국에 투항했다가 도망쳐서 아르타에 자리를 잡고 에피루스 왕국을 건설했다. 자신의 시종에게 살해당했다.

도루스 1세 라스카리스˚가 스스로 제위에 오른 후 소아시아에 니케아제국을 세웠습니다. 이들 세 나라는 남쪽으로 세력을 확장하려던 불가리아와 함께 13세기 초중반에 걸쳐 서로 협력과 공격을 반복하면서 치열한 영토 분쟁에 몰두했습니다.

라틴제국의 보두앵 1세는 니케아제국을 침입하여 승리를 거두고 일부 해안 지역을 장악했으나, 자국의 영토를 침입한 불가리아를 상대하다가 수적인 열세로 대패하고 포로로 잡혀 사망했습니다. 니케아제국의 테오도루스 1세는 이 기회를 틈타 불가리아와 동맹을 맺고 반격하려 했습니다. 그런데 4차 십자군의 침입으로 도주한 비잔틴제국의 전임 황제 알렉시우스 3세가 셀주크튀르크군을 선동하여 제위를 요구하면서 침입해 왔습니다. 1211년에 테오도루스 1세는 제국 남부에서 벌어진 격렬한 전투에서 승리를 거두었고, 포로로 잡힌 알렉시우스 3세는 얼마 후 사망했습니다. 셀주크의 위협을 견뎌 낸 테오도루스 1세는 라틴제국에 대한 전쟁을 재개했으나, 보두앵의 동생 앙리재위 1205~1216와 벌인 전투에서 패배했습니다. 때마침 불가리아가 라틴제국의 북부를 공격한 탓에 앙리는 강화 협정을 맺고 소아시아 북서 해안을 차지하는 데 만족해야 했습니다.

니케아제국은 평화협정을 맺은 것으로 한시름 놓았으나, 라틴제국은 앙리의 사망으로 몰락의 길을 걷기 시작했습니다. 앙리가 후사 없이 죽자 여동생의 남편인 쿠르트네의 피에르˚가 황제로 선출되었고, 프랑스에서 급하게 로마 시로 와서 교황에게 황제의 관을 받았습니다. 그러나 그는 종착지인 콘스탄티노플로 오는 도중 에피루스의 테오도루스 앙겔루스재위 1214~1230에게 잡혀 죽었습니다. 이

˚테오도루스 1세 라스카리스(재위 1204~1221)
십자군의 콘스탄티노플 함락 때 도망쳐서 비잔틴제국의 후계국인 니케아제국을 건설하고 황제가 되었다.

˚피에르(재위 1216~1217)
프랑스 루이 7세의 막내아들로, 쿠르트네는 프랑스 중부의 지역명이나 들창코를 의미하는 별명에서 유래한 성이다.

후 앙리의 여동생이 잠깐 섭정을 하다가, 그녀의 허약한 아들인 로베르재위 1219~1228가 제위에 올랐습니다.

에피루스의 강력한 전제군주인 테오도루스 앙겔루스는 테살로니카를 공격했습니다. 당시 테살로니카 왕국의 설립자인 몽페라의 보니파스가 불가리아와의 전쟁에서 전사하고 그의 어린 아들이 통치하고 있던 데다, 라틴제국 역시 허약하여 테살로니카를 지원할 수 없는 상황이었습니다. 1224년에 테살로니카의 국왕을 추방하고 왕국을 장악한 테오도루스 앙겔루스의 세력은 아드리아 해에서 에게 해까지, 그리스의 서부에서 북부까지 뻗어 나갔습니다. 게다가 무기력에 빠진 라틴제국의 로베르가 사망하고 그의 어린 동생 보두앵 2세 가 제위에 오르자, 라틴제국까지 영토를 확장할 야심을 가졌습니다. 그러나 보두앵 2세와 불가리아의 이반 아센 2세 딸의 결혼 동맹이 거론되자, 테오도루스 앙겔루스는 즉각 불가리아를 공격했습니다. 하지만 1230년에 클로코트니카 전투 에서 패배하여 포로가 되었고, 이후 에피루스의 세력은 쇠퇴했습니다. 불가리아 왕정에 잡혀 있던 테오도루스 앙겔루스는 자신의 딸을 불가리아에 시집보내

는 대가로 해방되어 테살로니카 시로 갔습니다. 그는 당시 테살로니카 왕국을 통치하고 있던 동생을 폐위시키고 자신의 아들을 제위에 앉혔습니다.

클로코트니카 전투 후 불가리아의 세력이 커지자 장인인 테오도루스 1세 라스카리스에게서 니케아제국을 물려

• 보두앵 2세(재위 1228~1261)

즉위 시 11세밖에 되지 않아, 귀족들이 예루살렘의 국왕인 브리엔의 장(재위 1210~1225)의 둘째딸과 결혼시키고 장인에게 섭정을 맡겼다. 그 뒤 치세 기간 대부분을 서방에 기금과 군사 원조를 간청하러 보냈다.

• 클로코트니카 전투

1230년 3월 9일 불가리아 남부에서 벌어진 전투로서 불가리아의 세력이 확장되는 계기가 되었다. 서유럽 출신의 용병을 포함해 85,000명 정도의 대군을 거느린 테오도루스 앙겔루스는 25,000명을 이끌고 나타난 불가리아의 이반 아센 2세를 맞이해 해가 질 때까지 격렬하게 싸웠으나 결국 적군에게 포위되었다. 승리를 자신하며 가족까지 끌고 갔지만 그 자신과 대부분의 왕실 가족이 포로로 잡혔고, 다행히 그의 동생만 간신히 탈출에 성공했다.

이반 아센 2세(재위 1218~1241)

2차 불가리아 제국의 왕으로, 영토를 확장하여 전성기를 이루었다. 제국을 발칸 반도의 최강 국가로 이끌었으나, 그의 사후 쇠퇴했다. 벨리코 투르노보의 아센 기념관에 있는 동상이다.

받은 요한네스 3세재위 1221~1254는 즉
각 불가리아와 평화협정을 맺고, 불
가리아 왕의 딸과 결혼 동맹까지 성
사시켰습니다. 1236년에 니케아제
국과 불가리아가 허약한 라틴제국
을 포위 공격했지만, 라틴제국이 몰
락하면 니케아제국의 세력이 커질
것을 염려한 불가리아가 동맹을 파
기하고 라틴제국과 협력했습니다.
그러나 불가리아의 이반 아센 2세

는 수도에 지독한 전염병이 돌아 자신의 가족까지 죽자, 니케아제
국과의 협정을 깬 것에 대한 신의 벌이라고 생각해 다시 협정을 맺
었습니다. 얼마 후 이반 아센 2세가 죽고 몽골족이 침입하자 불가
리아 세력은 쇠퇴하기 시작했습니다.

콘스탄티노플을 탈환한 비잔틴군

이제 니케아제국의 요한네스 3세에게 위협적인 경쟁자는 아무도
없었습니다. 요한네스 3세는 이반 아센 2세 사후 어린 아들들이 연
이어 통치하면서 혼란에 빠진 불가리아를 1246년에 침공하여, 빼
앗긴 그리스 서부, 마케도니아 동부, 트라키아를 장악했습니다. 곧
이어 테살로니카 시로 가서 무장충돌 없이 그 지역을 장악하고, 에
피루스로부터 마케도니아 서부와 알바니아를 넘겨받았습니다. 소

미카일 8세 팔라이올로구스
(재위 1259~1282)
요한네스 4세의 섭정을 하다
가 제위를 찬탈했다.

아시아에 있던 라틴제국의 영토와 발칸 반도를 상당 부분 장악하여 니케아제국의 영토를 두 배로 늘린 요한네스 3세는 아들인 테오도루스 2세재위 1254~1258에게 제위를 물려주었습니다. 불가리아와 평화협정을 맺고 에피루스와 결혼 동맹을 추진하던 테오도루스 2세가 병으로 사망하자, 일곱 살 된 그의 아들인 요한네스 4세재위 1258~1261가 제위를 물려받았습니다. 황제가 어린 관계로 공동 황제가 된 귀족 출신의 미카일 8세 팔라이올로구스는 라틴제국에 빼앗긴 수도 콘스탄티노플을 탈환했습니다.

미카일 8세 황제는 불가리아와의 국경 지대를 감시하기 위해 800명의 기병과 소수의 보병과 함께 알렉시우스 스트라테고풀루스 장군을 트라키아로 보내면서, 가는 도중 콘스탄티노플에 접근하여 정찰하고 정보를 수집하라는 명령을 내렸습니다. 때마침 베네치아의 총독이 30척의 갤리선과 프랑스인 기사로 구성된 최정예부대를 이끌고 193킬로미터 떨어진 흑해 연안의 섬을 공격하러 떠난 상태였습니다.

남아 있던 라틴인은 군사적 능력도, 경계심도 없어서 알렉시우스 장군이 헬레스폰트 해협 을 통과한다는 사실을 알았으면서도 그의 병력이 소수라 하여 염려하지 않았고, 경솔하게도 그의 병력이 계속 늘어 가는 것도 신경 쓰지 않았다. 알렉시우스 장군은 주력 부대를 측면에서 작전을 지원하는 2진으로 남겨 놓고, 소수의 부대만 차출하여 밤에 들키지 않고 수도로 진군했다. 일부 병사들이 가장 낮은 성벽에 사다리를 거는 동안, 나머지 병사들은 어느 나이 많은 그리스인의 안내로 지하통로를 통해 금

●헬레스폰트 해협
오늘날 다르다넬스 해협으로 불리는 곳으로, 마르마라 해와 에게 해를 연결하는 해협이다.

문 안쪽으로 들어갔다.(61장 482쪽)

▶금문
콘스탄티노플로 들어가는 주
요 입구로, 특히 황제가 개선
식을 할 때 들어가는 문이다.

1261년 7월 25일에 무방비 상태의 도시는 아무런 저항 없이 점령당했고, 잠자던 보두앵 2세가 베네치아 상선을 타고 이탈리아로 도주함으로써 4차 십자군으로부터 시작된 라틴제국은 붕괴되었습니다.

✣ 5차~8차 십자군

교황 호노리오 3세재임 1216~1227의 주창 아래 모인 5차 십자군1217~1221은 이집트 남부의 항구 도시 다미에타를 장악했으나 나일 강의 범람으로 인해 카이로로 진격하지 못했고, 얼마 후 다미에타까지 빼앗기자 철수했다. 독일의 프리드리히 2세재위 1215~1250가 십자군에 참전하겠다는 약속을 어긴 죄로 교황 그레고리오 9세재임 1227~1241에게 파문을 당하자, 6차 십자군1228~1229을 일으켰다. 프리드리히 2세는 전투보다 외교에 치중해 예루살렘의 대부분을 회복했고, 10년간의 휴전도 성사시켰다. 프랑스의 루이 9세재위 1226~1270가 일으킨 7차 십자군1248~1254은 이집트의 다미에타를 정복했으나, 이집트의 반격과 질병, 기근으로 인해 항복했다. 루이 9세는 포로로 잡혀 막대한 배상금을 주고 풀려난 후, 이집트에 머물며 반격의 기회를 엿보았으나 큰 공적은 세우지 못했다. 이집트가 시리아와 안티오크를 장악하자, 루이 9세가 다시 8차 십자군1270을 일으켰다. 그러나 루이 9세가 병사하고, 이 사실을 알게 된 이집트는 아크레, 티레, 베이루트 같은 도시들을 점령해 세력을 확장했다. 이로써 거의 200년에 걸쳐 진행된 기나긴 십자군 원정은 종말을 고했다.

02 허약해진 황제권

● ● ● 비잔틴제국은 생존과 더불어 몰락의 징후들
이 잉태되고 있었고, 비잔틴제국의 역사가 곧 몰락의 과정이라는
기번의 말은 지나친 비약이지만 비잔틴제국의 말기가 서로마제국
의 몰락과 상당 부분 닮아 있는 것이 사실입니다. 제위 분쟁, 이민
족의 침입, 이민족 부대의 중요성 등으로 서서히 땅과 조공을 주면
서 쇠퇴와 몰락으로 향해 가는 과정이 동서로마제국의 마지막 모습
이었습니다. 한마디로 한 문명의 몰락에 치명적인 역할을 하는 내
우외환에 휩싸인 것입니다.

그러나 제위 분쟁의 형태와 치세 기간, 이민족의 역할에 차이가
있었기에 동서로마제국의 몰락 과정이 완전히 똑같다고 할 수는 없
습니다. 서로마제국의 제위 분쟁은 군사령관과 군대가 황제의 지배

권에 도전하면서 일어난 경우가 많았지만, 비잔틴제국에서는 제위를 세습할 권한을 가진 황실 가문 내에서 일어났고 군사령관인 귀족이나 군대는 주도적인 역할을 하지 못했습니다. 또 서로마제국의 경우 군인황제시대를 종결지은 디오클레티아누스 황제의 치세가 시작된 284년부터 로물루스 아우구스툴루스 황제가 폐위된 476년까지 192년 동안 총 26명의 황제가 재임했고 평균 재위 기간은 7.4년이었습니다. 이에 비해 비잔틴제국의 경우에는 미카일 8세가 콘스탄티노플을 수복한 1261년부터 콘스탄티노플이 오스만튀르크에 함락된 1453년까지 192년 동안 총 13명의 황제가 재임하여 평균 재위 기간이 14.8년으로서, 서로마제국보다는 훨씬 안정적으로 제위가 유지되었습니다. 게다가 서로마제국은 위급할 때 도움을 호소할 수 있는 국가가 비잔틴제국 외에는 거의 없었으나, 비잔틴제국은 몰락하는 과정에서 서방 국가, 제네바, 베네치아, 불가리아, 세르비아, 오스만튀르크 등 강력한 국가들이 주변에 있었기에 신중한 외교 정책이 필요했습니다. 같은 듯 다른 동서로마제국의 몰락 과정은 문명의 쇠망사에 대한 흥미를 자아내기에 충분합니다.

불신에서 초래된 내전 1, 2차전

미카일 8세가 라틴인의 잔재를 일소하고 제국의 회복을 위해 동분서주했지만, 그의 사후 벌어진 내전은 그런 노력들을 무의미하게 만들었습니다. 미카일 8세의 아들인 안드로니쿠스 2세와 그의 손자인 안드로니쿠스 3세재위 1328~1341 사이에 벌어진 내전 1차전은

안드로니쿠스 2세(재위 1282~1328)
비잔틴 제국의 독립을 천명했으며, 경제적·군사적으로 많은 어려움을 겪었다.

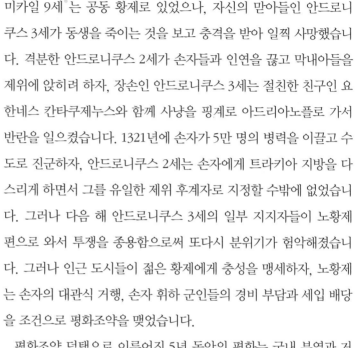

손자의 과욕에서 비롯되었습니다. 안드로니쿠스 2세의 맏아들인

미카일 9세 는 공동 황제로 있었으나, 자신의 맏아들인 안드로니
쿠스 3세가 동생을 죽이는 것을 보고 충격을 받아 일찍 사망했습니
다. 격분한 안드로니쿠스 2세가 손자들과 인연을 끊고 막내아들을
제위에 앉히려 하자, 장손인 안드로니쿠스 3세는 절친한 친구인 요
한네스 칸타쿠제누스와 함께 사냥을 핑계로 아드리아노플로 가서
반란을 일으켰습니다. 1321년에 손자가 5만 명의 병력을 이끌고 수
도로 진군하자, 안드로니쿠스 2세는 손자에게 트라키아 지방을 다
스리게 하면서 그를 유일한 제위 후계자로 지정할 수밖에 없었습니
다. 그러나 다음 해 안드로니쿠스 3세의 일부 지지자들이 노황제
편으로 와서 투쟁을 종용함으로써 또다시 분위기가 험악해졌습니
다. 그러나 인근 도시들이 젊은 황제에게 충성을 맹세하자, 노황제
는 손자의 대관식 거행, 손자 휘하 군인들의 경비 부담과 세입 배당
을 조건으로 평화조약을 맺었습니다.

　평화조약 덕택으로 이루어진 5년 동안의 평화는 국내 분열과 거
듭된 전쟁이 안드로니쿠스 2세의 치세에 대한 실망으로 이어지면
서 깨어졌습니다. 세르비아가 노황제를, 불가리아가 안드로니쿠스
3세를 각각 지지하면서 확대된 세 번째 내전 역시 손자의 승리로
끝났습니다. 1328년 5월 23일 밤 콘스탄티노플과 궁정의 문을 지
키던 병사들은 아무 저항 없이 안드로니쿠스 3세의 군대에게 문을
열어 주었고, 경호책임자는 침입의 징후를 포착했음에도 무시하고
일찍 잠자리에 들었습니다. 공포심에 잠을 이루지 못하던 노황제는
손자의 병사들이 들이닥치자, 저항을 포기하고 제위를 물려주는 대

신 생명을 보장해 달라는 탄원서를 제출했습니다. 간신히 생명을 보존하게 된 노황제는 수도에서 2년 정도 생활하다가, 안드로니쿠스 3세가 병으로 수도를 잠시 비운 사이 감시병의 위협과 강요에 의해 수도사복을 입고 수도원으로 거처를 옮긴 뒤 2년 후에 사망했습니다.

안드로니쿠스 3세의 황후, 아홉 살의 어린 아들, 친구이자 지지자인 요한네스 칸타쿠제누스 사이에 벌어진 내전 2차전은, 안드로니쿠스 3세가 후계자를 지명하지 않고 사망함으로써 시작되었습니다. 제독이던 아포카우쿠스는 안드로니쿠스 3세에 충성한 칸타쿠제누스에게 제위 찬탈을 주장했으나 거절당하자, 이번에는 황후에게 접근하여 어린 아들을 위해서라도 칸타쿠제누스를 제거해야 한다고 말했습니다. 권력욕을 가진 황후, 제독, 총대주교 세 사람은 동맹을 결성했고, 칸타쿠제누스를 반역 혐의로 고발하여 그의 재산을 몰수하고 국가의 적으로 선포했습니다. 트라키아 지역에서 불가리아와 전쟁하고 있던 칸타쿠제누스는 이 도전을 받아들여 그 지역에서 스스로 황제임을 선포했습니다. 곧이어 죽은 황제의 아들 역시 요한네스 5세로 즉위하여 대관식을 치렀습니다.

칸타쿠제누스가 세르비아와 아이딘의 도움을 받아 트라키아 전 지역을 장악하면서 세력을 확장하자, 황후 측은 베네치아, 제노바, 불가리아에 차례로 지원을 요청했습니다. 1345년에 아포카우쿠스가 황궁의 감옥을 시찰하러 갔다가 죄수들에게 살해되자 전세는 칸타쿠제누스에게 유리해진 듯했으나, 아이딘 지도자의 사망으로 인

요한네스 6세 칸타쿠제누스
(재위 1347~1354)
요한네스 5세의 섭정을 하다가 내전을 치른 끝에 공동 황제에 올랐다.

• 요한네스 5세(1341~1347,
1354~1376, 1379~1391)
어린 나이에 제위에 올라 내전에 시달렸다.

• 아이딘
소아시아 중서부 지역으로서 11세기에 셀주크튀르크의 한 속주였으나, 13세기 셀주크튀르크가 쇠퇴하자 세력을 확장했다. 우무르 1세(재위 1336~1344) 시기 해군력을 강화하면서 전성기를 누렸고, 16세기 오스만튀르크제국에 편입되었다.

오르한 1세(재위 1326~1359)
오스만튀르크 제국의 2대 군
주로, 이슬람 법관 제도를 정
비하고 교육 제도를 확립하는
등 국가 체제를 정비하는 데
힘을 기울였다.

해 제대로 지원을 받을 수 없게 되었습니다. 이에 칸타쿠제누스는
자신의 딸을 오스만튀르크의 술탄인 오르한 1세와 결혼시키는 대
가로 지원을 약속받았습니다. 황후 측 역시 셀주크튀르크의 도움을
받고자 했으나 그들이 전리품이 풍부한 불가리아로 방향을 틀자,
1347년 수도의 경비병들이 칸타쿠제누스에게 성문을 열어주었습
니다. 이로써 맺어진 평화협정에는 칸타쿠제누스가 요한네스 6세
로서 향후 10년 동안 황제로 재위하고 이후에는 요한네스 5세와 공
동 황제로 재위하며, 그의 딸과 요한네스 5세를 결혼시킨다는 내용
을 명시했습니다.

성급한 제위 욕심에서 초래된 내전 3, 4차전

요한네스 5세 대 요한네스 6세와 그의 장자인 마타이우스 칸타쿠
제누스재위 1353~1357 사이에 벌어진 내전 3차전은, 요한네스 5세의
권리를 찾기 위한 시도에서 비롯되었습니다. 1352년에 이제 스무
살이 된 요한네스 5세는 황제라는 칭호만 가진 채 제대로 된 영지
도 없이 홀대받는 것에 분노하여, 베네치아의 지원을 받아 마타이
우스가 다스리던 아드리아노플로 쳐들어갔습니다. 마타이우스가
아버지인 요한네스 6세에게 도움을 요청하자, 그는 튀르크족 용병
을 보내주었습니다. 궁지에 몰린 요한네스 5세가 세르비아와 불가
리아에 지원을 호소하자, 요한네스 6세는 오랜 동지인 튀르크족의
오르한 1세에게 원군을 요청했습니다. 또다시 외국군의 도움으로
치른 내전은 병력이 우수한 튀르크족이 세르비아 군대를 완패시킴

으로써 요한네스 6세의 승리로 돌아갔습니다. 1353년에 요한네스 6세는 요한네스 5세를 폐위하여 테네도스 섬으로 추방시키고, 마타이우스를 공동 황제이자 제위 계승자로 임명했습니다.

요한네스 6세가 승리한 듯 보이던 내전은 추방된 요한네스 5세가 한 제노바 귀족에게 누이동생과 레스보스 섬을 주는 조건으로 2척의 갤리선과 2,500명의 병사들을 지원받아 수도로 쳐들어오면서 역전되었습니다. 요한네스 6세는 1354년 11월에 강제로 폐위되어 수도원에 은거한 후, 30년 정도 살다 사망했습니다. 마타이우스는 트라키아 지역으로 퇴각해 있다가 세르비아 지역을 쳤지만, 오히려 세르비아에 붙잡혀 요한네스 5세에게 넘겨지자 어쩔 수 없이 지배권을 포기했습니다.

요한네스 5세와 차남인 마누엘 2세재위 1391~1425 대 요한네스 5세의 장자인 안드로니쿠스 4세와 그의 아들인 요한네스 7세 사이에 벌어진 내전 4차전은 안드로니쿠스 4세의 성급한 제위 욕심에서 비롯되었습니다. 튀르크의 세력이 커지자 요한네스 5세는 튀르크 가신으로서의 의무를 다하기 위해 1373년에 아들인 안드로니쿠스 4세에게 제국을 맡긴 채 소아시아 원정에 술탄 무라드 1세재위 1360~1389와 동행했습니다. 이 틈을 타서 안드로니쿠스 4세는 술탄의 왕자와 합세해서 반란을 일으켰다가 진압되었습니다. 술탄은 자기 아들의 두 눈을 실명케 하고 안드로니쿠스 4세에게도 똑같은 벌을 내리라고 명령했습니다. 그러나 요한네스 5세는 아들에 대한 애착으로 한 눈만 실명케 하고 제위 계승권을 박탈한 채 감금한 후, 차남인 마누엘 2세를 공동 황제로 삼았습니다. 그러나 요한네스 5세

◦테네도스 섬
소아시아 인근의 에게 해에 있는 섬으로서 터키의 영토이다. 베네치아, 제노바, 다시 베네치아가 차례로 차지했다가, 15세기 오스만튀르크에 넘어갔다.

◦레스보스 섬
에게 해 북동쪽에 위치한 섬으로서 그리스의 영토이다. 4차 십자군 원정 때 라틴제국의 영토로 편입되었으나, 1247년에 비잔틴제국이 재정복했다. 1355년에 제노바에게 양도되었다가 1462년에는 오스만튀르크가, 1912년에는 그리스가 차례로 장악했다.

◦요한네스 7세(재위 1390)
안드로니쿠스 4세의 아들로 1390년에 제위에 올랐으나, 곧 폐위되었다.

안드로니쿠스 4세(재위 1376~1379)

마누엘 2세와 가족들
마누엘 2세는 요한네스 5세의
아들로, 공동 황제가 되었다.

는 곧 자신의 어설픈 애착이 얼마나 큰 혼란을 가져왔는
지를 깨닫게 되었습니다. 안드로니쿠스 4세가 제노바인
들의 도움으로 도주했고, 1376년에 영토 양도를 조건으
로 튀르크족의 도움을 받아 32일간 포위 공격한 끝에
콘스탄티노플로 진입함으로써 아버지와 동생을 체포하
고 감금한 것입니다.

베네치아인들의 도움으로 감옥에서 도망친 요한네스
5세와 마누엘 2세는 조공 납부와 종군을 조건으로 튀르
크족에게 도움을 받아 1379년에 콘스탄티노플로 입성
하여 안드로니쿠스 4세를 추방했습니다. 양측의 화해로
1382년에 요한네스 5세는 콘스탄티노플을, 안드로니쿠스 4세와 그
의 아들인 요한네스 7세는 마르마라 해 북부의 도시들을, 마누엘 2
세는 테살리아를 다스리는 것으로 합의가 되었습니다. 그러나 안드
로니쿠스 4세가 사망한 후, 아버지의 야심을 고스란히 이어받은 요
한네스 7세는 1390년에 튀르크족의 도움을 받아 제위 계승을 요구
하면서 수도로 입성했습니다. 요한네스 5세와 마누엘 2세는 재반
격에 나서 수도를 탈환하는 데 성공했습니다. 1391년에 요한네스 5
세가 죽고 마누엘 2세가 제위를 계승하면서 길고 긴 내전은 종결되
었습니다.

콘스탄티노플을 수복한 미카일 8세가 개창한 팔라이올로구스 왕
조1261~1453는 비잔틴제국의 마지막 왕조로서 이처럼 제위 분쟁으로
얼룩졌습니다. 1320년대의 내전이 비잔틴제국의 국력을 약화시켰
고, 1340~1350년대의 내전과 1370년대의 내전은 불가리아, 세르

비아, 튀르크, 베네치아, 제노바까지 끌어들이면서 쇠퇴해 가던 비잔틴제국에 남아 있던 마지막 회생의 불꽃을 꺼뜨려 버렸습니다.

문명화된 민족끼리의 경쟁에 이민족과 야만족을 끌어들이는 것은, 눈앞의 이익을 위해 어쩔 수 없다 하더라도 치욕과 손해를 감수해야 하는 일이다. (제위를 노리는) 두 당파가 서로 튀르크족과 우호관계를 맺기 위해 비굴한 태도로 선물 공세를 펼쳤다. 특히 요한네스 칸타쿠제누스가 발 빠르게 움직여 승리를 거두었지만 자신의 딸을 이교도와 결혼시켜야 했고, 수천 명의 그리스도교도들을 포로로 제공해야 했고, 비잔틴제국이 몰락하는데 최후의 치명적인 일격을 가한 오스만튀르크족에게 유럽으로 진출할 수 있는 통로를 제공하는 등 값비싼 대가를 치러야 했다.(63장 552쪽)

적들이 영토를 빼앗으려고 호시탐탐 기회를 엿보고 있던 상황에서, 게다가 재정 고갈로 용병과 함대까지 줄인 상황에서 벌어진 네 차례의 제위 분쟁은 비잔틴제국의 몰락을 재촉했습니다.

비잔틴제국의 지배층은, 타국의 분열을 자국의 이익을 추구할 기회로 삼으려는 경쟁적인 국제 질서 속에서 내전은 곧 국력 낭비라는 사실을 알게 되었습니다. 좀 더 객관적인 우리의 눈에는 국민 모두가 힘을 합쳐도 국력을 회복하기 어려운 상황에서 무모한 내전을 쓸데없이 왜 하는지, 국가가 무너지면 권력도 아무 소용이 없는데 왜 그렇게 근시안적인지 한심하게 보입니다. 그러나 우리는 과연 비잔틴제국과 같은 길을 걷고 있지 않다고 자신할 수 있을지 의문입니다. 오늘날 세계 곳곳에서 정부군과 반군이라는 이름으로 벌어지는 내전, 또 내전까지는 아니더라도 경제적 격차에 따른 지역 갈등, 보수와 진보 세력 간의 정치 논쟁이 벌어지고 있습니다. 비 온 뒤 땅이 더 굳어지듯이 이런 분쟁이 국가 통합이라는 대의를 향해 발전적으로 나아간다면 긍정적인 측면을 가지겠지만, 자칫 개개의 이익을 위한 소모전일 뿐이라면 자제해야 합니다. 물론 무한이기주의와 권력 집착증으로 인한 소모전이라는 것을 알면서도 그 자제라는 것을 실천하기가 쉽지 않습니다. 그렇기에 우리는 국가의 미래와 국민의 안녕을 위해, 앞으로 더 발전하는 사회를 위해 한발 물러서는 자세가 얼마나 중요한지, 소모적인 분쟁이 얼마나 치명적이며 어떻게 국가를 망치는지를 비잔틴제국의 사례를 통해 절감할 필요가 있습니다.

서방교회와의 통합 노력

가난하고 힘없는 비잔틴제국이 살아남기 위해 취한 외교 정책은, 첫 번째로 동서교회의 통합을 미끼로 서방에 원조를 요청하는 것이었습니다. 1267년에 발칸 반도를 탐내던 시칠리아와 나폴리의 왕인 카를로와 쫓겨난 라틴제국의 왕인 보두앵 2세가 동맹을 맺고 서로의 자녀들을 결혼시켰습니다. 이 동맹의 조건은 보두앵 2세가 제위에 복귀하는 것을 카를로가 돕는 대신 콘스탄티노플을 포함한 예상 정복지의 3분의 1을 양도하고, 보두앵 2세와 그의 아들이 후사 없이 죽었을 경우에는 라틴제국의 제위를 카를로에게 상속한다는 것이었습니다.

카를로(재위 1266~1285)
시칠리아의 왕으로, 시칠리아를 중심으로 하는 지중해 제국을 건설하고자 했다. 정복 성향이 강했으며, 외교 수완이 뛰어났다.

이에 근거해 카를로가 에피루스의 일부 지역을 점령하자 다급해진 미카일 8세는 교황 클레멘스 4세재임 1265~1268에게 지원을 요청했지만, 교황은 '성령이 성부와 성자에게서 발현된다'라는 것에 대한 인정과 동방교회의 복종을 촉구했습니다. 이 문제에 대해 제대로 협상해 보기도 전에 클레멘스 4세가 사망하고 약 3년 동안 교황이 임명되지 않아 더 이상의 진전은 없었습니다.

마침내 그레고리오 10세재임 1271~1276가 교황으로 선출되고 카를로가 세르비아, 불가리아와 동맹을 맺은 후 알바니아를 공격하자, 비잔틴제국은 1274년 프랑스 리옹에서 열린 공의회에 대표단을 파견했습니다. 이 공의회에서 비잔틴제국의 사절단이 서방교회의 니케아 신조를 그리스어와 라틴어로 합창하면서 우회적으로 동서교회의 통합과 교황의 절대적인 우위권을 인정함으로써 그레고리오 10세의 지지를 이끌어냈습니다. 미흡하기는 하지만 교황이 카

카를로에게 왕관을 씌어 주는 클레멘스 4세
잉글랜드 왕국과 아일랜드의 교황청 사절로 일하다가 교황이 된 클레멘스 4세는 카를로를 지지하면서 지원을 아끼지 않았다.

●리옹
오늘날 프랑스 중동부 지역에 있는 도시이며, 기원전 43년에 건설된 로마의 식민시였다.

그레고리오 10세에게 쿠빌라이 칸의 친서를 전하는 마르코 폴로 형제
《동방견문록》의 저자 마르코 폴로의 아버지와 삼촌 형제가 몽골에서 가톨릭에 대해 논의할 교도들을 보내달라는 쿠빌라이 칸의 친서를 전하는 장면이다.

를로의 정복 계획을 인정하지 않음에 따라, 비잔틴제국은 카를로의 군대를 아드리아 해까지 밀어붙일 수 있었습니다.

교회 통합을 강력하게 추진했지만 카를로의 정복욕을 잠재우기에는 역부족이던 교황 니콜라오 3세재임 1277~1280의 짧은 임기가 끝나고, 다음 교황으로 선출된 마르티노 4세재임 1281~1285는 카를로를 적극 지원한 인물이었습니다. 카를로가 베네치아와 협력하여 바다로 콘스탄티노플을 공격하는 길을 열고, 고대 로마제국의 부활을 꿈꾸던 교황이 비잔틴 황제를 파문에 처하자 미카일 8세는 격분했습니다. 교황의 원조를 받기 위해 동방교회의 의식과 권리를 모두 포기했음에도 칭찬은커녕 파문을 당한 황제로서는 당장이라도 모든 관계를 끊고 싶었습니다. 그러나 교황이 앞으로 어떤 역할을 해줄지 알 수 없는 일이기에 기분 내키는 대로 할 수가 없었습니다. 다행히 전쟁 비용 때문에 지나치게 많은 세금을 내고 있던 시칠리아 주민들이 폭동을 일으켜 카를로가 왕위에서 쫓겨남에 따라, 비잔틴제국은 한숨을 돌릴 수 있었습니다.

리옹 공의회를 통한 교회 통합이 실패한 후 40여 년간 간간이 이

리옹 공의회(1245, 1274)
프랑스의 리옹에서 두 번에 걸쳐 개최된 가톨릭 종교 회의이다. 1245년에 열린 1차 회의(왼쪽)에서는 신성로마제국의 프리드리히 2세를 파문하고, 라틴제국의 방위와 성지 회복을 위한 조세 등을 결의했다. 1274년 2차 회의(오른쪽)에서는 교황 선거규정과 함께 동방교회와 합동하여 성지 예루살렘을 회복할 것을 논의했다.

어지던 로마와의 협상은, 가톨릭교도인 어머니 밑에서 자라 서방 교회에 대한 거부감이 없던 요한네스 5세로 인해 활기를 띠게 되었습니다. 1355년에 튀르크족이 트라키아 속주 코앞까지 진출하자 요한네스 5세는 교황 인노첸시오 6세˚에게 갤리선 5척, 수송선 15척, 병사 1,500명을 보내 주면 비잔틴제국의 주민들을 6개월 안에 가톨릭으로 개종시킬 것이며, 이 약속을 보증하는 조건으로 자신의 차남을 교황에게 보내겠다는 편지를 부쳤습니다. 그러나 교황 측의 원군이 오지 않고 황제도 개종하지 않음에 따라, 이 거래는 성사되지 않았습니다. 이후 1369년에 요한네스 5세는 고위 성직자들을 대동하고 교황 우르바노 5세˚를 접견하여 로마 교회와 교황에게 복종할 것을 공식적으로 선포했지만, 아무런 대가도 받지 못했습니다.

교회 통합이 종교적인 공감에서가 아니라 정치적인 필요에서 나온 정책이다 보니, 교황이 통합의 진의를 의심하여 원조에 회의적인 태도를 취한 것은 당연했습니다. 교황에게 제대로 된 원조도 받지 못한 상황에서, 교회 통합 정책은 오히려 비잔틴제국에 황제권 약화와 국론 분열이라는 나쁜 결과만 가져왔습니다.

˚인노첸시오 6세(재임 1352
~1362)
교황청을 개혁하기 위해 애썼으며, 십자군 원정과 동방교회와의 연합을 위해 노력했다.

˚우르바노 5세(재임 1362~
1370)
교황청을 아비뇽에서 로마로 옮겼고, 개혁에 힘썼다.

  (교황의 사절단이 콘스탄티노플에 도착했을 때) 그들은 우호 세력이라고는 하나도 없는 나라, 로마와의 통합이라는 말을 극도로 싫어하는 나라에 와 있다는 사실을 알았다.(62장 519쪽)

미카일 8세 황제 시기에 교회 통합을 지지하는 사람과 그렇지 않

은 사람 간의 분열과 상호 비방은 갈수록 심해졌고, 주변의 그리스 국가들도 황제를 이단자라고 비난했습니다. 요한네스 5세 때는 성직자와 주민의 절대 다수가 통합에 반대하여 가톨릭으로 개종하라는 황제의 요구가 먹히지 않았습니다. 결국 동서교회의 통합을 통해 서방의 원조를 받아 비잔틴제국의 생존을 도모하려던 정책은 완전히 실패로 돌아갔습니다.

베네치아와 제노바의 경쟁심 활용

비잔틴제국이 실시한 외교 정책의 두 번째 특징은 아드리아 해에서부터 에게 해까지 제해권을 장악하려고 서로 경쟁하던 베네치아와 제노바를 이용해 이익을 얻는 것이었습니다. 미카일 8세는 4차 십자군으로 막대한 이익을 얻은 베네치아가 또다시 콘스탄티노플을 장악하는 상황을 막기 위해 제노바와 동맹을 맺고 있었습니다. 그러나 1263년과 1266년 두 차례에 걸친 제노바와 베네치아의 전투에서 제노바가 패하자, 베네치아와도 동맹을 맺었습니다.

제노바와 베네치아가 협력하여 에게 해로 진출하려는 시칠리아의 위협을 막아준다면, 비잔틴제국으로서는 가만히 앉아서 적을 물리치는 격이므로 이익이었습니다. 그러나 교회 통합을 불신한 교황 그레고리오 10세와 카를로의 위협으로 베네치아가 카를로에게 협력하게 되었고 제노바의 군사력이 그에 미치지 못했으므로, 이탈리아 도시들간의 경쟁심을 이용하려던 미카일 8세의 정책은 실패했습니다.

제노바와 베네치아 사이에서 균형을 유지하려고 노력한 미카일 8세과 달리 그 뒤를 이은 안드로니쿠스 2세는 제노바에 전적으로 의존했습니다. 큰 비용이 드는 함대를 포기하는 대신 동맹국인 제노바의 해군력에 의지한 안드로니쿠스 2세의 정책 탓에 제노바의 세력은 마르마라 해에서 에게 해 중부까지 확대되었습니다.

이탈리아의 키오자 항구
지중해 교역과 패권을 둘러싸고 백 년에 걸쳐 계속된, 이탈리아 해안의 도시국가 제노바와 베네치아의 전투는 키오자에서 베네치아가 승리함으로써 끝이 났다.

에게 해 남부를 지배하고 있던 베네치아가 1294년에 제노바인들이 장악하고 있던 갈라타를 공격함으로써 전쟁이 일어났습니다. 비잔틴제국이 제노바를 후원하자 베네치아는 콘스탄티노플의 인근 지역을 공격했고, 비잔틴제국은 다시 수도의 베네치아인들에 보복했습니다. 전쟁의 당사자인 제노바가 1299년에 베네치아와 영구 평화조약을 체결하자, 함대가 없던 비잔틴제국은 10년간의 휴전을 조건으로 베네치아에게 막대한 손해배상금을 지급할 수밖에 없었습니다.

제노바와 베네치아를 이용하려는 정책은 이후에도 계속되었습니다. 1352년에 제노바가 흑해 연안의 무역을 독점하려 하자 베네치아가 전쟁을 일으켰고, 요한네스 6세는 베네치아 편을 들었습니다. 그러나 1355년에 제노바와 베네치아가 평화협정을 맺자, 고립된 황제는 제노바와 평화조약을 체결할 수밖에 없었습니다. 내전 중이던 요한네스 5세는 테네도스 섬을 베네치아에 양도하는 조건으로 자금을 지원받아 요한네스 6세를 공격했으나 실패했습니다. 요한네스 5세는 다시 제노바에 누이동생과 레스보스 섬을 주는 조건으로 군대를 지원받아 수도로 쳐들어가서 제위를 차지하는 데 성공했습니다.

레스보스 섬은 약속대로 제노바에 양도되었으나, 무역상 중요한 거점인 테네도스 섬은 안드로니쿠스 4세의 양도 거절과 제노바의 반발로 논쟁의 중심 지역이 되었습니다. 1376년 부자간의 내전에서 체포된 안드로니쿠스 4세가 도피와 수도 진입에 도움을 준 제노바에 테네도스 섬을 양도했고, 다음 해 체포된 요한네스 5세가 베네치아의 도움을 받아 탈출하자 그 섬을 다시 베네치아에 양도했습니다. 테네도스 섬을 둘러싼 논쟁은 1381년에 이 섬이 제노바나 베네치아 어느 국가에도 귀속되지 않는 것으로 결론이 났지만, 제위를 위해 자국의 영토를 타국에게 내주는 치욕스러운 행위의 대명사가 되었습니다.

제해권을 장악하려는 제노바와 베네치아의 경쟁 사이에서 어느 한 편을 들어 살아남으려던 비잔틴제국의 외교 정책은 실패로 끝났습니다.

> 이들 부유하고 강력한 이탈리아 공화국 사이의 세력 균형에서 로마제국(비잔틴제국)의 무게는 거의 느껴지지 않았다.(63장 566쪽)

제노바와 베네치아의 싸움에서 비잔틴제국은 완전히 밀려나 있었고, 어느 편을 들든 전쟁의 향방은 바뀌지 않을 정도로 그 세력이 미미했습니다. 오히려 전쟁 당사자인 제노바와 베네치아끼리 평화조약을 맺어 버려 비잔틴제국만 모든 책임을 져야 하거나, 편을 들지 않은 국가로부터 보복을 받아야 했습니다. 해군력이 약한 국가는 자국의 해상에서 다른 나라들이 싸움을 벌여도 응징할 수 없었고, 제위 분쟁에 눈이 먼 국가는 도움을 주는 다른 나라의 속셈을 간과함으로써 영토 양도라는 엄청난 대가를 치를 수밖에 없었습니다.

오스만튀르크 세력의 활용

비잔틴제국의 세 번째 외교 정책은 세르비아나 오스만튀르크 등 주변의 강대국과 동맹을 맺어 살아남는 것이었습니다. 13세기 중반 몽골족의 침입으로 수많은 튀르크족이 소아시아로 밀려들자, 안드로니쿠스 2세는 카탈루냐 용병의 도움을 받아 물리쳤습니다. 그러나 이들이 승리한 후 발칸 반도 전역을 약탈하며 돌아다니자, 불가리아와 동맹을 맺어 겨우 격퇴할 수 있었습니다.

이후 제위 분쟁에 얽힌 안드로니쿠스 2세가 세르비아와 동맹을 맺자, 손자인 안드로니쿠스 3세는 불가리아와 동맹을 맺어 승리했습니다. 1330년에 세르비아와 불가리아가 맞붙은 일대 혈전에서 불가리아가 대패하면서 세력이 약화되고 세르비아의 세력이 강해지자, 안드로니쿠스 3세는 누이동생과 세르비아의 국왕인 스테판의 결혼 동맹을 성사시켰습니다.

요한네스 5세와 치른 제위 분쟁에서 밀린 요한네스 6세가

스테판 두샨(재위 1331~1355)
세르비아제국을 발칸반도의 최강국으로 이끈 위대한 지도자로, 영토를 크게 확장하고 비잔틴제국을 정복하기 위해 힘썼다.

트라키아 지역에서 황제로 인정받자, 요한네스 6세를 지지하던 세르비아는 그와의 우호관계를 파기하고 요한네스 5세와 결혼 동맹을 맺었습니다. 발칸 지역에서 세력을 확대하고 있던 세르비아는 요한네스 5세든, 6세든 어느 한쪽이 더 강해지는 것을 원하지 않았기 때문입니다. 요한네스 6세는 세르비아보다 더 강력한 오스만튀르크에 딸을 주는 조건으로 동맹을 맺어 제위를 차지할 수 있었습니다.

1355년에 스테판이 사망하면서 세르비아의 세력이 급격히 약해졌고, 불가리아가 1365년 이후 세 나라로 쪼개지자 튀르크의 정복욕은 어느 누구도 막을 수 없을 만큼 강해졌습니다. 튀르크족이 트라키아, 발칸 반도, 세르비아령인 마케도니아까지 점령하자, 비잔틴제국은 조공 납부와 종군을 약속하고 공식적으로 튀르크의 가신 국가가 되었습니다.

제노바나 베네치아와 마찬가지로 세르비아, 오스만튀르크도 동맹을 맺고 도와주는 대가로 영토를 정복했으므로 비잔틴제국의 영원한 우방은 아니었습니다. 안드로니쿠스 2세와 3세의 내전에서 세르비아는 동맹의 대가로 테살로니카 시를 제외한 마케도니아 전지역을 장악했고, 제노바와 베네치아의 싸움에서 오스만튀르크는 갈리폴리 반도 를 장악하여 발칸 반도로 진출할 수 있는 계기를 마련했습니다. 심지어 오스만튀르크가 세르비아의 영토와 소아시아에 남아 있던 비잔틴제국의 마지막 도시들을 정복하러 가는 데 황제가 함께 거들어야 할 정도였습니다.

자체적으로 살아남을 힘이 없었고 그나마 남은 힘을 내전에 모두

소진한 비잔틴제국은, 주변의 강대국에 기대고자 했으나 그들에게
영토 정복의 기회만 제공해 주는 꼴이 되었습니다. 이는 스스로 일
어설 능력이 없는 상황에서 제위라는 눈앞의 이익에만 급급한 국가
의 말로가 어떤 것인지를 적나라하게 보여 주는 사례입니다.

03 이슬람 세력에 무릎 꿇은 비잔틴제국

● ● ● 11세기 후반 튀르크족 출신의 작은 유목민 집단에서 시작된 오스만튀르크제국을 젊고 혈기 왕성한 젊은이라고 한다면, 연이은 내전과 외부 침입에 지친 비잔틴제국은 노쇠하고 무기력한 노인에 비유할 수 있습니다. 젊은이와 노인의 싸움이 반드시 젊은이의 승리로 끝난다고만 볼 수 없는 것이, 젊은이는 정력적이지만 시행착오를 겪을 수 있고 노인은 힘은 부족하지만 경험이 많기 때문입니다. '힘이냐 경험이냐'의 싸움은 오스만튀르크제국이 가진 힘의 승리로 결론지어졌지만, 오랜 내전과 피폐해진 경제, 용병에 대한 의존성, 이기적인 주변 국가의 틈바구니 속에서도 수십 년 동안 근근이 나라의 수명을 연장해 나간 비잔틴제국의 노련함도 무시할 수는 없습니다.

조직적이고 기동력을 갖춘 기병, 높은 보수를 받는 정예군대, 막강한 해군력 등 오스만튀르크제국의 장점으로 꼽히는 군사력은 과거 비잔틴제국에도 있었습니다. 그러나 제노바, 베네치아와 치른 무역 경쟁에서 밀려나고 소농들이 몰락하면서 군대를 유지할 만한 경제력도, 인적 자원도 없어진 비잔틴제국은 돈이 많이 드는 해군력마저 감축하는 악수를 두었습니다. 비잔틴제국은 약화된 군사력을 외교력으로 만회하려 했지만, 콘스탄티노플이 마지막으로 함락당할 때 자국의 10배가 넘는 적의 군대를 물리칠 능력까지는 없었습니다.

오스만튀르크의 소아시아와 트라키아 점령

오스만튀르크의 창시자인 오스만 1세는, 셀주크튀르크족을 도와 비잔틴제국에 대항한 보답으로 카이 부족을 지휘하게 된 에르투그룰재위 1227~1281의 아들이었습니다. 수많은 튀르크 족장 중에서 미미한 존재에 불과하던 오스만 1세는 비잔틴제국과 싸우던 이슬람 전사들과 몽골족을 피해 온 튀르크 유민들을 규합해 꾸준히 세력을 확장한 후, 비잔틴제국의 영토인 소아시아 서해안 지역을 공격했습니다. 또한 에게 해 가까이에 있는 에페수스 시와 소아시아의 북부 지역을 장악했습니다. 오스만이 사망하기 직전 그의 아들인 오르한 1세는 비잔틴제국의 영토인 부르사를 점령하고 수도로 삼았습니다.

＊에페수스
소아시아 서부 해안에 있는 도시로서 터키 영토이다. 비잔틴제국의 주요한 상업적 거점이었으나, 1090년 셀주크튀르크에게 빼앗겼다. 1100년 비잔틴제국이 다시 장악했으나, 14세기 초 오스만튀르크에게 다시 빼앗겼다.

＊부르사
소아시아 서북부 지역에 있는 도시로서 터키 영토이다. 소아시아를 점령한 오스만튀르크가 부르사를 수도로 정했으나, 후에 아드리아노플로 옮겼다.

오스만 1세(재위 1299~1326)
오스만튀르크제국의 건국자.

●니코메디아
소아시아 서북부 지역에 있는
도시로서 터키 영토이다. 1204
년에 라틴제국이 점령했으나,
1240년경 다시 비잔틴제국의
영토가 되었다.

●슐레이만(1316~1360)
오르한 1세의 장자로서 전장에
서 투창 훈련을 하던 도중 낙
마하여 사망했다. 오르한 1세
도 아들의 죽음에 비통해 하다
사망함으로써 제위는 차남인
무라드 1세에게 넘어갔다.

●마리차 강
불가리아 서쪽에서 발원해 터
키 지역까지 발칸 반도 내륙을
흐르는, 480킬로미터에 달하
는 긴 강이다.

1329년에 니케아를 포위 공격한 오스만튀르크는 반격에 나선 안드로니쿠스 3세에게 심각한 부상을 입히면서 점령에 성공했으며, 이어서 1337년에 니코메디아˙까지 정복했습니다. 소아시아 북서 해안을 장악하게 된 오르한 1세는 해군력을 강화해 유럽 쪽을 넘보게 되었습니다. 말타기와 활쏘기 같은 기동력을 중시한 오스만튀르크가 해군력까지 겸비하게 되면서, 내륙은 물론 바다에서도 강력한 세력으로 부상한 것입니다. 게다가 당시 비잔틴제국이 안드로니쿠스 2세와 3세의 내전에 휩싸여 있었기 때문에 소아시아 지역에서 오스만튀르크의 팽창을 저지할 여력이 없었다는 시기적 이점과 오스만튀르크가 정착한 소아시아가 유럽 진출의 주요한 교두보 역할을 할 수 있을 만큼 유럽과 가까웠다는 지리적 이점도 가지고 있었습니다.

연이어 벌어진 요한네스 5세와 6세의 내전에서 후자를 지지하며 유럽에 입성한 오스만튀르크는 내전이 종결되었음에도 기회만 있으면 유럽 쪽으로 진출하고자 했습니다. 결국 1352년에 벌어진 제노바와 베네치아의 전쟁에서 요한네스 6세가 베네치아 편을 들자, 그와 동맹 관계를 맺고 있던 오르한 1세는 제노바가 장악하고 있던 갈라타를 공격하여 인근의 한 성채를 장악했습니다. 그의 아들인 슐레이만˙이 갈리폴리 반도 전체에 튀르크족을 정착시킴으로써 오스만튀르크는 발칸 반도 진출의 교두보를 확보하게 되었습니다.

오르한 1세를 이은 무라드 1세는 별 어려움 없이 트라키아를 점령한 후, 세르비아가 장악하고 있던 마케도니아로 진출했습니다. 1371년 아드리아노플에서 35킬로미터 떨어진 마리차 강˙부근에서 벌인 전투는 오스만튀르크가 유럽에서 처음으로 치르는 전면전으로, 세르비아에 대승을 거두었습니다. 세르비아 기병대의 공격에 튀르크군의 좌익이 무너지기 직전, 무라드 1세의 아들로서 우익을 맡고 있던 바예지드 1세가 철퇴를 휘두르며 좌익을 도와 승리했습니다. 이 승리로 세르비아와 불가리아가 오스만튀르크의 가신 국가로 전락했고, 비잔틴제국의 요한네스 5세 역시 조공 납부와 종군을 약속할 수밖에 없었습니다.

바예지드 1세(재위 1389~1402)
무라드 1세의 아들로, 군사적 재능이 뛰어났다. 앙카라 전투에서 패해 감옥에서 병사했다.

비잔틴제국, 튀르크제국, 티무르제국의 치열한 싸움

무라드 1세가 슬라브족과의 전투에서 승리한 후 포로로 잡힌 세르비아 출신의 한 귀족에게 치명상을 입고 사망하자, 제위는 아들인 바예지드 1세에게 넘어갔습니다. 당시 비잔틴제국에서는 계속되는 튀르크의 성장세와 제위 분쟁 속에서 많은 영토를 빼앗긴 요한네스 5세가 죽고, 오스만튀르크에 인질로 있던 마누엘 2세가 밤중에 부르사를 빠져나와 콘스탄티노플로 와서 제위에 올랐습니다. 1393년 상위 군주인 바예지드 1세는 마누엘 2세를 포함한 그리스 지역의 가신들을 소집하여 복종할 것을 위협한 다음 돌려보냈습니다. 그러나 마누엘 2세는 죽음에 대한 공포에서 벗어난 지 얼마 되지 않아 바예지드 1세가 다시 소환하자 이에 불응했습니다. 오스만튀르크가 아직은 해군력이 약하고, 육로로 공격하기에는 콘스탄티노플의 성벽이 견고하다는 믿음에서 나온 용기였습니다.

마누엘 2세의 불복종에 대한 응징으로 바예지드 1세가 콘스탄티노플을 포위하고 다른 튀르크군이 불가리아와 테살리아를 점령하

니코폴리스 전투
십자군이 국경지역을 따라 약
탈을 해나가면서 라호보에서
오스만군 포로를 학살했다. 그
에 따른 보복으로 십자군 포로
들이 처형되고 있다. 장 프롱
사트, 1398.

◦ 니코폴리스
발칸 반도 서남부에 있는 도시
로서 그리스 영토이다.

자, 헝가리가 튀르크군의 위험에 노출되었습니다. 헝
가리는 유럽 국가에 도움을 호소했고, 프랑스인과 베
네치아인들이 이에 응하면서 1396년 8월에 10만 명이
넘는 대군이 헝가리에 모였습니다. 수적으로 우세하
지만 상당히 이질적인 군대가 모인 십자군은 남하한
지 한 달 후 니코폴리스를 포위했습니다. 그러나 니
코폴리스 십자군은 소규모인 튀르크 기병대의 유인
작전에 프랑스 기사들이 말려들면서, 공격하러 갔다가 매복해 있던
튀르크군에게 포위되어 전멸당했습니다.

튀르크군이 여전히 콘스탄티노플을 포위하고 있는 상태에서 바
예지드 1세는 1393년부터 1394년까지 보스포루스 해협을 바라보
고 있는 소아시아 지역에 '아나톨루 히사리'라고 명명한 거대한 성
까지 쌓아 해협을 감시했습니다. 이에 마누엘 2세는 서방에 도움을
호소하기 위해 해로를 통해 베네치아, 파리, 런던으로 갔지만, 약간
의 기금과 1,200명의 병력을 얻는 데 그쳤습니다. 마누엘 2세 대신
수도를 책임지고 있던 조카 요한네스 7세는, 서방의 도움을 기대하
기 어렵다는 사실을 깨닫고 바예지드 1세에게 수도를 넘겨주기로
작정했습니다. 그러나 콘스탄티노플까지 오스만튀르크의 영토가
되기 직전에 비잔틴제국의 수명을 더 연장시켜 준 사람은 티무르였
습니다.

티무르(재위 1370~1405)
티무르제국의 초대 황제. 해마
다 원정을 통해 제국의 영토를
크게 확장했다.

칭기즈칸의 가문이 절대적인 계승권을 가지고 있다고 생각한 몽골인들
이 보기에 티무르는 반란을 일으킨 사람이었다. 그러나 몇 세대를 더 거

슬러 올라가면, 티무르는 최소한 여계 쪽으로 칭기
즈칸의 가문과 연관되어 있었다.(65장 46쪽)

중앙아시아에서 시작해 페르시아, 이라크,
시리아로 세력을 확장한 티무르제국이 오스만
튀르크의 영토인 소아시아를 공격하자, 1402

〈티무르에게 사로잡힌 바예
지드 1세〉
스타니스와프 흐레보프스키,
1878, 우크라이나 리보프 미술관.

년에 바예지드 1세는 직접 군대를 이끌고 앙카라 에서 혈전을 벌
였습니다. 바예지드 1세는 앙카라 전투에서 몽골 기병대를 전면에
내세우는 실수를 저질렀습니다. 동족끼리 싸우기를 거부한 기병대
가 티무르 편에 투항함으로써, 전투 시작 후 불과 한두 시간 만에
튀르크군이 대패하고 술탄 자신도 포로로 잡혀 옥사했습니다.

티무르가 소아시아를 떠나 중앙아시아로 돌아가자 바예지드 1세
의 아들들 사이에 제위를 둘러싼 분쟁이 치열해졌고, 이 분쟁의 최
종 승자는 메메드 1세재위 1413~1421였습니다. 지지 기반을 확보하고
소아시아를 안정시키는 데 주력한 메메드 1세가 비잔틴제국과 협
력 정책을 고수함에 따라, 마누엘 2세는 오래간만에 평화를 맛볼
수 있었습니다. 메메드 1세가 죽고 제위를 물려받은 그의 장자 무
라드 2세는 공격적인 정책을 추구했습니다. 호전적인 무라드 2세
에 대항해, 마누엘 2세는 바예지드 1세의 장자인 무스타파라고 자
칭하는 사람을 내세웠습니다. 곧 무스타파를 패배시킨 무라드 2세
는 1422년에 응징차 20만 명의 대군을 이끌고 콘스탄티노플을 포
위 공격했지만, 동생이 반기를 들면서 급하게 철군할 수밖에 없었
습니다. 무라드 2세의 동생이 일으킨 반란은 실패했으나, 그 덕분

◉앙카라
소아시아 중부에 있는 지역으
로 터키의 수도이다. 비잔틴제
국의 영토였으나 셀주크튀르크
에게 빼앗겼고, 1243년에는 몽
골의 영토로, 1290년에는 독립
적인 도시 국가로 존재했다.
1356년에 오스만튀르크의 오
르한 1세가 점령했고, 1402년
앙카라 전투에서 승리한 티무
르가 차지했으나 다음 해 다시
오스만튀르크의 영토가 되었다.

무라드 2세(재위 1421~1451)
테살로니카 시를 침입했으나
패하여 세르비아와 왈라키아
지역을 잃었다.

에 비잔틴제국은 30년 더 살아남을 수 있었습니다.

황제 요한네스 8세의 서방 원조 요청

마누엘 2세가 죽고 그의 아들인 요한네스 8세*가 제위를 이어받았지만, 튀르크족의 위협은 여전했습니다. 테살로니카 시를 병합한 튀르크군이 그리스 남부까지 공격하자, 요한네스 8세는 동서교회의 통합을 내세우며 서방의 도움을 요청했습니다. 동서교회의 통합은 불가능하고 원하는 원조를 얻지도 못할 것이라는 마누엘 2세의 경고에도 불구하고, 요한네스 8세는 현 상황을 타개할 수 있는 방법은 서방의 도움밖에 없다고 생각했습니다. 바젤 공의회가 분열된 후 개최지가 아드리아 해에서 가까운 이탈리아의 페라라로 바뀌자, 황제는 동생인 콘스탄티누스에게 제국을 맡긴 후 1438년 페라라에 도착했습니다. 페라라에서 열린 첫 번째 회의에서 좌석 배치가 논란이 되었으나, 중앙의 성 베드로 의자를 중심으로 비잔틴제

*요한네스 8세(재위 1425~1448)
동방과 서방교회를 통합하고자 했으나, 비잔틴제국 내부의 반발과 서방의 패배로 인해 실패로 끝났다.

흑사병의 공포에서 벗어나려고 기도하는 수도사와 환자

국과 로마 교회가 교회 좌우 양쪽에 착석하는 것으로 합의를 보았습니다. 그러나 첫 번째 회의가 열린 후 바젤 공의회와의 갈등으로 회의가 6개월 이상 지연되고 있는 상황에서 페라라에 흑사병이 발발함으로써, 비잔틴 황제는 장소를 피렌체로 옮기자는 제안을 받았습니다. 손님으로 온 자신들에게 지급하기로 한 체재비가 연체되어 조급해진 황제는 내키지 않았지만 어쩔 수 없이 동의할 수밖에 없었습니다.

피렌체 종교 회의에서 논쟁거리는 성찬식에서 누룩을 넣은 빵의 사용 여부에 대한 문제, 연옥의 성격 문제, 교황의 권위 문제, 성령의 발현 문제였습니다. 비잔틴제국처럼 누룩을 넣은 빵을 사용하는 것은 시대와 관습이 변했으므로 용인할 수 있다는 것, 연옥은 극히 가벼운 죄를 정화하는 중간단계임을 인정한다는 것, 교황은 5대 본산의 총대주교 중 제1인자임을 인정한다는 것, 성부와 성자는 하나의 원리이자 하나의 실재이므로 성령이 성자를 통해 성부에게서 발현된다는 그리스정교회의 주장과 성령이 성부와 성자에게 발현된다는 가톨릭의 주장은 동일한 의미라는 것에 합의했습니다. 교리 문제가 해결되자, 교황은 병력을 지원하는 데 동의했습니다.

교황은 그리스인들이 고국으로 돌아가는 데 소요되는 모든 경비를 지급할 것, 콘스탄티노플을 방어하기 위해 매년 2척의 갤리선과 300명의 병사를 체재시킬 것, 예루살렘 순례자들을 수송하는 모든 선박은 반드시 콘스탄티노플에서 출발할 것, 비잔틴제국에서 요청할 때마다 한 해에 10척의 갤리선, 혹은 6개월에 20척의 갤리선을 파견할 것, 황제가 지상 병력을

• 5대 본산
4세기에 로마, 알렉산드리아, 예루살렘, 안티오크, 콘스탄티노플에 있는 5개의 큰 교회를 관장하는 총대주교가 있었다. 이 중 로마 시 교회의 총대주교, 즉 교황은 베드로가 창건했고, 순교의 중심지이며, 서로마제국의 몰락 후 유럽 전체를 아우를 수 있는 통일적인 권위가 없다는 점을 들어 로마 시 교회의 우위권을 줄곧 주장했다.

요구한다면 유럽 군주들에게 원군을 강력하게 요청할 것에 동의했다.(66장 127-128쪽)

교황의 권위 문제나 성령의 발현 문제에서 많은 것을 양보한 요한네스 8세는 1440년에 2월에 수도로 귀환했고, 오스만튀르크가 세르비아 북부 지역을 장악하자 교황 에우제니오 4세_{재임1431~1447}는 약속대로 십자군을 조직했습니다. 1443년 헝가리 왕과 불가리아 왕, 추기경단을 포함하여 약 25,000명으로 출발한 십자군은 세르비아의 니시˚와 불가리아의 소피아˚를 점령했으나, 무라드 2세는 당시 국내 반란과 발칸 반도에서의 혼란으로 인해 화해를 요청했습니다. 무라드 2세가 장악한 세르비아 영토를 돌려주는 조건으로 10년간의 평화조약이 체결되었지만, 튀르크족과의 화해에 분노한 교황이 전진을 명령했습니다. 십자군은 불가리아를 거쳐 흑해 연안에 이르렀지만, 기다리고 있어야 할 함대는 이미 다른 곳으로 이동해버린 후였습니다. 또 8만 명의 대군을 이끌고 소아시아에서 보스포루스 해협을 건너려던 무라드 2세를 베네치아가 막으려 했지만 실패함으로써, 십자군은 1444년에 흑해 연안에서 전멸당했습니다.

마르마라 해를 바라보는 소아시아의 작은 지역에서 출발한 오스만튀르크는 소아시아 지역의 대부분과 발칸 반도 그리고 불가리아를 점령한 데다, 팽창 정책을 추구하여 더 많은 영토를 장악할 여지가 있었습니다. 오스만튀르크는 소아시아 서북부에 위치해 유럽으로 진출할 수 있는 지리적 이점을 십분 활용한 것입니다. 비잔틴제국은 제위 분쟁에 휩싸여 오스만튀르크의 팽창을 저지할 능력도 없

˚니시
세르비아 동남부에 있는 도시로서 비잔틴제국의 영토였으나, 6세기에 슬라브족 이주민들이 들어와서 7세기에 점령했다. 9세기에는 불가리아가 점령했으나, 1173년에 마누엘 1세가 재정복했다. 12세기에는 세르비아가, 1375년에는 오스만튀르크가, 1443년에는 십자군이 점령했다가, 1448년에 오스만튀르크가 재정복했다.

˚소피아
불가리아 중서부에 위치한 수도이다. 비잔틴제국의 영토로서 10세기에서 11세기 사이에 불가리아제국과 벌인 영토 싸움의 중심지였고, 1382년에 오스만튀르크가 점령했다.

었고, 그토록 원하던 서방의 원조는 요원했습니다. 체재비를 지원받는 빈곤한 상황에서 교리상 많은 양보를 해가며 얻은 십자군까지 오스만튀르크에 전멸당하자, 비잔틴제국은 또다시 튀르크의 가신국가로서 개선식을 축하해 주어야 하는 입장으로 전락했습니다.

튀르크의 콘스탄티노플 공격

요한네스 8세가 자식 없이 죽자, 동생인 콘스탄티누스 11세(재위 1449~1453)가 제위를 이어받았습니다. 또 2년 후 무라드 2세가 죽자, 그의 아들인 메메드 2세가 오스만튀르크를 지배하게 되었습니다. 메메드 2세는 즉위를 축하하기 위해 수도인 아드리아노플로 온 비잔틴제국의 사절단과 평화조약을 맺었으나, 자국의 영토 한복판에 있는 콘스탄티노플을 장악하려는 생각을 가지고 있었습니다. 그래서 즉위 다음 해에 소아시아의 '아나톨루 히사리' 성채를 마주 보는 유럽 지역에 '루멜리 히사리'라는 성채를 건설해, 보스포루스 해협을 장악함과 동시에 금각만을 공격할 수 있는 거점을 마련했습니다. 성채가 완성되자 메메드 2세는 보스포루스 해협을 지나는 모든 배들에게 조공을 바칠 것을 명령했습니다. 또한 이 명령을 따르지 않은 베네치아 선박들을 격침시킴으로써 해협을 장악하려는 자신의 의지가 확고하다는 것을 보여 주었습니다.

성채가 건설되는 동안 메메드 2세는 콘스탄티노플의 성벽을 뚫을 획기적인 무기가 필요했습니다.

메메드 2세(재위 1444~1446, 1451~1481)
정복자라고도 불린 오스만튀르크제국의 7대 술탄.

중국 또는 유럽의 화학자들은 초석, 황, 숯을 합성하면 강력한 불꽃이 일면서 폭발한다는 사실을 발견했다. 14세기 중반이 되기 전에 화약은 이미 세상에 알려졌고, 말엽이 되면서 유럽 국가들이 바다와 육지의 전투와 포위 공격에서 대포를 널리 사용했다……. 비잔틴제국에 봉사하다 거의 굶어죽게 된 우르바누스라는 한 대포 주조자가 이슬람 측으로 도망쳐 튀르크의 술탄에게 말 그대로 극진한 대접을 받았다. 그렇게 해서 아드리아노플에 주물공장이 건립되고 각종 재료들이 준비되자, 우르바누스는 3개월도 안 되어 거의 믿을 수 없을 만큼 거대하고 장엄한 황동 대포를 하나 만들었다.(65장 91쪽, 66장 193쪽)

1453년 1월의 발사 시험에서 9미터의 포신에서 나온 600파운드272킬로그램에 달하는 포탄이 화약의 힘으로 1마일1.6킬로미터을 날아갔고, 착지 지점에 6피트1.8미터의 구덩이가 파였다고 합니다. 이 거대한 대포는 소 60마리가 이끄는 마차에 실려 200명의 병사들에 의해 포신이 흔들리지 않게 양쪽에서 붙잡힌 채 그해 3월에 콘스탄티노플로 옮겨졌습니다.

이런 위협적인 상황에서 콘스탄티누스 11세는 교리 통합을 외치면서 서방에 원군을 요청했습니다. 교황 니콜라오 5세재임 1447~1455는 원군 파견에는 동의했으나, 각국의 군주들을 설득할 힘이 없었습니다. 당시 영국과 프랑스는 전쟁 중에 있었고, 포르투갈은 자국 내의 이슬람 세력과 싸우고 있었으며, 스페인의 아라곤˚은 콘스탄티노플에 라틴제국을 세우려는 욕심뿐이었습니다. 게다가 위기가 닥치자 비잔틴제국의 일부 귀족들은 수도를 떠났고, 부자들은 용병

˚아라곤
8세기 이슬람교도의 지배를 받은 스페인의 북동부 지역으로, 1035년에 독립했다. 1282년에 시칠리아, 1320년에 사르디니아, 1442년에 나폴리를 정복했다.

을 모을 수 있는 부를 소유했음에도 황제에게 내주지 않았습니다. 황제는 자국의 국민들이 이럴진대 방어망이 튼튼한 콘스탄티노플이 결코 함락되지 않을 것이라고 생각하는 서방 국가들의 안이한 태도를 탓할 수도 없었습니다. 바람 앞의 등불과 같은 콘스탄티노플을 구해 줄 세력은 어디에도 없는 듯 보였습니다.

1453년 4월 5일에 메메드 2세는 10만 명에 달하는 대병력을 이끌고 콘스탄티노플 성벽 앞에 진을 쳤고, 마르마라 해에는 전투용 갤리선 18척을 포함하여 320척의 선박이 도열했습니다. 콘스탄티노플에는 외국인과 성직자까지 포함하여 7,000~8,000명의 수비대와 제노바 귀족인 주스티니아니가 이끄는 700명의 외인부대뿐이었습니다. 적에 비해 10배는 적은 병력이었지만, 그래도 콘스탄티노플의 튼튼한 방어망을 믿었습니다.

마르마라 해에서 금각만으로 들어올 수 있는 길목에는 커다란 쇠사슬이 쳐져 있었고, 금각만과 면한 쪽에는 성벽이 있었습니다. 서쪽의 육지에는 삼중 성벽이 축조되어 있었습니다. 성벽 주위에 20미터 넓이의 깊은 해자가 있었고, 해자를 건너면 낮은 방어벽이 있었고, 방어벽에서 안쪽으로 10미터를 더 들어오면 두께 2미터, 높이 10미터로 96개의 망루가 설치된 외벽이 있었습니다. 외벽에서 안쪽으로 10미터를 더 들어오면 두께 5미터, 높이 12미터로 96개의 망루가 외벽의 망루와 엇갈리게 설치된 내벽이 있었습니다. 비잔틴제국은 아무리 대포의 위력이 강하다 해도 이 정도의 성벽을 뚫기는 어려울 것이고, 큰 대포는 한번 발사하면 다시 포탄을 장착하는 데 두세 시간이 걸리므로, 그 사이에 성벽을 다시 보강하면 적

콘스탄티노플을 공략하기 위해 군대를 끌고 오는 메메드 2세

의 공격을 견뎌낼 수 있으리라 생각했습니다.

1453년 4월 6일부터 서쪽 육지의 성벽을 향하여 포탄을 쏘아댔지만 밤사이 성벽을 완벽히 복구해 내는 비잔틴군을 본 메메드 2세는 대포의 수를 계속 증가했습니다. 그러나 거대한 대포는 하루에 일곱 발밖에 발사하지 못하는 데다, 화약으로 뜨거워진 금속이 폭발하면서 대포를 조작하던 병사들이 여러 명 전사했습니다. 메메드 2세는 땅굴을 파서 콘스탄티노플로 들어가는 방법을 지시했지만, 지층이 굳은 암반으로 되어 있어서 이마저도 여의치 않았습니다.

해로 쪽도 상황이 좋지 않았습니다. 금각만으로 들어갈 수 있는 입구의 쇠사슬은 큰 배들이 들이받아도 끊기지 않아 애를 먹는 상황이었습니다. 설상가상으로 교황이 자비로 식량과 군수품을 실어 보낸 제노바 선박 3척과 아라곤이 보낸 식량을 실은 대형 수송선 1척이 마르마라 해로 들어오고 있었습니다. 이들 배가 금각만으로 들어가는 것을 막기 위해 튀르크군이 포탄을 쏘아 댔으나, 대포의 높이가 낮아 포탄이 적의 배에 닿지 못했습니다. 적선에 갈고리를 걸어 기어오르려 해도 적선의 높이가 높아 이마저도 여의치 않은 데다, 제노바 선원들이 배에 기어오르려는 튀르크 병사들의 머리와 손을 도끼로 찍어 버렸습니다. 시간이 흘러 제노바의 화살이 떨어지고 튀르크 선박에 포위되자, 제노바 선원들은 수송선 4척을 밧줄로 서로 묶어서 하나의 거대한 요새처럼 만들어 전진했습니다. 때마침 바람이 불어 수송선 모두 무사히 금각만으로 들어갈 수 있었습니다.

콘스탄티노플의 함락, 비잔틴제국 몰락의 상징

메메드 2세는 쇠사슬을 끊을 수 없다면 끊지 않고 금각만으로 들어가는 방법을 시도해야 했습니다. 금각만을 장악하는 것이 우선이라고 생각한 메메드 2세는 쇠사슬을 끊지 못할 경우를 고려해, 콘스탄티노플을 포위할 때부터 갈라타의 제노바 구역 교외를 돌면서 도로를 닦고 있었습니다. 4월 21일에 마침내 도로가 완성되자, 황소 수십 마리가 튀르크 선박 70척을 끌고 높이 70미터의 언덕을 넘어 금각만 쪽으로 들어왔습니다. 게다가 금각만을 건널 수 있도록 통나무를 연결한 부교까지 설치해 병사와 수레를 수송한 것은 물론 대포까지 포진해 놓았습니다.

육로와 해로가 모두 차단된 상황에서 5월 초에 금각만을 몰래 빠져나간 베네치아 함대가 3주 후에 에게 해를 모두 뒤졌으나 어디에도 지원군이 없다는 우울한 소식을 가져왔고, 식량까지 떨어지자 비잔틴인들은 이제 끝이 왔다는 절망감에 빠졌습니다. 모든 준비를 완료한 메메드 2세는 5월 26일에 최종 회의를 열어 27일에는 공격을 준비하고, 28일 하루를 쉰 다음, 29일에 총공격을 하기로 결정했습니다. 이에 따라 메메드의 부대가 화살, 화약, 대포, 투석기, 식량 등 모든 것을 준비하고 하루 쉬는 동안, 비잔틴인들은 성 소피아 성당에서 마지막 미사를 올렸습니다. 그들은, 황제에게 충분한 금전적 보상을 하고 국민들에게는 안전한 퇴거를 보장한다는 메메드 2세의 제안을 거절한

튀르크군의 총공격

황제에게 불만을 터뜨리면서도, 마지막 순간을 앞둔 상황이라 다 부질없다고 느꼈습니다. 눈물 속에서 구원의 기도를 올린 후 사람들은 각자의 집으로 돌아갔지만, 황제도, 성직자도, 병사도 제대로 잠을 청할 수 없었습니다.

드디어 1453년 5월 29일 새벽 1시 30분, 나팔소리와 북소리와 함께 육해 양면에서 튀르크군의 총공격이 개시되었습니다. 먼저 비정규군이 투입되어 두 시간 넘게 성벽을 공격했으나 주스티니아니가 이끄는 외인부대가 잘 견뎌내자, 두 번째로 훈련이 잘된 정규군이 투입되었고, 마지막으로 정예군대인 예니체리 가 투입되었습니다. 그들은 낮은 방어벽을 무너뜨리고 재빨리 외벽에 사다리를 걸고 올라가서 수비대와 치열한 백병전에 돌입했습니다. 교대할 병력이 많은 튀르크군에 비해 그렇지 못한 비잔틴 병사들은 몇 시간째 지속된 전투로 지친 기색이 역력했습니다.

콘스탄티노플이 함락된 직접적인 계기는 주스티니아니의 부상과 그가 이끄는 외인부대의 이탈이었습니다. 소형 포에서 발사된 탄환을 가슴에 맞은 주스티니아니는 극심한 통증 속에서 자리를 떠나 성문 안으로 들어와 버렸고, 지휘관의 도주를 본 제노바 병사들 역시 뒤따라 성 안으로 들어왔습니다. 외벽을 넘은 예니체리들이 내벽까지 진격하는 동안, 북쪽 망루에 있던 비정규군이 주스티니아니의 부상으로 혼란한 틈을 타 허술하게 잠겨 있던 작은 문으로 들어와서 성문들을 활짝 열었습니다. 금각만에 있던 튀르크군 역시 도시로 들어온 상황이라, 절망한 비잔틴인들은 급하게 베네치아인이 이끄는 비잔틴 선박 6척과 제노바 선박 7척에 나누어 타고 도시를

● 예니체리
무라드 1세가 창건한 군대이다. '새로운 군대'라는 뜻의 예니체리는 유럽인 포로들을 이슬람교로 개종시키고 군사 훈련을 시켜 친위대로 편성한 군대로서, 많은 급료와 특권을 받는 일종의 정예부대였다.

탈출했습니다. 그러나 피난민에 비해 수송선의
수는 턱없이 부족했고, 제노바인과 베네치아인
들은 자국의 사람들만 골라서 태웠으므로 탈출
한 비잔틴인의 수는 많지 않았습니다. 멸망한 나
라에 있던 외국인들은 누구보다 빨리 도망가며
그 외국도 자국민들의 안전에만 신경쓰기 때문
에, 멸망한 나라의 국민들이 도망갈 방법도 도망

무너지는 콘스탄티노플

갈 곳도 없는 비참한 상황에 처하는 것은 예나 지금이나 마찬가지
입니다. 탈출하지 못하고 집에 숨어 있던 사람들이나 성 소피아 성
당에 피신해 있던 사람들은 튀르크군의 약탈과 강간의 대상이 되었
고, 황제는 전사했습니다. 메메드 2세는 마침내 53일간의 포위 공
격 끝에 천 년 이상 그리스도의 도시이던 콘스탄티노플을 손에 넣
음으로써 비잔틴제국을 멸망시켰습니다.

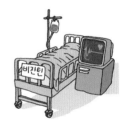

비잔틴제국의 몰락 원인

비잔틴제국은 소아시아에서 발칸 반도로 진출한 오스만튀르크의
공격에 무너졌습니다. 오스만 1세부터 메메드 2세까지 150년 넘게
추구한 팽창 정책은 강력하고 조직적인 기병과 해군력을 바탕으로
성공적인 결과를 얻었습니다. 콘스탄티노플을 함락한 데 이어
1450년대에서 1460년대 사이에 아테네, 모레아, 트레비존드, 보
스니아까지 장악함으로써 메소포타미아에서 아드리아 해까지 오
스만튀르크제국의 영토가 되었습니다. 비잔틴제국은 성장기에 있

▷ 모레아
그리스 남부의 펠로폰네소스
반도를 지칭하는 지역으로, 14
세기에 요한네스 6세가 모레
아 전제국가로 재조직했다.

던 오스만튀르크족을 막지 못해 영토를 점점 빼앗기다, 급기야 수도까지 넘겨주면서 멸망했습니다.

오스만튀르크의 공격이라는 외적 요인과 더불어 그런 공격을 막아 내지 못하게 만든 내적 요인도 비잔틴제국이 몰락하는 데 중요한 역할을 했습니다. 먼저 정치적 요인으로는 제위 분쟁으로 인한 중앙 정부의 혼란을 들 수 있습니다. 세습을 원칙으로 제위 계승자를 선정했음에도 조금 더 빨리 제위를 넘겨받기 위해, 또는 선정된 제위 계승자를 인정하지 못해 벌인 내전은 다른 나라까지 끌어들이면서 갈수록 치열해졌습니다. 1320년대, 40년대, 50년대, 70년대에 치른 네 차례의 제위 분쟁은 제국의 재건에 힘써야 할 중요한 시기에 주변의 국가들까지 내전에 끌어들이면서 몰락을 가속화시켰습니다. 내전으로 인해 중앙 정부의 권력은 갈수록 약화되었으며, 그사이 귀족들의 부와 영향력은 증가했고, 귀족들의 세력이 커지면서 중앙 정부의 장악력은 더 약화되는 악순환을 초래한 것입니다.

둘째로 군사적 요인은 테마제도의 붕괴로 인한 군사력 약화였습니다. 이슬람, 슬라브, 불가리아의 침입으로 영토가 줄어들면서 7세기에 도입한 테마제도는, 제국을 여러 개의 속주로 나누어 각 속주의 주민들에게 토지를 주고 그 대가로 군 복무를 하는 농민군을 양성했습니다. 병사 겸 납세자를 양성하는 테마제도는 해당 지역에 쳐들어온 적을 신속하게 막을 수 있을 뿐 아니라 내륙 깊숙한 곳까지 방어가 가능했고, 값싸게 많은 군인들을 모을 수 있다는 이점이 있었습니다.

그러나 11세기를 거치면서 귀족들이 세금을 낼 수 없을 정도로

〈메메드의 콘스탄티노플 입성〉
벤자민 콘스탄트, 1876, 프랑스 툴루즈 오귀스탱 박물관.

가난해진 자영농의 토지를 흡수함으로써 자영농이 소작농으로 전락하자, 군 복무를 할 사람의 수가 현저히 줄어들었습니다. 농민군의 감소에 대해 비잔틴제국이 취한 정책은 군대의 규모를 줄이는 것이었습니다. 비잔틴제국은 일찍이 10세기에 이슬람과 불가리아를 분쇄하고 동부 지역에서부터 유프라테스와 티그리스 강까지, 발칸 지역에서부터 다뉴브 강까지 국경선을 늘리는 데 성공했습니다. 이에 더 이상 큰 규모의 군대를 유지할 필요가 없다는 생각으로, 대토지를 소유한 군 지휘관들의 부와 영향력을 줄이기 위해 군대의 규모를 축소했습니다. 자영농의 몰락이 가속화되면서 축소된 군대조차 유지할 수 없게 되자, 러시아인, 튀르크족, 잉글랜드, 노르만, 게르만 등으로 구성된 외국인 용병에 의존하게 되었습니다. 그러나 용병들은 제국의 이익보다 자신들의 이익을 우선하다 보니, 승리가 힘들어지거나 조금 더 나은 보수를 제공하면 언제든지 도주해 버린다는 문제가 생겼습니다. 하지만 용병들에 대한 의존도는 갈수록 늘어났고, 충성스럽지 않은 용병만으로는 적을 효과적으로 물리칠 수 없던 것입니다.

셋째로 경제적 요인은 자영농의 몰락과 상공업의 붕괴로 인한 재정의 악화였습니다. 국가의 재정적 건전성의 핵심이라 할 수 있는 자영농의 몰락은 군사력의 약화를 초래함과 동시에 납세자의 수를 줄어들게 하는 결과를 가져왔습니다. 조세를 납부할 수 없는 자영농이 대토지 소유자들에게 땅을 팔아 버렸고, 대토지 소유자들이 갈수록 면세의 특권을 향유하자 국가의 세입은 크게 줄어들었습니다. 자영농을 증가시키고 귀족과 수도원의 대토지 소유를 억제하는 정책들을 취했으나 효과를 보지 못하면서 경제 쇠퇴의 큰 흐름을 막을 수 없었습니다.

물론 비잔틴제국의 경제가 전적으로 농업 경제에 국한된 것은 아니었으므로, 상공업이 계속 발달했다면 경제가 쇠퇴하는 것을 만회할 수 있었을 것입니다. 정부가 상공업을 통제하고 있는 상황이라 수출품과 수입품에 붙는 10퍼센트의 관세만으로도 세입에 큰 도움이 되었습니다. 그러나 1082년에 알렉시우스 1세 콤네누스 황제가 시칠리아의 노르만족에 대항해 동맹을 맺은 대가로 베네치아에 관세 없이 수도를 포함한 제국의 모든 도시에서 자유무역을 할 수 있도록 보장해 주면서, 상공업은 제국 정부의 통제에서 벗어나게 되었습니다. 12세기에도 관세 없는 자유무역의 특권을 향유하던 베네치아가 제국의 상업 활동을 실질적으로 장악했습니다. 1261년에 베네치아의 영향력을 감소시키기 위해 동일한 특권을 제노바 상인들에게 주었는데, 이는 상공업을 장악한 주체만 바뀌게 했을 뿐 제국의 경제에는 하등 도움이 되지 않았습니다. 납세자인 자영농의 몰락과 면세 혜택을 얻은 대토지 소유자의 증가, 이탈리아 상인들의 상공업 장악으로 국가의 세입은 줄어들었고, 국가 재정의 악화는 곧바로 군대 유지비 감소로 인한 군사력 약화로 이어졌습니다.

외부의 침입과 내적인 문제로 비잔틴제국은 멸망했지만, 고대 로마제국과 이슬람 문화를 융합한 그들의 독특한 문화유산은 서유럽, 러시아, 이슬람 세계로 전해졌습니다. 서유럽은

블루모스크
파란색과 초록색의 타일로 장식되어 있어 '블루모스크'라는 이름으로 더 잘 알려진 터키의 술탄 야흐메자드 모스크는 비잔틴 양식과 이슬람 양식이 혼재된 독특한 아름다움을 자랑한다.

비잔틴제국 덕택에 페르시아, 이슬람, 튀르크의 세력으로부터 보호받을 수 있었습니다. 또 그리스와 로마의 고전 문화를 간직한 비잔틴제국 덕택에 고전 문화의 부활을 외치는 르네상스가 가능했습니다. 제3의 로마제국이라 불리는 러시아는 비잔틴제국 덕택에 알게 된 그리스정교를 통해 국민 통합을 이끌어 낼 수 있었고, 비잔틴제국이 몰락한 후 그리스정교의 총본산이 되었습니다. 이슬람 역시 종교는 다르지만 비잔틴의 저서들을 아랍어로 번역하여 의학, 수학, 천문학, 철학 등을 발전시켰습니다. 이처럼 후대에 끼친 영향을 볼 때 비잔틴제국의 존재를 결코 과소평가할 수 없습니다.

✥ 바젤 공의회(1431~1439)

공의회의 권위가 교황의 권위를 능가하며 공의회를 정기적으로 소집해야 한다는 콘스탄츠 공의회1414~1418의 결정에 따라 1423년 이탈리아의 파비아에서 공의회를 소집하기로 했으나, 흑사병으로 인해 이탈리아의 시에나로 옮겨 개최되었다. 1431년 스위스 바젤에서 개최된 다음 번 공의회에서 교황에 대한 공의회의 우위권을 인정하고, 교황 선출 시 공의회의 우위를 인정하는 맹세를 해야 하며, 공의회의 동의 없이 공의회를 해산하거나 정회, 장소 이전을 할 수 없다고 공포했다. 교황의 권한을 축소시키는 이런 공포에 대해 당시 교황 에우제니오 4세는 즉각 반발했지만, 독일, 프랑스, 밀라노가 공의회파를 지지하자 공의회의 결정을 어쩔 수 없이 승인했다. 공의회 지지자들은 서방 국가의 신뢰성을 확보하기 위해 비잔틴제국의 대표를 초청하기로 결정했으나, 요한네스 8세 황제가 알프스 산맥을 넘기를 거부함에 따라 교황은 공의회 지지자들의 독립성을 약화시키기 위해 이탈리아의 페라라를 회의 장소로 선정했다. 바젤 공의회 측이 회의 장소 변경을 거부하고 바젤에서 종교 회의를 계속함에 따라, 바젤 공의회와 페라라-피렌체 공의회 1438~1445가 따로 진행되었다. 1439년 바젤 공의회는 교황 폐위를 선언하고 펠릭스 5세재임 1439~1449를 대립 교황으로 선출했다. 에우제니오 4세가 사망한 후 교황 니콜라오 5세는 바젤 공의회파와 화해를 하고, 펠릭스 5세도 이를 받아들여 대립 교황직에서 물러남으로써 공의회의 분열은 종식되었다.

이상한 의술

십자군 전쟁 당시 한 이슬람인의 증언은 당시 서유럽과 이슬람 의학의 수준 차이를 단적으로 보여 줍니다. 한 프랑크인이 이슬람교도에게 환자를 봐줄 유럽인 의사가 없다고 하면서 의사를 보내 달라고 요청했습니다. 그 이슬람교도는 그리스도교 의사를 보내 주었는데, 의사가 예정보다 빨리 돌아왔기에 어떻게 된 상황이냐고 물었습니다. 다음은 의사가 전하는 내용입니다.

"제가 가니 다리에 종기가 난 기사와 고열로 수척해진 부인이 있어서 기사 다리에 난 종기를 짼 후 고약을 묻혀 독기를 빼도록 치료했고, 부인에게는 열이 내리도록 치료해 주었습니다. 그때 도착한 프랑크인 의사가 저더러 환자 치료에 대해 전혀 아는 바가 없다고 나무라고는, 기사에게 "한쪽 다리만 갖고 살겠소, 아니면 양다리를 모두 지닌 채 죽겠소?"라고 물었습니다. 그 기사가 한쪽 다리만으로도 살기를 원하자 의사가 건장한 남자 한 명과 날이 선 도끼 한 자루를 요청하더니, 기사의 한쪽 다리를 통나무 위에 올려놓고 건장한 남자에게 도끼로 단번에 자르라고 명령했습니다. 그러나 잘리지 않아 건장한 남자가 또다시 도끼를 내리치자, 기사는 엄청난 피를 쏟으며 즉사했습니다. 이어서 프랑크인 의사는 부인을 진찰하더니 부인의 머리에 악마가 들어 있다고 선언하고, 그녀의 머리카락을 잘라야 악마가 빨리 나온다고 했습니다. 그리고 그녀에게 악마가 싫어한다는 마늘과 겨자를 먹였고, 그녀가 매운 것을 먹고 열이 더 오르자 의사는 악마가 이미 부인의 머릿속 깊이 들어갔다고 했습니다. 의사는 칼을 집어 들고 그녀의 머리를 십자가 모양으로 절개했는데, 한가운데는 너무 깊이 살이 벗겨져 뼈가 드러날 정도였습니다. 의사는 악마를 나오게 하기 위해 머리 전체를 소금으로 비벼 댔고, 고통을 이기지 못한 부인은 그만 죽고 말았습니다. 저는 그런 이상한 의술을 도저히 이해할 수 없었습니다."

서유럽에서 지식 계층에 속하는 성직자들은, 육체의 질병이 운명, 죄, 별의 영향 때문이고 신이 내린 처벌의 한 형태이므로 영적인 회개로 병을 치료할 수 있다고 믿었습니다. 이런 서유럽이 십자군 원정을 통해 알게 된 이슬람 의학은 말 그대로 충격 그 자체였습니다. 이슬람 의사들은 단순히 질병 치료뿐 아니라, 식이요법과 정신과 치료까지 병행해야 한다고 가르치고 있었습니다. 예를 들어 이븐 시나는 《의학 전범》에서 상사병의 증상으로 체중과 체력의 감퇴, 발열이 만성적으로 나타나며, 치료법으로는 사모하는 상대방과 결혼하는 방법밖에 없다고 진단합니다. 또 자신이 소라고 믿고 소의 울음소리를 내면서 자신을 잡아먹어 달라고 하는 환자를 접한 이븐 시나는 도살자로 가장하여 환자가 너무 야위었으니 우선 살찌워야 잡아먹을 수 있다고 했습니다. 이에 환자가 살을 찌우기 위해 마음껏 먹다 보니 육체는 물론 정신까지 건강해졌다고 합니다. 이런 이슬람인들에게는 종교에 의존해 질병을 치료하고자 하는 서유럽인들이 이상하게 보이는 것은 당연했습니다.

의학뿐 아니라 지리학, 수학, 화학 등 대부분의 학문에서 이슬람에게 뒤지고 있던 서부 유럽인들에게 십자군 원정을 통해 경험한 이슬람 문화는 엄청난 문화적 충격을 가져다주었습니다. 자급자족적인 농업 경제에 머물러 있던 유럽과 발달된 상공업을 통해 인도로, 중국으로 왕래하면서 다양한 문화를 접한 이슬람의 격차는 상당했습니다. 서유럽인들은 12세기부터 아랍어 서적들이 라틴어로 대량 번역되면서 새로운 학문을 접하게 되었고, 이슬람교도 덕택에 중국의 4대 발명품인 화약, 나침반, 목판 인쇄술, 종이도 전달받았습니다. 유럽이 중세의 틀을 깨고 근대로 이행하는 데 있어 이슬람 문화는 그 계기와 동력을 불어넣는 역할을 했습니다.

현대를 되돌아보게 하는 거울, 《로마제국 쇠망사》

우리나라가 망하면 어떻게 될까요? 대한민국이라는 국명이 없어지고, 땅덩어리 하나 없이 여러 나라로 떠돌아다닌다면 어떤 느낌일까 하는 물음은 꿈에서도 생각하기 싫은 질문입니다. 거대한 제국을 형성하는 데 아무리 많은 노력을 기울였다고 하더라도 망하고 나면 폐허가 된 유적지에서 느껴지는 것은 쓸쓸함뿐입니다. 1430년 포키우스라는 학자와 그의 친구가 로마 시를 돌아보면서 느낀 감정 역시, 화려한 개선식과 위풍당당한 수도는 온데간데없고 볼품없이 널브러져 있는 건축물 잔해에서 풍기는 허무함과 황량함이었습니다.

세상에 엄청난 장관을 연출했던 로마 시가 이렇게 몰락하다니! 이렇게 변하다니! 이렇게까지 흉물스러워지다니! 개선식을 하던 길은 포도덩굴로 뒤덮여 흔적도 없이 사라졌고, 원로원 의석은 오물로 더럽혀졌다. 로마 시의 다른 언덕들 또한 폐허와 정원만이 빈 공간을 채우고 있어서 돌아다닐 수도 없다. 로마인들이 법을 제정하고 정무관들을 선출하기 위해 모이던 로마 광장은 텃밭으로 둘러싸여 있고, 돼지와 소 들이 들락거릴 때만 개방되었다. 공공건축물과 개인의 건물들은 파괴되어 볼품없이 널브러져 있었다. (71장 341쪽)

제국의 붕괴에 대해 "문명은 유기체처럼 아동기, 청년기, 장년기, 노년기를 거치므로, 살아 있는 모든 문명은 몰락으로 귀착된다"라거나 "문명은 질긴 생명력을 가지고 진화하지만, 모든 문명은 출현, 상승, 쇠락의 비슷한 과정을 밟는다"라는 슈펭글러나 토인비, 헌팅턴의 견해를 따른다면, 어차피 언젠가는 망할 제국이었다는 식으로 편하게 받아들일 수 있습니다. 그러나 그 어차피 망할 나라가 우리의 경우가 될 수도 있다고 가정해 보면 몰락에 대한 불안감 내지는 공포감을 떨쳐 버릴 수 없을 것입니다. 물론 현대 문명은 고대 문명을 붕괴로 몰아넣은 것과 같은 위기에 직면해도 고도의 과학 기술력과 풍부한 에너지원, 경제와 역사에 대한 방대한 정보를 가지고 있으므로 충분히 극복할 수 있으리라 생각하지만 붕괴의 원인들을 한 번쯤 곱씹어 볼 필요는 있습니다.

　둑이 무너지기에 앞서 붕괴의 조짐을 무수히 보이듯이, 제국은 여러 상황들이 복잡하게 얽히면서 망하게 됩니다. 물론 몰락의 징후들이 보일 때 가만히 있지 말고 그 원인을 찾아 고치면 될 것이라고 하겠지만, 국제 정세, 정치, 경제, 사회, 군대, 교육, 환경 등 모든 문제들이 얽혀 있는 상황에서는 그 핵심적인 연결 고리를 찾기도 또 고치기도 쉽지 않습니다. 그 연결 고리를 찾을 수 있는 하나의 방법을 제시해 주는 것이 바로 《로마제국 쇠망사》입니다. 총 1,315년의 역사에서 고대 로마제국의 번영에서부터 비잔틴제국의 몰락까지의 과정을 여실히 보여 주기 때문에 그 속에서 제국이 붕괴하게 된 요인을 찾을 수 있습니다.

　로마제국과 비잔틴제국은 물론 이집트, 아테네, 스파르타, 파르티아, 페르시아 등 고대 문명을 형성한 국가들이 외적의 침입을 받지 않은 경우가 드물만큼 외부의 공격은 중요한 붕괴 원인입니다.

주어진 진화의 단계에서, 어떤 형태가 더 정교하게 적응할수록 다음 단계로 이행할 수 있는 잠재력은 줄어든다……. 성공한 적응은 보수주의를 낳게 되어 지배 체제가 변화를 받아들일 수 있는 능력이 줄어든다. 일단 성공을 거둔 복잡한 사회는 자신의 성과 안에 갇혀서 그보다 덜 복잡한 사회에 의해 쉽게 추월당한다. 따라서 변방의 덜 복잡한 사회들은 유연성 덕분에 강한 경쟁력을 가지게 됨으로써 결국에 가서는 장구한 역사를 가진 국가를 무너뜨린다……. 문명국의 변경에 자리 잡은 후발 주자들은 보수적인 중심국이 따라오지 못하는 경쟁력(조직력, 무기, 전술)을 가지고 우위에 올라서게 된다.(조지프 A. 테인터, 《문명의 붕괴》, 111-112쪽)

문명이 처음 출현했을 때 사람들은 대체로 활기 있고 역동적이고 잔인하고 이동성이 높으며 팽창주의로 흐른다. 문명이 어느 정도 발전하면 그 문명은 안정을 추구하며 자신을 좀 더 문명화시키는 기술과 기교를 닦아 나간다……. 한 문명이 쇠락기로 접어들면 문명의 수준도 하락하여 종국에 가서는 더 낮은 수준을 가지고 새롭게 부상하는 다른 문명의 침입을 받으면서 사라지고 만다.(새뮤얼 헌팅턴, 《문명의 충돌》, 441쪽)

잉카나 아스텍 문명을 몰락시킨 스페인은 '문명국의 변경에 자리 잡은 후발 주자'나 '더 낮은 문명 수준을 가지고 새롭게 부상하는 다른 문명'이 아니었지만, 최소한 게르만족과 오스만튀르크족의 경우는 여기에 해당합니다. 기동력을 강점으로 하는 게르만족과 튀르크족에 비해 고대 로마제국과 비잔틴제국은 침입에 대한 대응력이 둔했고, 이것이 영토 축소로 이어졌습니다. 두 제국은 적에게 대응할 수 없게 되자 땅과 조공을 주고 병사로 활용하거나 권력의 후원 세력으로 삼는 등 그들과 평화적으로 공존하는 방법을 모색했습니다. 그러나 적을 주도할 힘이 없는 상태에서의 공존은 언제든지 파기될 수 있고 적의 이익에 따라 끌려 다닐 수 있다는 사실을 두 제국은 간과한 것입니다.

영국의 고고학자인 콜린 렌프류와 이스라엘의 사회학자인 사무엘 아이젠스타트가 공통적으로 정의하는 '붕괴되는 사회'의 특징들이 있습니다. 첫째, 지배자와 엘리트 집단 간에, 또는 엘리트 집단 내부에서 권력 투쟁이 발생합니다. 둘째, 관료들이 구체적인 문제도 해결하지 못할 정도로 안이하고 무능합니다. 셋째, 통치자들이 눈앞의 이득이나 사욕에 눈이 먼 나머지 단기적이고 손쉬운 해결책을 제시하여 장기적 경제 발전에 악영향을 미치고, 난국을 타개하기 위해 서민들을 쥐어짜기 시작하면서 민심이 이반하는 현상이 가속화됩니다. 넷째, 반란이 빈번해지고 지방 세력이 이탈하면서, 중앙의 통제와 권위가 무너집니다. 다섯째, 과세 부담이 늘어나지만 중앙의 통제력 약화와 자원의 고갈로 인한 경제 쇠퇴로 국고 수입이 감소하면서 군사력은 약화일로를 걷습니다.

기번이 제국 붕괴의 원인을 내부에서 찾고 있는 만큼 《로마제국 쇠망사》에서 그려진 고대 로마제국과 비잔틴제국의 쇠퇴기의 모습은 렌프류와 아이젠스타트가 제시한 특징들과 크게 다르지 않습니다. 군대의 권한 강화와 군벌들 간의 내전, 황실 내부의 내전으로 인한 정치적 혼란, 군대 운영비와 늘어나는 전쟁 비용을 만회하기 위해 화폐 개혁과 과도한 세금 징수라는 단기적 정책 남발, 대토지 소유자들에 대한 중앙의 통제권 약화, 무역 감소와 광산 자원의 고갈로 인한 경제 쇠퇴, 재정 악화와 인구 감소로 인한 군사력 약화 등의 현상이 두 제국이 쇠퇴하는 4세기에서 5세기와 13세기에서 15세기 사이에 나타났습니다. 특히 비잔틴제국은 부유한 속주를 장악하고 있던 덕분에 서로마제국이 몰락할 때 그나마 생존할 수 있었으나, 군대와 세금의 주요 공급처인 이집트, 시리아, 발칸 반도와 같은 속주들을 이슬람과 튀르크족에게 잃으면서 서로마제국의 전철을 밟게 되었습니다.

정치사, 경제사, 군사사에 초점을 맞춘 기번은 로마 시가 폐허가 된 이유로 폭풍우, 지진, 화재, 홍수와 같은 자연 재해를 언급했지만, 이런 재해들이 두 제국의 쇠퇴와 어떤 관계가 있는지는 구체적으로 설명하지 않았습니다. 그러나 지구 온난화가 가속화되면서 환경이나 기후 문제도 제국이 붕괴된 원인으로 꼽히는 경향이 늘고 있습니다.

인간이 이룩한 문명은 그 발전의 터전이라고 할 수 있는 환경을 변화시켜 왔다…… 그러나 그리스와 레바논의 삼림 황폐화, 사막에 묻혀 사라져 간 로마와 메소포타미아 도시들의 예는 인간이 자연을 잘못 다룬 가장 극명한 본보기들이다. 그리고 그 모든 결과는 자연이 문명의 몰락이라는 엄청난 방식으로 인간에게 복수한다는 것을 잘 보여 준다.(도날드 휴즈, 《고대문명의 환경사》, 17쪽)

기후 변화는 인간으로 인해 야기된 지구 온난화와 관계 있는 것으로 여겨진다…… 많은 역사적 사례가 보여 주듯이 환경 자원이 고갈된 사회라도 기후가 좋으면 그 충격을 흡수할 수 있다. 하지만 기후가 더 건조해지거나 습해지고, 추워지거나 더워지면 붕괴의 벼랑 끝까지 몰렸다…… 기후 변화로 자원이 고갈되는 속도가 빨라지지 않는다면, 스스로 자초한 자원 고갈은 그런대로 이겨낼 수 있었다……. 그러나 환경 훼손과 기후 변화가 겹치면 그 결과는 거의 언제나 파국이었다.(재레드 다이아몬드, 《문명의 붕괴》, 25-27쪽)

오늘날 우리나라의 연간 황사 발생 일수가 갈수록 늘어나는 원인 중의 하나로 몽골 지역에서 염소, 양과 같이 방목되는 짐승들이 어린 새싹의 뿌리까지 닥치는 대로 먹어 치움으로써 가속화된 사막화를 들 수 있는 것처럼, 가축의 방목과 더불어 가정용 연료, 제련, 선박 건조를 위한 벌목이 삼림의 황폐화를 초래했습니다. 삼림이 점차 황폐화되어 가면서 폭풍우나 홍수로 인해 물에 휩쓸려 간 흙, 모래, 바위 부스러기가 쌓여서 곳곳에 늪지대가 형성되었습니다. 토양 침식으로 인해 배수가 잘되지 않다 보니 침수 피해를 입은 공공 건축물과 가정집의 복구 비용, 침척토로 배가 정박할 수 없게 된 항구 도시의 복구 비용이 국가의 재정 지출에 큰 몫을 차지했습니다. 또 토양 침식으로 형성된 늪지대에서 말라리아 병원균을 옮기는 모기들이 대거 서식하면서 말라리아에 의한 인구 감소까지 일어났다고 환경론자들은 주장합니다. 물론 고대 발칸 지역의 절반 정도가 숲이었고, 숯, 도자기, 제련, 가구류, 선박 건조에 나무들이 많이 사용되어 서로마와 동일한 삼림 황폐화가 나타났는데, 왜 비잔틴제국은 생존했는가 하는 문제에는 명확한 해답을 제시하기 어렵다는 약점이 있습니다.

제국의 붕괴에서 인구 문제도 빠뜨릴 수 없는 논제입니다. 고대 로마제국의 인구 변화는 1세기 초에 4,550만 명, 2세기 초에 6,140만 명, 3세기 초에 4,000만 명, 4세기 초에 5,500만 명이라는 통계에서 알 수 있듯이, 1~2세기에 증가, 3세기에 감소, 4세기에 증가, 5세기에 감소하는 양상을 띱니다. 또 워렌 트레드골드의 계산에 따르면, 비잔틴제국의 인구는 540년경에 2,600만 명, 565년경에 1,950만 명, 641년경에 1,050만 명, 775년경에 700만 명, 842년경에 800만 명, 959년경에 900만 명, 1025년경에 1,200만 명, 1143년경에 1,000만 명, 1320년경에 200만 명이었습니다. 다른 학자는 540년대에 2,600만 명, 600년대에 1,700만 명, 780년경에 700만 명, 1025년에 1,200만 명, 1143년경에 1,000만 명, 1204년에 900만 명, 1281년에 500만 명이었다고 합니다. 학자들마다 제시하는 구체적인 수치는 다양하고 불확실하지만, 대부분 6세기에 증가, 8세기에 감소, 11세기에 증가, 13세기에 감소라는 일정한 패턴을 따릅니다. 고대 로마제국과 비잔틴제국의 경우에서 알 수 있듯이, 제국이 번영할 때는 인구가 증가하지만 반대로 쇠퇴할 때는 인구가 감소합니다. 전염병, 내전, 이민족의 침략, 경제 쇠퇴 등 여러 가지 요인으로 발생하는 인구 감소는 노동력 부족, 납세자 감소, 군사력 약화와 직결되어 제국의 쇠퇴에 중요한 원인으로 작용합니다.

고대 로마제국과 비잔틴제국의 붕괴 과정에서 지금까지 언급한 외부의 공격, 권력 투쟁, 무역 감소, 자원 고갈로 인한 경제 쇠퇴, 환경오염과 기후 변화, 인구 감소 등 몇 가지 요인만 해도 우리와 아주 무관하지는 않습니다. 핵전쟁의 공포, 대기 오염으로 인한 오존층의 파괴와 기후 변화, 경제 발전과 생활의 편의성 추구로 인한 환경오염, 산업 자원의 고갈, 빈부격차, 출산율 저하 등 많은 요소들이 현대 문명을 위협하고 있습니다. 물론 전근대사회에서 벌어진 일들이 고도로 발달된 오늘날까지도 그대로 재현된다고는 볼 수 없고, 재현된다고 해도 나름대로 해법을 마련할 수 있으리라 생각합니다. 다만 핵전쟁은 인류가 공멸할 수 있으므로 어느 국가도 시도하지 않을 것이며, 남북의 체제 안정을 위해 전쟁은 절대 일어나지 않을 것이고, 지구의 환경 문제는 전 세계가 발 벗고 나서서 오염을 줄일 것이고, 고갈된 자원을 대체할 에너지가 개발될 것이며, 세계의 교류와 협력 아래 경제가 발전할 것이고, 정치적 갈등은 사회를 혼란시킬 수 있으므로 서로 간의 양보를 통해 해소될 것이며, 정책을 통해 인구의 증감 문제는 자연스럽게 해결될 것이라는 지나친 낙관론에는 한 번쯤 의문을 제기해 볼 필요가 있습니다. 우리가 스스로 우리나라의 몰락을 상상하기 어렵듯이, 우리가 보기에 많은 문제점을 안고 있던 로마제국도 스스로는 영원히 존속할 거라 믿었다는 사실을 되새겨 보아야 합니다.

역대 로마제국의 황제 연표

고대 로마제국

황제	재위 기간	신분	사건
아우구스투스	기원전27~ 기원후 14	율리우스 카이사르의 양자	· 기원전 27년: 옥타비아누스가 '아우구스투스' 라는 칭호를 받음, 율리우스-클라우디우스 왕조(기원전 27~68) 개창.
티베리우스	14~37	아우구스투스의 의붓아들	· 31년: 근위대장인 세자누스 몰락.
칼리굴라	37~41	티베리우스의 조카의 아들	· 38년: 알렉산드리아에서 유대인 폭동.
클라우디우스 1세	41~54	티베리우스의 조카	· 43년: 브리타니아 원정(~47). · 46년: 트라키아가 속주로 편입.
네로	54~68	클라우디우스 1세의 의붓아들	· 64년: 로마 대화재. · 66년: 유대 반란(~70)
갈바	68~69	스페인 총독	· 68년: 스페인에서 로마 시로 입성, 베스파시아누스 의 예루살렘 공격.
오토	69	루시타니아 총독	· 69년: 비텔리우스와 벌린 두 차례의 베드리아쿰 전투에서 패배, 자살.
비텔리우스	69	게르마니아 총독	· 69년: 베스파시아누스가 동방에서 황제로 선포, 로 마 시로 진군.
베스파시아누스	69~79	유대 반란 진압군 사령관	· 69년: 플라비우스 왕조(69~96) 개창. · 70년: 예루살렘 함락.
티투스	79~81	베스파시아누스의 아들	· 80년: 로마시의 화재, 콜로세움 완공.
도미티아누스	81~96	티투스의 동생	· 85년: 다키아 전쟁(~88).
네르바	96~98	원로원 의원	· 96년: 네르바-안토니누스 왕조 개창(96~192).
트라야누스	98~117	네르바의 양자	· 101년: 다키아 전쟁(~106).
하드리아누스	117~138	트라야누스의 양자	· 131년: 유대 반란(~135), 유대인의 예루살렘 출입 금지.
안토니누스 피우스	138~161	하드리아누스의 양자	· 140년: 스코틀랜드에 안토니누스 장벽 건설(~142). · 157년: 다키아 원정(~158).
루키우스 베루스	161~169	안토니누스의 양자	· 162년: 파르티아 원정(~166). · 164년: 전염병 발생.

마르쿠스 아우렐리우스	161~180	안토니누스의 양자	· 168년: 마르코마니족, 콰디족, 사르마티아족과 전쟁(~175).
코모두스	177~192	마르쿠스의 아들	· 184년: 안토니누스 방벽 포기. · 186년: 브리타니아 주둔군 폭동, 진압.
페르티낙스	193	원로원 의원	· 193년: 즉위한 지 3개월 만에 근위대에게 살해됨.
디디우스 율리아누스	193	원로원 의원	· 193년: 로마 시장과의 제위 경매에서 승리
셉티미우스 세베루스	193~211	파노니아 총독	· 193년: 제위 경쟁에서 승리, 세베루스 왕조(193~235) 개창. · 208년: 브리타니아 원정(~211).
카라칼라	198~217	세베루스의 아들	· 212년: 모든 자유민에게 로마 시민권 부여. · 217년: 카라칼라 욕장 완성.
게타	209~211	카라칼라의 동생	· 211년: 카라칼라에게 살해됨.
마크리누스	217~218	근위대장	· 217년: 파르티아와 벌인 니시비스 전투에서 심각한 패배를 당한 후 평화협정.
엘라가발루스	218~222	세베루스 처형의 손자	· 222년: 근위대에게 살해됨.
알렉산데르 세베루스	222~235	엘라가발루스의 사촌	· 230년: 페르시아가 메소포타미아를 공격하여 동방 원정(~233).
막시미누스	235~238	군 지휘관	· 238년: 근위대에게 살해됨.
고르디아누스 1세	238	아프리카 총독	· 238년: 누미디아 총독에게 살해됨.
고르디아누스 2세	238	고르디아누스의 아들	· 238년: 아버지와 함께 살해됨.
막시무스	238	원로원 의원	· 238년: 원로원이 발비누스와 함께 황제로 옹립.
발비누스	238	원로원 의원	· 238년: 막시무스와 함께 근위대에게 살해됨.
고르디아누스 3세	238~244	고르디아누스 1세의 손자	· 242년: 페르시아 원정, 도주 중 전사 혹은 살해됨(~244).
필리푸스	244~249	근위대장	· 245년: 다뉴브 강 지역에 전쟁 발발(~247).
데키우스	249~251	다뉴브 지역의 군사령관	· 249년: 다뉴브 강 군단의 추대로 황제로 옹립. · 251년: 고트족과의 싸움에서 아들과 함께 전사.

호스틸리아누스		251	데키우스의 아들	· 251년: 전염병으로 병사.
트레보니아누스 갈루스		251~253	모이시아 총독	· 253년: 아이밀리아누스와의 싸움에서 패배, 아들과 함께 군인들에게 살해됨.
아이밀리아누스		253	모이시아 총독	· 253년: 반란을 일으켜 황제가 되었으나, 군인들에게 살해됨.
발레리아누스		253~260	노리쿰과 라이티아 총독	· 253년: 페르시아가 안티오크 점령. · 257년: 페르시아 원정, 생포됨(~260).
갈리에누스		253~268	발레리아누스의 아들	· 268년: 고트족과의 싸움에서 승리했으나, 군 지휘관들에게 살해됨.
클라우디우스 2세		268~270	군사령관	· 269년: 팔미라가 이집트, 시리아 공격. · 270년: 전염병으로 사망.
퀸틸루스		270	클라우디우스 2세의 동생	· 270년: 아우렐리아누스와의 경쟁으로 자살 혹은 군인들에게 살해됨.
아우렐리아누스		270~275	기병대 지휘관	· 271년: 팔미라 원정(~273). · 275년: 군 지휘관에게 살해됨.
타키투스		275~276	원로원 의원	· 275년: 원로원이 타키투스를 황제로 옹립. · 276년: 열병으로 사망 혹은 살해됨.
플로리아누스		276	타키투스의 이복형제	· 276년: 군인들에게 살해됨.
프로부스		276~282	동부 지역 군사령관	· 276년: 게르만족과 고트족을 갈리아에서 몰아냄(~277) · 282년: 군인들에게 살해됨.
카루스		282~283	근위대장	· 283년: 페르시아 원정 중 사망.
카리누스		283~285	카루스 아들	· 285년: 디오클레티아누스와의 싸움에서 전사.
누메리아누스		283~284	카리누스의 동생	· 284년: 군인들에게 살해됨.
동부	디오클레티아누스	284~305	동부 지역의 군단 사령관	· 298년: 갈레리우스가 페르시아를 패배시키고, 티그리스 강 서편의 5개 지역을 로마 속주로 편입. · 301년: 물가의 최고 가격을 정한 최고가격령 선포
	갈레리우스	305~311	군 지휘관	· 311년: 병사.

	이름	재위	관계/지위	비고
동부	막시미누스 다이아	311~313	갈레리우스 조카	· 313년: 리키니우스에 대항했으나 패배, 사망.
	리키니우스	308~324	군 지휘관, 갈레리우스 친구	· 324년: 콘스탄티누스 1세와의 싸움에서 패배, 추방, 살해됨.
서부	막시미아누스	286~305	군 지휘관	· 310년: 콘스탄티누스 1세와의 싸움에서 패배한 후 자살.
	콘스탄티우스 1세	305~306	달마티아 총독	· 306년: 요크에서 사망, 아들인 콘스탄티누스 1세를 서방의 황제로 옹립.
	플라비우스 세베루스	306~307	군 지휘관	· 307년: 로마 시에서 황제로 선포된 막센티우스에 대항한 전투에서 패배한 후 처형됨, 혹은 자살함.
	막센티우스	306~312	막시미아누스의 아들	· 308년: 아프리카에서 찬탈자 등장, 진압(~310년). · 312년: 콘스탄티누스 1세에게 패배, 사망.
	콘스탄티누스 1세	306~337	콘스탄티우스 1세의 아들	· 313년: 그리스도교를 공인한 밀라노 칙령 선포. · 325년: 니케아 공의회, 아타나시우스파 인정. · 330년: 비잔티움을 수도로 하고, 콘스탄티노플로 개명.
	콘스탄티누스 2세	337~340	콘스탄티누스 1세의 아들	· 340년: 이탈리아 침입, 콘스탄스 1세와의 전쟁에서 패배, 살해됨.
	콘스탄스 1세	337~350	콘스탄티누스 2세의 동생	· 350년: 찬탈자 마그넨티우스와의 싸움에서 포로로 잡혀 살해됨.
	마그넨티우스	350~353	황실 경호부대 지휘관	· 353년: 셀레우쿠스 산 전투에서 콘스탄티우스 2세에게 최종적으로 패배, 자살.
	콘스탄티우스 2세	337~361	콘스탄티누스 2세의 동생	· 361년: 페르시아와 전쟁 중 율리아누스의 반란으로 서방으로 오던 도중 병사.
	율리아누스	361~363	콘스탄티우스 2세의 사촌	· 357년: 스트라스부르 전투에서 게르만족 격파. · 363년: 페르시아와의 전투에서 부상으로 사망.
	요비아누스	363~364	군사령관	· 363년: 페르시아 원정군에 의해 황제로 옹립. · 364년: 콘스탄티노플로 오던 도중 질식사.
동부	발렌스	364~378	발렌티니아누스 1세의 동생	· 378년: 아드리아노플에서 고트족과 벌인 싸움에서 전사.

서부	발렌티니아누스 1세	364~375	군 지휘관	·364년: 군 지휘관들이 황제로 추대, 발렌티니아누스 왕조(364~392) 개창. ·374년: 콰디족에 대한 원정, 평화협상 도중 사망(~375)
	그라티아누스	375~383	발렌티니아누스 1세의 아들	·379년: 테오도시우스 1세를 동방의 황제로 옹립. ·383년: 군대 반란으로 살해됨.
	발렌티니아누스 2세	375~392	그라티아누스의 이복동생	·375년: 밀라노 궁정에서 통치(~387). ·392년: 테오도시우스 1세 휘하의 프랑크족 장군인 아르보가스트의 반란으로 자살 혹은 살해됨.
	테오도시우스 1세	379~395	군사령관	·379년: 테오도시우스 왕조(379~457) 개창. ·394년: 아르보가스트와 서방의 찬탈자인 에우게니우스를 패배시킨 후 동방과 서방의 유일한 황제가 됨.
동부	아르카디우스	395~408	테오도시우스 1세의 아들	·399년: 제국 내의 모든 이교도 신전 파괴 명령.
	테오도시우스 2세	408~450	아르카디우스의 아들	·431년: 에페수스 공의회에서 예수의 인성을 강조하는 네스토리우스파를 이단으로 선포. ·438년: 테오도시우스 법전 편찬.
	마르키아누스	450~457	테오도시우스 2세의 매형	·451년: 훈족의 아틸라가 갈리아 공격. ·457년: 질병으로 사망.
	레오 1세	457~474	군인	·457년: 레오 왕조(457~518) 개창. ·474년: 이질로 사망.
	레오 2세	474	레오 1세의 외손자	·474년: 즉위 10개월 만에 질병으로 사망.
서부	호노리우스	395~423	아르카디우스의 동생	·410년: 알라리크가 지휘하는 서고트족의 로마 시 약탈, 알라리크 1세 사망.
	콘스탄티우스 3세	421	호노리우스의 처남	·421년: 호노리우스의 여동생의 남편이었으나, 공동 황제로 선포된 직후 사망.
	요한네스	423~425	고위 관료	·425년: 호노리우스의 사망 후 제위를 찬탈했으나, 라벤나 군대의 배신으로 사망.
	발렌티니아누스 3세	425~455	콘스탄티우스 3세의 아들	·451년: 샬롱 전투에서 훈족을 패배시킴. ·455년: 이민족에게 살해됨.

페트로니우스 막시무스	455	원로원 의원	· 455년: 반달족의 로마 시 약탈. · 455년: 로마 시의 폭도들에게 살해됨.
아비투스	455~456	군사령관, 피아첸차 주교	· 456년: 군사령관인 리키메르와 원로원이 폐위 선포, 도망 중 사망.
마요리아누스	457~461	군사령관	· 461년: 반기를 든 리키메르와의 싸움에서 체포, 폐위, 처형됨.
리비우스 세베루스	461~465	원로원 의원	· 461년: 실권자인 리키메르에게 황제로 천거됨. · 465년: 자연사, 혹은 리키메르에게 살해됨.
안테미우스	467~472	군사령관, 동로마제국 마르키아누스의 사위	· 472년: 리키메르가 올리브리우스를 황제로 선포하고, 로마 시 포위. 안테미우스는 패배, 도망 중 체포, 처형됨.
올리브리우스	472	발렌티니아누스 3세의 사위	· 472년: 리키메르 사망.
글리케리우스	473~474	황실 경호부대 지휘관	· 474년: 이탈리아로 온 율리우스 네포스가 황제로 즉위, 글리케리우스는 라벤나로 도주, 이듬해 사망.
율리우스 네포스	474~475	동로마제국 레오 1세의 조카사위	· 474년: 동로마 황제 레오 1세의 지지를 받아 즉위. · 475년: 파노니아 출신의 귀족인 오레스테스가 라벤나 장악, 네포스는 도주.
로물루스 아우구스툴루스	475~476	군사령관인 오레스테스의 아들	· 476년: 게르만족으로 구성된 이민족 부대의 지휘관인 오도아케르가 라벤나 장악, 로물루스를 폐위시킴.

비잔틴제국

황제	재위 기간	신분	사건
제노	474~475, 476~491	레오 2세의 아버지	· 491년: 이질 혹은 간질 발작으로 사망.
바실리스쿠스	475~476	레오 1세의 처남	· 476년: 무거운 과세와 여동생의 애인 살해로 위기, 제노의 수도 입성으로 추방, 사망.
아나스타시우스 1세	491~518	고위 관료	· 493년: 테오도리쿠스가 이탈리아에 동고트 왕국 설립. · 502년: 페르시아 원정, 아미다 탈환(~505).
유스티누스 1세	518~527	군사령관	· 518년: 근위대장이면서 군인들의 신임을 받아 즉위, 유스티누스 왕조(518~602) 개창.
유스티니아누스 1세	527~565	유스티누스 1세의 조카	· 527년: 페르시아 원정(~532, 540~562). · 533년: 북부 아프리카 원정(~534). · 535년: 이탈리아 원정(~540, 541~554).
유스티누스 2세	565~578	유스티니아누스 1세의 조카	· 572년: 페르시아에 대한 조공 거부로 전쟁(~574).
티베리우스 2세	578~582	유스티누스 2세의 친구, 양자	· 578년: 스페인의 서고트족과 평화협정. · 582년: 질병으로 사망.
마우리키우스	582~602	군사령관, 티베리우스 2세의 사위	· 602년: 다뉴브 강 유역에 주둔하는 군대 반란, 포카스를 황제로 옹립, 마우리키우스를 살해.
포카스	602~610	군사령관	· 608년: 페르시아에 대항하기 위해 수도로 입성한 아프리카 총독의 반란, 황제 살해.
헤라클리우스	610~641	아프리카 총독	· 610년: 헤라클리우스 왕조(610~711) 개창. · 636년: 야르무크 전투에서 이슬람군에게 대패
콘스탄티누스 3세	641	헤라클리우스의 장자	· 641년: 즉위 4개월 만에 결핵으로 사망.
헤라클로나스	641	콘스탄티누스 3세의 이복 동생	· 641년: 헤라클로나스와 그의 어머니인 마르티나가 공동 황제인 콘스탄스 2세를 살해하려 한다는 소문으로 반란 발생, 추방됨.
콘스탄스 2세	641~668	콘스탄티누스 3세의 아들	· 655년: 이슬람군과 최초의 해전, 패배. · 668년: 시칠리아에서 시종에게 살해됨.

콘스탄티누스 4세	668~685	콘스탄스 2세의 아들	· 674년: 이슬람군에게 최초로 콘스탄티노플 포위됨. '그리스 불'로 격퇴함(~678). · 685년: 이질로 사망.
유스티니아누스 2세	685~695, 705~711	콘스탄티누스 4세의 아들	· 711년: 아르메니아에서 반란 소식을 듣고 수도로 왔으나 붙잡혀 수도 인근에서 처형됨.
레온티우스	695~698	군사령관	· 698년: 코와 혀를 잘린 채 투옥, 후에 처형됨.
티베리우스 3세	698~705	함대 지휘관	· 705년: 유스티니아누스 2세의 복귀 후 체포, 레온티우스와 함께 처형됨.
필리피쿠스	711~713	군사령관	· 713년: 트라키아의 주둔군 반란, 아나스타시우스 2세 옹립.
아나스타시우스 2세	713~715	고위 관료	· 715년: 트라키아의 주둔군 반란, 테오도시우스 3세를 옹립, 황제는 수도원으로 은신.
테오도시우스 3세	715~717	고위 관료	· 717년: 아나톨리아 지역의 군사령관인 레오 3세의 반란, 퇴위.
레오 3세 이사우리우스	717~741	군사령관	· 717년: 이사우리우스 왕조(717~802) 개창. · 741년: 질병으로 사망.
콘스탄티누스 5세	741~775	레오 3세의 아들	· 754년: 히에리아에서 종교회의 개최, 성상 사용 금지 재확인.
아르타바스두스	741~743	레오 3세의 사위	· 743년: 수도로 진군했으나 패배, 3개월 후 아들인 니케타스도 패배.
레오 4세	775~780	콘스탄티누스 5세의 아들	· 776년: 이슬람군에 대한 원정(~778).
콘스탄티누스 6세	780~797	레오 4세의 아들	· 797년: 이레네의 지지자들에게 체포, 이레네의 명령으로 실명, 사망.
이레네	797~802	레오 4세의 부인	· 802년: 귀족들이 니케포루스 1세를 황제로 옹립, 이레네는 레스보스 섬으로 추방, 사망.
니케포루스 1세	802~811	군사령관	· 802년: 니케포루스 왕조(802~813) 개창. · 811년: 불가리아와 전쟁, 전사.
스타우라키우스	811	니케포루스 1세의 아들	· 811년: 아드리아노플에서 즉위. 수도 바깥에서 즉위한 최초의 황제, 부상이 심해져 사망.

미카일 1세	811~813	니케포루스 1세의 사위	· 813년: 불가리아와의 전쟁, 패배, 레오 5세에게 폐위, 수도원 은신, 844년 사망(~815).
레오 5세	813~820	군사령관	· 820년: 미카일 2세의 지시에 따라 수도사로 위장한 암살단에게 살해됨.
미카일 2세	820~829	콘스탄티누스 6세의 사위	· 820년: 아모리우스 왕조(820~867년) 개창.
테오필루스	829~842	미카일 2세의 아들	· 837년: 메소포타미아 원정(~842년).
미카일 3세	842~867	테오필루스의 아들	· 842년: 어머니인 테오도라의 섭정(~855년). · 867년: 바실리우스에게 살해됨.
바실리우스 1세 마케도니우스	867~886	군 지휘관, 미카일 3세의 매형	· 867년: 마케도니우스 왕조(867~1056) 개창. · 886년: 사냥에서 입은 부상으로 인한 고열로 사망.
레오 6세	886~912	바실리우스 1세의 둘째 아들	· 894: 불가리아의 왕 시메온과 전쟁, 패배.
알렉산드루스	912~913	바실리우스 1세의 셋째 아들	· 913년: 즉위 13개월 만에 극심한 피로로 사망.
콘스탄티누스 7세	912~959	레오 4세의 아들	· 959년: 자연사 혹은 아들과 며느리에게 독살됨.
로마누스 1세 레카페누스	920~944	콘스탄티누스 7세의 장인	· 944년: 아들인 스테판과 함께 체포, 폐위, 수도원으로 추방, 사망(948).
로마누스 2세	959~963	콘스탄티누스 7세의 아들	· 961년: 크레타, 킬리키아, 알레포 정복(~962). · 963년: 질병으로 사망.
니케포루스 2세 포카스	963~969	군사령관, 로마누스 2세의 미망인인 테오파노의 두 번째 남편	· 967년: 불가리아 원정. · 969년: 잠자던 중 테오파노와 요한네스에게 살해됨.
요한네스 1세 치미스케스	969~976	군사령관, 니케포루스 2세의 매제, 테오파노의 세 번째 남편	· 969년: 테오파노와 결혼. · 976년: 자연사, 혹은 환관에게 독살됨.
바실리우스 2세	976~1025	로마누스 2세의 아들	· 992, 994년: 이슬람군에게 패배. · 995년: 이슬람 원정, 시리아의 대부분 탈환. · 1025년: 시칠리아 원정 계획 중 사망.
콘스탄티누스 8세	1025~1028	바실리우스 2세의 동생	· 1028년: 병약, 아들 없이 사망.

조이	1028~1050	콘스탄티누스 8세의 딸	· 1042년: 미카일 5세를 폐위시킴, 교회의 요청에 따라 콘스탄티누스 9세와 결혼.
로마누스 3세	1028~1034	군 지휘관, 조이의 첫 번째 남편	· 1029년: 처제인 테오도라의 반란, 진압(~1030). · 1034년: 목욕탕에서 익사, 혹은 조이에게 살해됨.
미카일 4세	1034~1041	관료, 조이의 두 번째 남편	· 1034, 1037, 1038, 1040년: 독재정과 중과세로 귀족들의 반란, 진압. · 1041년: 테살로니카 시에서 반란, 진압, 사망.
미카일 5세	1041~1042	미카일 4세의 조카, 양자	· 1042년: 테오도라와 협력한 조이에게 실명, 추방, 폐위, 수도원으로 도주, 즉위 4개월 만에 사망.
콘스탄티누스 9세	1042~1055	로마누스 3세의 조카사위, 조이의 세 번째 남편	· 1054년: 동서교회가 그리스정교와 로마 가톨릭으로 최종적으로 분리. · 1055년: 질병으로 사망.
테오도라	1055~1056	콘스탄티누스 8세의 딸, 조이의 여동생	· 1056년: 지지자 중 미카일 6세를 후계자로 지정, 중병으로 사망.
미카일 6세	1056~1057	고위 관료	· 1057년: 이사키우스 1세의 반란, 폐위됨, 수도원 은신, 사망(~1059).
이사키우스 1세 콤네누스	1057~1059	군사령관	· 1057년: 콤네누스 왕조(1057~1059, 1081~1185) 개창. · 1059년: 지지자인 콘스탄티누스 10세를 후계자로 지정, 양위, 수도원 은신, 사망(1060).
콘스탄티누스 10세 두카스	1059~1067	고위 관료	· 1059년: 두카스 왕조(1059~1081) 개창. · 1067년: 병사.
로마누스 4세	1068~1071	군사령관, 콘스탄티누스 10세의 미망인의 남편	· 1071년: 튀르크족과의 만지케르트 전투, 대패, 포로로 잡히나 조공 지불 약속 후 풀려남. · 1071년: 미카일 7세에게 폐위된 후 실명, 사망.
미카일 7세	1067~1078	콘스탄티누스 10세의 아들	· 1078년: 튀르크족의 지지를 받은 니케포루스 3세의 반란, 폐위, 수도원 은신, 사망(1090).
니케포루스 3세	1078~1081	군사령관	· 1081년: 콤네누스 왕조를 지지하는 군대에게 강제 퇴위, 수도원 은신, 사망.

알렉시우스 1세 콤네누스	1081~1118	이사키우스 1세 콤네누스의 조카	· 1096년: 1차 십자군, 니케아 점령(1097), 안티오크 점령(1098), 예루살렘 점령(1099).
요한네스 2세	1118~1143	알렉시우스 1세의 아들	· 1130년: 튀르크족과 전쟁, 승리, 소아시아 일부 지역 탈환(~1135). · 1143년: 사냥 도중 독화살에 맞아 사망.
마누엘 1세 콤네누스	1143~1180	요한네스 2세의 아들	· 1147년: 2차 십자군, 실패(~1149). · 1171년: 베네치아와의 평화협정 파기, 전쟁.
알렉시우스 2세	1180~1183	마누엘 1세의 아들	· 1182년: 라틴인과 그리스인의 내전에서 안드로니쿠스 1세가 실권 장악, 수도로 입성, 즉위.
안드로니쿠스 1세 콤네누스	1183~1185	요한네스 2세의 조카	· 1185년: 국내 반란, 노르만 왕국의 침입, 이사키우스 2세가 스스로 황제 선포, 안드로니쿠스 1세 폐위, 도주.
이사키우스 2세 앙겔루스	1185~1195, 1203~1204	알렉시우스 1세의 증손자	· 1185년: 앙겔루스 왕조(1185~1204) 개창. · 1203년: 십자군의 도움으로 제위에 복귀, 아들 알렉시우스 4세와 함께 공동 통치.
알렉시우스 3세	1195~1203	이사키우스 2세의 형	· 1203년: 에피루스, 니케아로 도주, 사위인 테오도루스 1세 라스카리스에게 반란, 체포, 사망(1211).
알렉시우스 4세	1203~1204	이사키우스 2세의 아들	· 1205년: 알렉시우스 5세의 반란으로 감금, 사망.
알렉시우스 5세 두카스	1204	알렉시우스 3세의 사위	· 1204년: 십자군의 2차 공격으로 도주, 체포, 알렉시우스 4세에 대한 반역죄로 처형됨.
콘스탄티누스 1세 라스카리스	1204~1205	군사령관, 알렉시우스 3세의 사돈	· 1204년: 콘스탄티노플 군대의 지지로 즉위, 라스카리스 왕조(1204~1261) 개창. · 1205년: 군대의 배신, 수도 탈출, 니케아 제국 성립.
테오도루스 1세 라스카리스	1204~1221	콘스탄티누스 1세의 동생, 알렉시우스 3세의 사위	· 1214년: 라틴제국과 평화협정. · 1220년: 라틴제국 공격, 평화 재확인.
요한네스 3세 두카스	1221~1254	테오도루스 1세의 사위	· 1242년: 테살로니카, 트라키아 병합(~1246).
테오도루스 2세 라스카리스	1254~1258	요한네스 3세의 아들	· 1258년: 간질 심화, 사망.
요한네스 4세 라스	1258~1261	테오도루스 2세의 아들	· 1259년: 미카일 8세의 찬탈.

카리스			· 1261년: 폐위, 실명, 추방, 감금, 수도원 은신, 사망 (1290).
미카일 8세 팔라이올로구스	1259~1282	알렉시우스 3세의 증손자	· 1261년: 팔라이올로구스 왕조(1261~1453) 개창. · 1261년: 콘스탄티노플 탈환.
안드로니쿠스 2세	1282~1328	미카일 8세의 아들	· 1285년: 80척의 비잔틴 함대 해산. · 1320년: 손자인 안드로니쿠스 3세와 내전 돌입, 폐위, 수도원 은신, 사망(1332).
미카일 9세	1294~1320	안드로니쿠스 2세의 아들	· 1320년: 테살로니카 시에서 사망.
안드로니쿠스 3세	1328~1341	미카일 9세의 아들	· 1329년: 튀르크족의 세력 확대, 니케아 점령(1331), 니코메디아 점령(1337).
요한네스 5세	1341~1347, 1354~1376, 1379~1391	안드로니쿠스 3세의 아들	· 1341년: 9세에 즉위, 요한네스 6세와 내전, 패배, 도주(~1347). · 1354년: 콘스탄티노플 입성, 단독 황제로 즉위. · 1376년: 안드로니쿠스 4세의 재반란이 성공하여 감금당함. · 1379년: 베네치아 도움으로 탈출, 수도 입성, 즉위.
요한네스 6세 칸타쿠제누스	1347~1354	군사령관	· 1354년: 요한네스 5세의 공격으로 폐위, 수도원 은신, 사망(1383).
안드로니쿠스 4세	1376~1379	요한네스 5세의 장남	· 1379년: 요한네스 5세에게 폐위, 도주, 사망(1385).
요한네스 7세	1390	안드로니쿠스 4세의 아들	· 1390년: 조부인 요한네스 5세에 반란, 5개월 만에 폐위, 도주, 사망(1408).
마누엘 2세	1391~1425	안드로니쿠스 4세의 동생	· 1394년: 튀르크족의 콘스탄티노플 포위(~1402). · 1424년: 튀르크와 조공 지불 약속 후 평화협정.
요한네스 8세	1425~1448	마누엘 2세의 아들	· 1438년: 서방의 원조를 위해 페라라-피렌체 공의회 참석.
콘스탄티누스 11세	1449~1453	요한네스 8세의 동생	· 1452년: 튀르크족의 콘스탄티노플 포위, 점령, 황제 전사(~1453).

참고문헌

● 단행본

손주영, 《이슬람: 교리, 사상, 역사》, 일조각, 2005

이덕형, 《비잔티움, 빛의 모자이크》, 성균관대학교 출판부, 2006

이원근, 《중세 유럽의 사회와 문화》, 중문, 1995

최종고, 《서양법제사》, 박영사, 2003

최병조, 《로마법강의》, 박영사, 1999

현승종, 《로마法》, 일조각, 1982

게오르크 오스트로고르스키, 한정숙·김경연 옮김, 《비잔티움 제국사 324~1453》, 까치,
    2000

W. B.바틀릿, 서미석 옮김, 《십자군 전쟁: 그것은 신의 뜻이었다!》, 한길, 2004.

데릭 젠슨, 황건 옮김, 《문명의 엔드게임 1, 2》, 당대, 2008

도날드 휴즈, 표정훈 옮김, 《고대문명의 환경사》, 사이언스 북스, 1998

로버트 W. 메리, 최원기 옮김, 《모래의 제국 : 21세기의 로마제국을 꿈꾸는 미국, 그 야망
    의 빛과 그림자》, 김영사, 2006

새뮤얼 헌팅턴, 이희재 옮김, 《문명의 충돌》, 김영사, 1997

워렌 트레드골드, 박광순 옮김, 《비잔틴 제국의 역사》, 가람기획, 2003

인드로 몬타넬리, 김정하 옮김, 《로마제국사》, 까치, 1998

장-마리 앙젤, 김차규 옮김, 《로마제국사》, 한길사, 1999

재레드 다이아몬드, 강주헌 옮김, 《문명의 붕괴》, 김영사, 2005

조지프 A. 테인터, 이희재 옮김, 《문명의 붕괴》, 대원사, 1999

존 저잔, 정승현 옮김, 《문명에 반대한다》, 와이즈북, 2009

존 J. 노리치, 남경태·이동진 옮김, 《노리치가 읽어주는 종회무진 동로마사》, 그린비, 2000

존 줄리어스 노리치, 남경태 옮김, 《비잔티움 연대기 1~3》, 바다출판사, 2004

토머스 F. 매든, 권영주 옮김, 《십자군: 기사와 영웅들의 장대한 로망스》, 루비박스, 2005

토머스 F. 매튜스, 김이순 옮김, 《비잔틴 미술》, 예경, 2006

피터 히더, 이순호 옮김, 《로마제국 최후의 100년 : 문명은 왜 야만에 압도당하였는가》, 뿌
    리와 이파리, 2008

프리츠 하이켈하임, 김덕수 옮김, 《로마사》, 현대지성사, 1999

Angeliki E. Laiou(ed.), *The Economic History of Byzantium: From the Seventh through the
    Fifteenth Century*, Washington, D.C.: Dumbarton Oaks, 2002.

Jordan, David P., *Gibbon and his roman empire*, Urbana: University of Illinois Press, 1971.

Mackay, C. S., *Ancient Rome: A Military and Political History*, Cambridge: Cambridge University Press, 2004.

Matyszak, P., *The Enemies of Rome: From Hannibal to Attila the Hun*, London: Thames & Hudson, 2004.

Penrose, J. (ed.), *Rome and her Enemies*, Oxford: Osprey, 2005.

Rosamond McKitterick, Roland Quinault, *Edward Gibbon and empire*, Cambridge: Cambridge University Press, 1997.

Roy Porter, *Edward Gibbon : Making history*, London : Weidenfeld and Nicolson, 1988.

• 논문

김차규, 〈비잔틴 제국의 테마제도 ; 기원 문제를 중심으로〉, 《서양중세사연구》 3호, 한국 서양중세사학회, 1998, 21-46쪽

_____, 〈비잔틴 여제 이레네의 정책〉, 《서양중세사연구》 8호, 한국서양중세사학회, 2001, 43-63쪽

_____, 〈로마문명의 분열 과정 속에 나타난 비잔틴 문명과 가톨릭 문명의 교류와 충돌〉, 《대구사학》 73호, 대구사학회, 2003, 129-159쪽

_____, 〈7세기 초 아랍과 비잔티움간의 전쟁을 통해 본 비잔티움 방어체제의 문제점: 헤라클레이오스 시대 시리아 지역을 중심으로〉, 《서양중세사연구》 22호, 한국서양중세 사학회, 2008년, 35-61쪽

남종국, 〈4차 십자군과 베네치아의 경제 발전〉, 《전국서양사연합학술발표회》 2호, 한국 서영사학회, 2007년, 1-15쪽

신준형, 〈비잔틴 성상복구운동(8세기)과 신성로마제국의 대응〉, 《서양미술사학》 24호, 서양미술사학회, 2005, 9-25쪽

정기문, 〈후기로마제국은 쇠퇴와 몰락의 시기였는가?〉, 《서양고전학연구》 13호, 한국서 양고전학회, 1999, 277-300쪽

_____, 〈설림 : 서로마제국의 멸망〉, 《서양사연구》 25호, 한국서양사연구회, 2000, 139-162쪽

_____, 〈후기로마제국사 연구에 끼친 고고학의 영향〉, 《서양사론》 71호, 한국서양사학 회, 2001, 29-54쪽

_____, 〈영화 글래디에이터와 로마제국〉, 《서양사연구》 41호, 한국서양사연구회, 2009,

191-213쪽

차전환, 〈서양에서의 중앙과 지방 ; 로마제국의 중앙과 지방〉, 《서양사론》 86호, 한국서양
사학회, 2005, 5-34쪽

최자영, 〈비잔티움 제국의 군사조직과 사회구조의 변화─테마 제도의 변천을 중심으로〉,
《서양사론》 103호, 서양사학회, 2009, 37-65쪽

Alston, R., "Roman Military Pay from Caesar to Diocletian", *Journal of Roman Studies* 84,
1994, 113-123쪽

Charles, M. B., "The Flavio-Trajanic miles: the Appearance of Citizen Infantry on Trajan's
Column", *Latomus* 61, 2002, 666-695쪽

Gruman, G. J., "'Balance' and 'Excess' as Gibbon's Explanation of the Decline and
Fall", *History and Theory* 1, 1960, 75-85쪽

Hodgson, N. & Bidwell, P. T., "Auxiliary Barracks in a New Light: Recent Discoveries on
Hadrians' Wall", *Britannia* 35, 2004, 121-157쪽

Kelly, C., "A Grand Tour: Reading Gibbon's 'Decline and Fall'", *Greece and Rome* 44,
1997, 39-58쪽

Millar, F., "Emperors, Frontiers and Foreign Relations, 31 B.C. to A.D. 378", *Britannia* 13,
1982, 1-23쪽

Peters, T., "A History of Images: Christianity and Historiography in the Later Decline and
Fall of the Roman Empire", *Studies in English Literature* 30, 1990, 503-515쪽

Pocock, J. G. A., "Gibbon's Decline and Fall and the World View of the Late
Enlightenment", *Eighteenth-Centuries Studies* 10, 1977, 287-303쪽

찾아보기